TERRITÓRIOS EDUCATIVOS NA EDUCAÇÃO DO CAMPO:

Escola, Comunidade e Movimentos Sociais

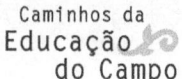
Caminhos da
Educação
do Campo

TERRITÓRIOS EDUCATIVOS NA EDUCAÇÃO DO CAMPO:

Escola, Comunidade e Movimentos Sociais

Maria Isabel Antunes-Rocha
Maria de Fátima Almeida Martins
Aracy Alves Martins
(Organizadoras)

Copyright © 2012 As organizadoras
Copyright © 2012 Autêntica Editora

COORDENADORAS DA COLEÇÃO CAMINHOS DA
EDUCAÇÃO DO CAMPO
*Maria Isabel Antunes-Rocha (UFMG), Aracy Alves
Martins (UFMG)*

CONSELHO EDITORIAL
*Antônio Júlio de Menezes Neto (UFMG), Antônio
Munarim (UFSC), Bernardo Mançano Fernandes
(UNESP), Gema Galgani Leite Esmeraldo (UFCE),
Miguel Gonzalez Arroyo (Professor Emérito da FaE/
UFMG), Mônica Castagna Molina (UnB), Salomão
Hage (UFPA), Sonia Meire Santos Azevedo de Jesus
(UFSE)*

CAPA
Christiane Silva Costa

EDITORAÇÃO ELETRÔNICA
Clério Martins Ramos

APOIO TÉCNICO
*Thiago Lucas Martins - Bolsista PROEX do
Lecampo/FaE/UFMG*

APOIO FINANCEIRO
INCRA/Pronera

REVISÃO
*Ana Carolina Lins
Lívia Martins*

EDITORA RESPONSÁVEL
Rejane Dias

Revisado conforme o Acordo Ortográfico da Língua Portuguesa de 1990,
em vigor no Brasil desde janeiro de 2009.

Todos os direitos reservados pela Autêntica Editora. Nenhuma parte desta
publicação poderá ser reproduzida, seja por meios mecânicos, eletrônicos,
seja via cópia xerográfica, sem a autorização prévia da Editora.

AUTÊNTICA EDITORA LTDA.

Belo Horizonte
Rua Aimorés, 981, 8º andar .
Funcionários
30140-071 . Belo Horizonte . MG
Tel.: (55 31) 3214 5700
Televendas: 0800 283 13 22
www.autenticaeditora.com.br

São Paulo
Av. Paulista, 2073, Conjunto Nacional, Horsa I, 11º andar, Conj. 1101
Cerqueira César . São Paulo . SP .
01311-940
Tel.: (55 11) 3034 4468

**Dados Internacionais de Catalogação na Publicação (CIP)
(Câmara Brasileira do Livro, SP, Brasil)**

Antunes-Rocha, Maria Isabel
  Territórios educativos na educação do campo : escola, comunidade e movimentos sociais / Maria Isabel Antunes-Rocha, Maria de Fátima Almeida Martins, Aracy Alves Martins, [organizadoras]. -- Belo Horizonte : Autêntica Editora, 2012. -- (Coleção Caminhos da Educação do Campo; 5)

  Vários autores.
  ISBN 978-85-65381-34-5

  1. Comunidade - Desenvolvimento 2. Educação rural 3. Escolas do campo 4. Movimentos sociais 5. Pedagogia I. Antunes-Rocha, Maria Isabel. II. Martins, Maria de Fátima Almeida. III. Martins, Aracy Alves. IV. Série.

12-04342   CDD-370.193460981

Índices para catálogo sistemático:
1. Brasil : Territórios de educação do campo   370.193460981

*O que significa organizar as escolas do campo
de modo a respeitar os tempos humanos?
Significaria começar por tentar entender
como são vividos na especificidade dos campos.*

MIGUEL GONZÁLEZ ARROYO

Lista de siglas

ABEEF – Associação Brasileira dos Estudantes de Engenharia Florestal
AECOFABA - Associação das Escolas das Comunidades e Famílias Agrícolas da Bahia
AEFA – Associação das Escolas Famílias Agrícolas
AEFACOT – Associação das Escolas Famílias Agrícolas do Centro-Oeste
AEFAI – Associação Escola Família Agrícola de Independência
AEFAPI – Associação das Escolas Famílias Agrícolas do Piauí
AEFARO – Associação das Escolas Famílias Agrícolas de Rondônia
AGEFA – Associação Gaúcha Pró-Escolas Famílias Agrícolas
AIMFR – Movimentos Familiares de Formação Rural
ALFACAMPO – Alfabetização, Campo e Cidadania
AMEFA – Associação Mineira das Escolas Famílias Agrícolas
ARCAFAR - Associação Regional das Casas Familiares Rurais
ASA-Brasil – Articulação de Semiárido Brasileiro
ATER – Programas de Assistência Técnica e Extensão Rural
ATES – Assessoria Técnica Social e Ambiental
CAPES – Coordenação de Aperfeiçoamento de Pessoal de Nível Superior
CAT – Centro Agroambiental do Tocantins
Ceale – Centro de Alfabetização, Leitura e Escrita
CEB – Câmara de Educação Básica
CEBs – Comunidades Eclesiais de Base
CEFFAs – Centros Familiares de Formação por Alternância
CEPEC – Conselho de Ensino, Pesquisa, Extensão e Cultura
CESTEF – Centro de Educação Superior de Teixeira de Freitas
CETA – Coordenação Estadual dos Trabalhadores Acampados e Assentados
CETEBA – Centro de Educação Técnica da Bahia
CFRs – Casas Familiares Rurais
CIMI – Conselho Indigenista Missionário

CNE – Conselho Nacional de Educação
CNPq – Conselho Nacional de Desenvolvimento Científico e Tecnológico
CONAB – Companhia Nacional de Abastecimento
CONEC – Comissão Nacional de Educação do Campo
CONSUNI – Conselho Universitário
CPT – Comissão Pastoral da Terra
ECORs – Escolas Comunitárias Rurais
ECSA – Educação para Convivência com o Semiárido
EFAs – Escolas Famílias Agrícolas
EJA – Educação de Jovens e Adultos
EMATER-PB – Empresa de Assistência Técnica e Extensão Rural da Paraíba
EMBRAPA – Empresa Brasileira de Pesquisa Agropecuária
ERRO – Escola Rural de Ouricuri/Caatinga
ERUM – Escola Rural de Massaroca
FAE – Faculdade de Educação
FAFIDIA – Faculdade de Filosofia e Letras de Diamantina
FAPEMIG – Fundação de Amparo à Pesquisa do Estado de Minas Gerais
FATRES – Fundação de Apoio aos Trabalhadores Rurais e Agricultores Familiares
FAVALE – Faculdade Vale do Carangola
FEAB – Federação dos Estudantes de Agronomia do Brasil
FETAEMG – Federação dos Trabalhadores na Agricultura do Estado de Minas Gerais
FETAG – Federação dos Trabalhadores na Agricultura
FETRAECE – Federação dos Trabalhadores na Agricultura do Estado do Ceará
FONEC – Fórum Nacional de Educação do Campo
FRAMINAS – Fundação Renato Azeredo
FUNARBE – Fundação Arthur Bernardes
FUNDEP – Fundação de Desenvolvimento da Pesquisa

IBELGA – Instituto Bélgica - Nova Friburgo
IBGE – Instituto Brasileiro de Geografia e Estatística
IDEB – Índice de Desenvolvimento da Educação Básica
IEJC – Instituto de Educação Josué de Castro
IFES – Instituições Federais de Ensino Superior
INCRA – Instituto de Colonização e Reforma Agrária
INEP – Instituto Nacional de Estudos e Pesquisas Educacionais
INSA – Instituto Nacional do Semiárido
IRPAA – Instituto Regional da Pequena Agropecuária Apropriada
ITERRA – Instituto Técnico de Capacitação e Pesquisa da Reforma Agrária
LDB – Lei de Diretrizes e Bases
MAB – Movimento dos Atingidos por Barragens
MADSA – Metodologia Análise Diagnóstico de Sistemas Agrários
MAGICAMPO – Magistério do Campo
MDA – Ministério do Desenvolvimento Agrário
MEC – Ministério da Educação
MEPES – Movimento de Educação Promocional do Espírito Santo
MLT – Movimento de Luta pela Terra
MMC – Movimento de Mulheres Camponesas
MOC – Movimento de Organização Comunitária
MPA – Movimento dos Pequenos Agricultores
MPF – Ministério Público Federal
MST – Movimento dos Trabalhadores Rurais Sem Terra
MTD – Movimento dos Trabalhadores Desempregados
NEAD – Núcleo de Educação Aberta e a Distância
NEAF – Núcleo de Estudos Integrados sobre a Agricultura Familiar
NEPEJA – Núcleo de Estudos e Pesquisas em Educação de Jovens e Adultos

ONG – Organização Não Governamental
PDHC – Projeto Dom Hélder Câmara
PJR – Pastoral da Juventude Rural
PNAD – Pesquisa Nacional por Amostra de Domicílios
PPGE – Programa de Pós-Graduação em Educação
PPJ – Projeto Profissional do Jovem
PRA – Programa Residência Agrária
Procampo – Programa de Apoio à Formação Superior em Licenciatura em Educação do Campo
PROMET – Projeto Metodológico
PRONAF – Programa Nacional de Apoio à Agricultura Familiar
PRONERA – Programa Nacional de Educação e Reforma Agrária
RACEFFAES – Regional das Associações dos Centros Familiares de Formação em Alternância do Espírito Santo
RAEFAP – Rede das Associações das Escolas Famílias do Amapá
REFAISA – Rede das Escolas Famílias Agrícolas Integradas do Semiárido
RESAB – Rede de Educação do Semiárido Brasileiro
SAF – Secretaria da Agricultura Familiar
SBF – Secretaria de Biodiversidade e Floresta
SDT – Secretaria de Desenvolvimento Territorial
SECAD – Secretaria de Educação Continuada, Alfabetização e Diversidade
SECADI – Secretaria de Educação Continuada, Alfabetização, Diversidade e Inclusão
SEDU – Secretaria de Estado de Educação
SENAES – Secretaria Nacional de Economia Solidária
SERTA – Serviço de Tecnologia Alternativa
SETEC – Secretaria de Educação Profissional e Tecnológica
SNJ – Secretaria Nacional de Juventude

SPCMA – Setor de Produção, Cooperação e Meio Ambiente
SPPE – Secretaria de Políticas Públicas de Emprego
STTRs – Sindicatos dos Trabalhadores e Trabalhadoras Rurais
SUDENE – Superintendência de Desenvolvimento do Nordeste
TC – Tempo Comunidade
TE – Tempo Escola
UAB – Universidade Aberta do Brasil
UAEFAMA – União das Associações das Escolas Famílias Agrícolas do Maranhão
UEMG – Universidade do Estado de Minas Gerais
UERGS – Universidade Estadual do Rio Grande do Sul
UFBA – Universidade Federal da Bahia
UFC – Universidade Federal do Ceará
UFES – Universidade Federal do Espírito Santo
UFG – Universidade Federal de Goiás
UFMG – Universidade Federal de Minas Gerais
UFPA – Universidade Federal do Pará
UFPB – Universidade Federal da Paraíba
UFV – Universidade Federal de Viçosa
UFSC – Universidade Federal de Santa Catarina
UNB – Universidade de Brasília
UNEB – Universidade do Estado da Bahia
UNEFAB – União Nacional das Escolas Famílias Agrícolas
UNESCO – Organização das Nações Unidas para a Educação, a Ciência e a Cultura
UNESP – Universidade Estadual Paulista "Júlio de Mesquita Filho"
UNICEF – Fundo das Nações Unidas para a Infância
Unimontes – Universidade Estadual de Montes Claros

Sumário

PREFÁCIO
Territórios da Educação do Campo
Bernardo Mançano Fernandes..15

INTRODUÇÃO
Tempo Escola e Tempo Comunidade: Territórios Educativos na Educação do Campo
Maria Isabel Antunes-Rocha
Maria de Fátima Almeida Martins..21

PRIMEIRA PARTE
TERRITÓRIOS DA EDUCAÇÃO BÁSICA

CAPÍTULO 1
A Pedagogia da Alternância praticada pelos CEFFAs
Idelzuith Sousa Borges
João Batista Begnami
José Joaquim Machado Neto
Maria Rosinira Bezerra Cavalcante
Pe. Manoel Bezerra Machado
Taciana Araújo Cavalcante..37

CAPÍTULO 2
Educação para a convivência com o Semiárido: desafios e possibilidades de um novo fazer
Adelaide Pereira da Silva
Ana Célia Silva Menezes
Edmerson dos Santos Reis..57

CAPÍTULO 3
A experiência da UNEB Campus X em EJA no âmbito do PRONERA (1999-2010)
Luzeni Ferraz de Oliveira Carvalho
Maria Nalva Rodrigues de Araújo...71

Capítulo 4
Avanços e desafios na construção da Educação do Campo:
a experiência do Projeto Educação, Campo e Consciência Cidadã no
1° e 2° segmentos do Ensino Fundamental
Gilvanice B. S. Musial
Walquiria M. Rosa
Vania A. Costa..87

Capítulo 5
Um breve relato sobre o Magistério do Campo
Maria Aparecida Pereira Queiroz
Maria Ângela Lopes Drumont Macêdo
Renata Cristina Pereira Queiroz..105

SEGUNDA PARTE
TERRITÓRIOS DA EDUCAÇÃO SUPERIOR

Capítulo 6
Intencionalidades na formação de Educadores do Campo: reflexões desde a experiência do curso "Pedagogia da Terra da Via Campesina"
Roseli Salete Caldart..119

Capítulo 7
Direito ao Direito: uma experiência de luta pela efetividade da promessa constitucional do direito de acesso universal à Educação
José do Carmo Alves Siqueira..143

Capítulo 8
Parceria na formação de professores do campo: uma avaliação do Programa de Educação do Campo da Universidade Federal do Espírito Santo
Erineu Foerste
Gerda Margit Schütz-Foerste..157

Capítulo 9
Alternância no Ensino Superior: o Campo e a Universidade como territórios de formação de Educadores do Campo
Deyse Morgana das Neves Correia
Maria do Socorro Xavier Batista...173

Capítulo 10
Tempos e espaços formativos no curso de Licenciatura em Educação do Campo na UFMG
Maria Isabel Antunes-Rocha
Aracy Alves Martins
Maria Zélia Versiani Machado *199*

Capítulo 11
Ação da teoria e prática no Programa Residência Agrária/UFC: produzindo saber e poder de caráter emancipatório
Gema Galgani Silveira Leite Esmeraldo 211

Capítulo 12
A Alternância de Tempos e Espaços Educativos na Turma de Agronomia em Parceria MST, PRONERA e UFPA – Campus de Marabá
Fernando Michelotti
Giselda Coelho Pereira 225

Posfácio
Educação do Campo: Novas práticas construindo Novos Territórios
Mônica Castagna Molina 239

As autoras e os autores 251

Prefácio
Territórios da Educação do Campo

Bernardo Mançano Fernandes

Este prefácio é um convite às leitoras e aos leitores para entrarem nos Territórios da Educação do Campo, com a devida permissão das autoras e dos autores. Quando entramos nestes territórios, a primeira visão é a imensidão dos desafios. Enxergamos diversos problemas; entretanto, lá no horizonte, vislumbramos as soluções, porém elas não estão nítidas, e, quanto mais caminhamos pela vastidão dos desafios, igualmente, as soluções se distanciam, seguindo a linha do horizonte. Em nosso caminhar adentramos os campos dos desafios e plantamos resistências, persistências, esperanças e superações. No movimento do caminhar e plantar, enfrentamos as intempéries do desacorçoo e os fortes ataques dos velhos e dos novos gigantes para nos expropriar dos campos dos desafios.

Os Territórios da Educação do Campo nos desafiam para construirmos as condições educacionais apropriadas para o desenvolvimento de um modo de vida em que a família, a terra, o alimento, a comunidade, a escola, o movimento, as pessoas, o trabalho estão acima da mercadoria. A mercadoria não vem em primeiro lugar, como no território de uma educação capitalizada. O espaço da vida é que nos move à solidariedade, às parcerias, ao companheirismo, ao comunitário e ao cooperativismo. A mercadoria será produto dessas relações, mas jamais será produtora de relações sociais nos Territórios de Educação do Campo. Plantamos essas sementes nos campos dos desafios por entre a expropriação e a ocupação de terras. É desta luta ininterrupta de ser expropriado e à terra retornar que nasceu e está sendo criada, a cada dia, a Educação do Campo. É, portanto, do processo de destruição e recriação do campesinato que nasceu a Educação do Campo.

Não existe outra fonte de nascedouro da Educação do Campo, embora diversas pessoas e instituições tenham se apropriado dessa ideia, mas jamais se apropriarão do movimento de luta e resistência que marca a identidade camponesa no seu fazer-se do dia a dia que possibilita a todos nós compreendermos o Paradigma Originário da Educação do Campo. Esta luta é uma semeadura. Plantamos nos campos dos desafios as esperanças e as resistências. Semeados, nos campos dos desafios brotam soluções semelhantes àquelas que vislumbramos no horizonte. São frutos das roças de esperanças, das resistências plantadas, persistências cultivadas e superações colhidas. Compreendemos, então, que o horizonte está lá e está aqui, que os desafios estão no horizonte e as soluções estão no nosso caminhar, no nosso plantar, no nosso colher, no nosso trabalho, na nossa luta, na nossa história e na nossa geografia. Quando geografamos, fazemos nossos territórios e construímos nossas histórias. Esta é a Pedagogia da Educação do Campo. A Pedagogia dos sujeitos que fazem de seus territórios os seus pensamentos e os defendem. E quando, no enquanto do fazer nossos caminhos, adentramos nos campos dos desafios para colher soluções, lá longe, na linha do horizonte, estão nascendo novos desafios. E este fato não nos desacorçoa, porque sabemos plantar esperanças e resistências a colher soluções. Derrubamos velhos e novos gigantes, um a um, para defender e retomar nossos territórios, e vamos em frente, sempre, porque a linha do horizonte está logo ali.

A luta pela terra, pelos territórios e pela Educação do Campo são partes da uma luta que estamos construindo para transformar nossas realidades. A semeadura da Educação do Campo alimenta com conhecimentos nossas lutas.

Os capítulos deste livro são leituras dos campos de desafios nas construções dos territórios da Educação Básica e da Educação Superior. São análises, interpretações e descrições das realidades, dos desafios, das soluções, das resistências, das superações e das persistências nas caminhadas e marchas que fazemos dia a dia para construirmos territórios imateriais a partir das nossas intencionalidades, para contribuirmos com o desenvolvimento dos territórios materiais, de onde retiramos os alimentos que fortalecem nossos pensamentos, nossos conhecimentos.

Estes capítulos alimentaram-se das realidades diversas em nosso País e são referências na construção do Paradigma Originário da Educação do Campo. É assim que praticamos nossas teorias. Elas são plantadas no chão fértil das histórias que fazemos e das quais somos feitos. Há dois princípios estruturais deste paradigma. Um é a luta contra os velhos e novos gigantes. Nos latifundiários e nas corporações transnacionais e nacionais do agronegócio, temos cravada a marca da expropriação, da exploração, da subordinação, da destruição dos territórios camponeses. Este é um bom exemplo para entendermos a relação entre luta de classes e território. Para os capitalistas se expandirem, eles necessitam destruir o território camponês. A territorialização do agronegócio significa necessariamente a desterritorialização do campesinato. Este processo tem se manifestado de diferentes formas: êxodo rural, miséria, fechamento das escolas do campo.

Outro princípio deste paradigma é o desenvolvimento dos territórios camponeses. E como este princípio é indissociável do primeiro, desenvolver significa conflitar. A conflitualidade é a marca do desenvolvimento territorial no campo brasileiro, porque o paradigma do capitalismo agrário tenta convencer os incautos de que a agricultura camponesa/familiar é parte do agronegócio. Esta pretensão anula a luta de classes e, portanto, as diferenças entre os territórios. Os modelos de desenvolvimento, as relações sociais e os territórios do campesinato e do agronegócio são opostos e conflitantes, portanto é impossível querer uni-los, a não ser que se aceitem as condições de subordinação e de expropriação do campesinato ao agronegócio.

Luta de classes, desenvolvimento, diferenciação de territórios e projetos, identidades camponesas são referências fundamentais para compreensão dos princípios do Paradigma da Educação do campo. Desde esta compreensão, amplia-se a imensidão do campo dos desafios, porque o Paradigma da Educação do Campo tem a responsabilidade de contribuir cada vez mais com a luta de classes, com a resistência, com a esperança e com o desenvolvimento dos territórios camponeses. Este livro é uma excelente mostra deste compromisso.

Os capítulos deste livro são inspiradores porque foram escritos a partir de diferentes projetos de educação do campo e a partir de práticas contextualizadas. Na introdução, Maria Isabel e Maria de Fátima apresentam os elementos escolhidos para discutir territórios educativos da Educação do Campo: o tempo escola e o tempo comunidade. Nos territórios camponeses, esses tempos são essenciais porque associam educação e trabalho nos espaços onde as pessoas produzem suas próprias existências. Esse capítulo é uma referência atualizada deste debate que nos acompanha na construção de Pedagogia da Alternância.

Na primeira parte, nos territórios da Educação Básica, o capítulo 1, "A Pedagogia da Alternância praticada pelos CEFFAs" (Centros Familiares de Formação por Alternância), de autoria do pesquisador João Begnami, assessor pedagógico da UNEFAB (União Nacional das Escolas Famílias Agrícolas), e do seu grupo de monitoria, colaboração e coordenação pedagógica (Idelzuith, José Joaquim, Maria Rosinira, Manoel Bezerra e Taciana), apresenta um relato de experiência do sujeito do campo "brasileiro e nordestino em implantar e gerenciar uma escola do campo" – a Escola Família Agrícola Dom Fragoso, situada em Independência, território de Inhamuns-Crateús, no Ceará. O capítulo 2, tratando de um tema que nasceu da identidade territorial na maior região camponesa do Brasil, "Educação para a convivência com o Semiárido: desafios e possibilidades de um novo fazer", traz as principais ideias construídas por essa experiência. Este é um exemplo da dimensão da resistência na Educação do Campo. Construir as condições para permanecer em seus territórios sempre foi e sempre será criação do campesinato porque é parte de sua natureza. Esse capítulo nos mostra as sementes da resistência e da persistência por seu alto grau de criatividade. O terceiro capítulo trata da Educação de Jovens e Adultos na Bahia, pelas professoras Luzeni e Maria Nalva, da Universidade do Estado da Bahia, apresentando uma análise da formação desses sujeitos através da realização de um projeto do Programa Nacional de Educação na Reforma Agrária (PRONERA). A alfabetização de jovens e adultos ainda é um enorme desafio nos territórios camponeses, embora as estatísticas demonstrem que a queda acentuada da alfabetização, a lentidão desse processo faz com que esse desafio se arraste pelo tempo. Os resultados apresentados pelas professoras possibilita compreender melhor o trabalho pedagógico desenvolvido em busca da superação.

O artigo das professoras Gilvanice, Vania e Walquiria trata dos desafios da experiência do Projeto Educação, Campo e Consciência Cidadã (1º e 2º segmentos do ensino fundamental) e os avanços na construção da Educação do Campo. São trabalhos realizados com acampados e assentados, os novos sujeitos que lutam para entrar e ficar nos territórios camponeses e, portanto, precisam construir uma Educação que os veja como sujeitos. É nessa interação de construção de currículo e de apropriação do curso que se desenvolve a experiência relatada e se apresentam as sementes plantadas e as colheitas nas regiões do Triângulo/Alto Paranaíba, Jequitinhonha, Mucuri, Rio Doce, Centro e Sul de Minas. O artigo seguinte é "Um breve relato sobre o Magistério do Campo", onde as professoras Maria Aparecida, Maria Ângela e Renata analisam o curso que também teve o apoio do PRONERA e foi desenvolvido em parceria com a Universidade Estadual de Montes Claros, o Instituto Nacional de Colonização e Reforma Agrária (INCRA) e a Federação dos Trabalhadores na Agricultura no Estado de Minas Gerais (FETAEMG). Na formação de 60 educadores em nível médio para atuar em assentamentos rurais do Norte de Minas, as autoras mostram a forma de organização do curso, os desafios e as superações. A superação é uma marca da Educação do Campo, que é alimentada pela ação, pela consciência, pela identidade que brotam da resistência.

Na segunda parte, visitamos os Territórios da Educação Superior. O primeiro território é o artigo "Intencionalidades na formação de educadores do campo: reflexões desde a experiência do curso *Pedagogia da Terra da Via Campesina*", da professora Roseli, outra importante referência para compreendermos as experiências da construção da Educação do Campo. Cada artigo do livro é um tipo de alimento para quem quer conhecer como se faz para construir conhecimento de resistência e identidade. Nesse artigo, Roseli também aborda elementos da constituição e da organização do curso e explica como foi desenvolvida a experiência formativa da Turma José Martí no Instituto Técnico de Capacitação e Pesquisa da Reforma Agrária (ITERRA). A autora discute o perfil do pedagogo da terra a partir da Práxis e trata das intencionalidades apontadas como fundamentais na perspectiva da formação assumida. Conclui seu artigo no contexto do Paradigma da Educação do Campo, compreendendo que a Pedagogia da Terra da Via Campesina é um "território imaterial" que contribui com a formação dos "territórios materiais" da Educação do Campo.

No início deste prefácio, afirmamos os princípios do Paradigma Originário da Educação do Campo e entre estes o elemento essencial da conflitualidade como marca do desenvolvimento territorial. Esta marca não se limita à disputa da terra, compreendida como território material, mas também como disputas pela educação e pelo conhecimento, compreendidos como territórios imateriais. Este é o caso do capítulo a respeito do "Direito ao Direito", em que o professor José do Carmo relata a experiência e a luta para criação desse curso de Direito para camponeses na Universidade Federal de Goiás (UFG) e os pedidos de suspensão deste pelo Ministério Público Federal. A criação de cursos especiais de Nível Superior para camponeses tem causado a reação dos setores conservadores da sociedade como, por exemplo, a imprensa corporativa. Desde o surgimento das políticas de cotas, esses setores têm se manifestado contrariamente, defendendo o atual modelo seletivo que beneficia a classe dominante. Tal artigo do professor José do Carmo contextualiza a questão agrária e insere o curso de Direito nessa conjuntura, relatando a pioneira experiência da UFG ao defender amplo acesso à universidade para fortalecer a democracia brasileira.

O artigo dos professores Erineu e Gerda a respeito da Formação de Professores do Campo na Universidade Federal do Espírito Santo (UFES) continua a caminhada no campo dos desafios para garantir o acesso à boa educação e, uma melhor compreensão das culturas camponesas. A partir do Programa de Educação do Campo da UFES, os professores relatam as ações desenvolvidas na formação e qualificação de educadores do campo e a contribuição desse processo para o desenvolvimento dos territórios camponeses. A ideia de território como espaço de poder, de vida e de soberania também está presente no artigo das professoras Deyse e Maria do Socorro na interpretação do campo e da universidade como territórios da formação de educadores. Discutindo a alternância no Ensino Superior, as autoras analisam o Curso de Licenciatura em Pedagogia, do Programa Nacional de Educação na Reforma Agrária (PRONERA), realizado pela Universidade Federal da Paraíba (UFPB) com a participação da Comissão Pastoral da Terra (CPT), explicam os princípios da alternância e sua territorialização na Educação do Campo a partir da reflexão e avaliação dos tempos escola e comunidade.

A Educação do Campo no ensino superior é terra nova no campo dos desafios, e as experiências relatadas, refletidas e analisadas fazem parte das primeiras colheitas. Assim é o artigo "Tempos e Espaços Formativos no Curso de Licenciatura em Educação do Campo na UFMG", do LeCampo, da Universidade Federal de Minas Gerais. Depois das colheitas nascem novos frutos, como é o artigo "Ação da teoria e prática no Programa Residência Agrária/UFC: produzindo saber e poder de caráter emancipatório", da professora Gema da Universidade Federal do Ceará (UFC). A proposta do Programa Residência Agrária, pela experiência da vivência dos estudantes nos territórios camponeses, aproxima ainda mais a relação entre educação e desenvolvimento. Em uma reflexão teórica sobre a prática do programa, pode-se apreender sua importância para o avanço da Educação Superior do Campo.

É nesse sentido que podemos ler o artigo dos professores Fernando e Giselda sobre a "A Alternância de Tempos e Espaços Educativos na turma de Agronomia", resultado de parceria entre o Movimento dos Trabalhadores Rurais Sem Terra (MST), o PRONERA e a Universidade Federal do Pará (UFPA), *campus* de Marabá. Essa experiência fortalece o paradigma da Educação do Campo, na construção de uma política pública para a transformação de nossas realidades.

Depois de ler este livro, o campo dos desafios estará um pouco revelado. Estamos mais preparados para trabalhar na semeadura da esperança e da resistência. Vamos geografando, fazendo história, criando pedagogias.

INTRODUÇÃO
Tempo Escola e Tempo Comunidade: Territórios Educativos na Educação do Campo

Maria Isabel Antunes-Rocha
Maria de Fátima Almeida Martins

Este texto nasce da necessidade de sistematizar e refletir sobre ideias e práticas que tecem a Educação do Campo. A Educação do Campo constituiu-se atualmente como materialidade nas políticas públicas, nos movimentos sociais, nas universidades, nos debates dos meios de comunicação, nas instâncias jurídicas, nas escolas, nos seminários e congressos científicos, nos órgãos estaduais, e a cada dia avança nas secretarias municipais de educação. A produção desse conhecimento se expressa no crescente número de livros e artigos publicados. Em pouco mais de uma década, podemos dizer que esses diferentes sujeitos e organizações estão construindo um conjunto articulado de princípios, conceitos e métodos. Um paradigma, como nos diz Fernandes (2006).

A que se deve sua vitalidade? Com certeza, há muitos fatores que serão descortinados com pesquisas ao longo do tempo. Mas como participantes desse processo, ressaltamos que o protagonismo dos diferentes sujeitos nas instâncias deliberativas, executivas, avaliativas, com ênfase para a presença dos movimentos sociais e sindicais, e a preocupação em garantir a prática como objeto de reflexão, sistematização e socialização contínua são elementos centrais na força que o movimento assume. Nessa perspectiva, este texto ancora-se em quase 15 anos de Educação do Campo, período no qual estivemos envolvidas em projetos de ensino, pesquisa, extensão, produção de material didático, publicação e participação em comissões e grupos encarregados de discutir e elaborar políticas públicas.

Nosso desafio neste artigo é problematizar o formato em alternância, que na Educação do Campo vem se concretizando a partir da organização dos tempos e espaços escolares em Tempo Escola (TE) e Tempo Comunidade (TC). Em termos operacionais, o TE/TC significa que o tempo/espaço regular acontece um período na escola e outro no local de moradia e/ou trabalho dos estudantes.

Trata-se, portanto, de uma modificação na forma de funcionamento da escola, tendo em vista que essa se caracteriza pela oferta de atividades educacionais em um estabelecimento, seja no formato presencial e/ou a distância. No conjunto deste livro, o artigo tem a função de contextualizar, levantar questões, enfim, construir algumas problematizações sobre o tema em discussão.

Numa perspectiva histórica, a alternância tem uma de suas raízes fincadas na França e na Itália, nas décadas iniciais do século XX. Agricultores e agricultoras, preocupados com a escolarização e o futuro dos filhos no campo, empreenderam esforços para criar uma escola cujo funcionamento possibilitasse sua permanência junto à família. Em meados do século, há um processo de expansão dessa experiência para vários continentes. A primeira experiência brasileira ocorreu em 1969, na cidade de Anchieta, no Espírito Santo. O movimento se iniciou como uma experiência educativa alternativa, isto é, fora do sistema oficial de ensino, realizando uma formação de caráter profissional. Ao longo das décadas, estabeleceu diálogos com o sistema público e passou a ofertar as séries finais do ensino fundamental e o ensino médio articulado à formação profissional (BEGNAMI, 2010). Em 2006, os Centros Familiares de Formação por Alternância (CEFFA), entidade que agrega diferentes experiências de alternância entre escola e família, conseguiram aprovar o Parecer CNE/CEB nº 1/2006, que considera como dias letivos o tempo de estudo na família, o que é, sem dúvida, uma conquista que fortalece a experiência do CEFFAs, bem como outras práticas vinculadas à Educação do Campo.

A denominação TE/TC surge no contexto das experiências desenvolvidas com apoio do Programa Nacional de Educação na Reforma Agrária (PRONERA). A alternância inicialmente aconteceu para atender à necessidade de formação dos monitores, que residiam nos assentamentos, para atuarem como alfabetizadores de adultos. Contribuindo para o desenvolvimento desse processo, as universidades e os movimentos sociais elaboraram projetos pedagógicos, prevendo a formação em alternância. Nestes, os educadores se deslocavam para os *campi* universitários, em períodos trimestrais e/ou semestrais. Através desses encontros, que variavam segundo o nível de ensino, os professores habilitavam os alfabetizadores. O formato se estendeu para as habilitações nos níveis médio, profissionalizante, superior e, mais recentemente, nos cursos de pós-graduação.

Quando a Educação do Campo chega à Secretaria de Educação Continuada, Alfabetização, Diversidade e Inclusão do Ministério da Educação (SECADI/MEC), a organização em TE/TC já era realidade em diferentes regiões brasileiras. Na criação do Programa de Apoio à Formação Superior em Licenciatura em Educação do Campo (Procampo) e do Programa Saberes da Terra – Projovem Campo –, a organização em TE/TC se constitui como princípio e diretriz para organização dos processos formativos. As universidades que implantaram o

Curso de Licenciatura em Educação do Campo, no caso, a Universidade Federal de Minas Gerais, a Universidade de Brasília, a Universidade Federal de Santa Catarina, a Universidade Federal do Pará e a Universidade Federal de Campina Grande, adotaram como matriz curricular a organização em TE/TC. As universidades que tornaram o Curso de Licenciatura como oferta regular o fizeram mantendo a alternância como organizadora dos tempos e espaços formativos (ANTUNES-ROCHA, 2010).

Sendo assim, o par TE/TC foi-se constituindo como uma prática que pode na atualidade ser considerada como um princípio na Educação do Campo. Nessa condição consideramos a relevância desta reflexão, tendo em vista contribuir para os projetos em andamento, bem como para aqueles em processo de gestação. Vale ressaltar que a condição instituinte do formato em alternância está exigindo sistematizações e reflexões em torno das experiências em desenvolvimento, visto que é a partir desse trabalho que fortaleceremos princípios, conceitos e metodologias para compor a luta pela Educação como uma política pública que reafirme o direito dos povos do campo.

Para este texto adotamos a noção de território, tal como trabalhada por Fernandes (2006), como referência analítica para refletir sobre os significados da alternância para a construção dos princípios, conceitos e práticas na Educação do Campo. Para Fernandes, o conceito de território permite a compreensão do espaço como articulado pelas dimensões produtivas, culturais, educacionais, políticas e sociais. Sendo assim, o TE/TC se coloca como o encontro entre dois territórios: o território do campo e o território da escola. No encontro entre ambos é que poderemos ver as conflitualidades e os consensos, isto é, a dinâmica entre sujeitos, princípios, conceitos e práticas que se articulam no paradigma da Educação do Campo.

O território do campo, onde se produz a experiência seminal da Educação do Campo, é constituído na luta pela terra,

> [...] onde se realizam as diversas formas de organização do campesinato e também as formas de organização da agricultura capitalista [...]. Enquanto o agronegócio organiza o seu território para a produção de mercadorias [...], o campesinato organiza o seu território para realização de sua existência, necessitando desenvolver todas as dimensões territoriais [...]. Exatamente porque o território possui limites, possui fronteiras, é um espaço de conflitualidade (FERNANDES, 2006, p. 28, 29, 33).

A Educação do Campo nasceu na luta do campesinato, se constituindo na atualidade como um território imaterial, na acepção de Fernandes (2006).

Vinculada ao conceito de território, temos a noção de Territorialidade – como se constrói o território, como funciona –, que pode ser entendida como o que se encontra no território, estando sujeito à sua gestão, e, ao mesmo tempo, como o processo subjetivo de conscientização da população de fazer parte de um território, de integrar-se em um Estado. Segundo Andrade (1995, p. 20), "a formação de um território dá às pessoas que nele habitam a consciência de sua participação, provocando o sentido da territorialidade que, de forma subjetiva, cria uma consciência de confraternização entre elas".

Com essa referência, podemos dizer que os conceitos de território e territorialidade permitem ver o TE/TC como articulações entre o campo e a escola como territórios, isto é, organizados em múltiplas dimensões. Nesse processo, a Educação do Campo se constitui também como território. Enfim, um conjunto complexo que exige atitudes dos sujeitos que estão materializando as práticas.

Nessa compreensão, a organização em TE/TC joga sentidos para dimensões territoriais do campo, da escola e da Educação do Campo. Podemos citar algumas: na estruturação da relação tempo/espaço, na articulação entre os saberes produzidos pelos sujeitos em suas realidades e os saberes elaborados na escola, na produção/socialização dos conhecimentos e na organização da prática pedagógica. Fazemos algumas interrogações aos textos produzidos sobre esses temas, mas já sinalizando que certamente as experiências problematizadas neste livro apresentarão outros desafios produzidos pela organização do processo educativo em TE/TC.

Relação tempo/espaço

Para início de conversa, o TE/TC não pode ser compreendido como termos e/ou práticas separadas, mas são distintos no que diz respeito a espaço, tempo, processos e produtos relacionados à formação pedagógica. Vale ressaltar que a diversidade com relação ao formato da distribuição das horas guarda relação com a distância da universidade ao local de moradia dos alunos, a dispersão em termos geográficos dos locais de residência dos educandos, a disponibilidade dos educadores e a negociação do espaço nas universidades. Existem projetos em que a alternância se concretiza através de uma intensificação de carga horária no Tempo Escola. Em alguns, todo o tempo previsto na legislação é realizado no Tempo Escola.

Os projetos pedagógicos elaborados na perspectiva da Educação do Campo afirmam que não se trata de um alternar físico, um tempo na escola separado por um tempo em casa. Neste sentido, como princípio, a alternância agrega necessariamente o movimento do sujeito no mundo, nos diferentes contextos em que esteja inserido, onde os processos de ir e vir estão baseados em princípios fundamentais, como: a produção da vida (em casa, no trabalho, na rua, nos movimentos sociais, na luta, dentre outros) é um espaço educativo tal qual a escola. Nessa perspectiva analítica e prática, a realização das atividades é entendida não como complementar, mas de interação permanente entre as atividades formativas e o trabalho do formador no processo educativo, onde os sujeitos e os sistemas constituem-se num movimento dinâmico de formação, e não uma mera transmissão de conhecimentos. A formação está no e para além do espaço escolar e, portanto, a experiência se torna um lugar com estatuto de aprendizagem e produção de saberes, em que o sujeito conquista um lugar de ator protagonista, apropriando-se do seu processo de formação.

Compreender a educação a partir de sua relação com o espaço, como ação formadora do homem moderno, como bem afirma Milton Santos (1996, p. 44), contempla conceitos e categorias como:

> [...] tempo, espaço e mundo [como] realidades históricas..., em qualquer momento, o [seu] ponto de partida é a sociedade humana em processo, isto é, realizando-se. Essa se dá sobre uma base material: o espaço e seu uso: o tempo e seu uso; a materialidade e suas diversas formas; as ações e suas diversas feições.

Ao falar da vida moderna, das pressões existentes nesta sociedade, Maria Rita Kehl ressalta como as temporalidades, ou seja, as diferentes formas de organização e percepção subjetiva do tempo, nesta sociedade, têm importância fundamental. Para Kehl (2009, p. 123),

> O homem contemporâneo vive tão completamente imerso na temporalidade urgente dos relógios de máxima precisão, no tempo contado em décimos de segundo, que já não é possível conceber outras formas de estar no mundo que não seja as da velocidade e da pressa.

Para outro importante teórico contemporâneo, Henri Lefebvre (2000, p.391-392)

> L'emploi du temps comporte des agréments et des désagréments, des pertes ou des économies de temps, donc autre chose que des signes: une pratique. La consommation de l'espace se donne des caractères spécifiques. Elle diffère de la consommation des choses dans l'espace, mais ce n'est pas une simple différence de sgnes et des significations. L'espace enveloppe le temps. On le scinde: on écarte le temps; celui-ci ne se laisse pas réduire. A travers l'espace, un temps social se produit et se reproduit; mais ce temps social se réintroduit avec ses traits et ses déterminations: répétitions, rythmes, cycles, activités.[1]

Essas referências que se têm sobre tempo e espaço, concebidas nas suas mais amplas acepções, é que nos fazem pensar que esses dois conceitos nos ajudam a

---

[1] O emprego do tempo comporta aprovações e desaprovações, perdas ou economias de tempo, então outra coisa que signos: uma prática.O consumo do espaço se dá de modos específicos. Ele se difere do consumo das coisas no espaço, mas não se trata de uma simples diferença de signos e significações. O espaço envolve o tempo. Cinde-se-o: descarta-se o tempo; este não se deixa reduzir. Através do espaço, um tempo social se produz e reproduz; mas esse tempo social se reintroduz com seus traços e determinações: repetições, ritmos, ciclos, atividades (tradução nossa).

compreender os sujeitos, a natureza, a cultura e a sociedade como relações que educam, podendo ser constituídas como "forma de praticar uma *pedagogia da possibilidade*, fundada num conhecimento situado entre a teoria e a realidade" (PEREZ, 1999, p. 30).

Ainda trilhando o percurso teórico sobre esses conceitos, dois autores brasileiros, Paulo Freire e Milton Santos, importantes estudiosos do mundo contemporâneo, ressaltam em suas análises tais conceitos e categorias e, por isso, nos ajudam a problematizar e desvendá-lo. Assim, para Paulo Freire (1979, p. 31), "o homem se identifica com sua própria ação: objetiva o tempo, temporaliza-se, faz-se homem história". Nesse sentido, essa ação cotidiana do "viver-fazer humano" constitui a base da produção do espaço, que, mediada por relações e técnicas, marcam as diferentes temporalidades e identificam os tempos históricos do homem moderno. Ou, como anuncia Milton Santos (apud Perez, 1999, p. 30), "todos os dias o povo se renova; [renovando] cotidianamente o seu estoque de impressões, de conhecimento, de luta".

Desta forma, e ancoradas nessas concepções, entendemos que a Educação do Campo, aproximada da dimensão cotidiana, da imediaticidade do acontecer da vida, do fazer e ser do sujeito do campo, aqui entendido como o tempo empiricizado, como território do uso, onde marcam suas lutas e conquistas, ganha maior significação como proposição pedagógica, concretizando uma aprendizagem significativa e transformadora.

Nesse sentido, e tendo como princípio a formação como sujeito de sua história, é que a Educação do Campo ganha sua acepção mais ampla e ultrapassa as formas adjetivadas. Sabemos que, alcançados pelos ritmos do trabalho, orientados pelas temporalidades imediatas dos meios de comunicação, das novas tecnologias, da luta pela sobrevivência e por uma vida digna, os povos do campo vivenciam dimensões histórico-culturais consideradas ultrapassadas. O relógio da natureza, o espaço como *locus* para produzir e reproduzir a existência e a manutenção de valores e hábitos seculares dialoga com a urgência da internet, da produção da vida como mercadoria e da cultura massificada. No TE/TC, essas diferentes formas de produzir a vida emergem produzindo desafios e possibilidades.

Sujeitos coletivos

O reconhecimento de que o sujeito do campo se coloca como coletivo é um dos princípios estruturadores da Educação do Campo. Sua condição de participante de movimentos sociais e sindicais e também como integrante de grupos cuja identidade está definida pelas formas de produção da vida traz para o TE/TC a função de articular essas identidades. Como criar condições para que as diferentes expectativas e demandas desses sujeitos possam ser sistematizadas, problematizadas e teorizadas? Um desafio para a escola, segundo Molina (2009, p. 32),

> [...] um dos aspectos relevantes para o funcionamento de uma escola que possa ser considerada "do campo" é o reconhecimento e a valorização da identidade de seus sujeitos. Reconhecer e valorizar implica construir e desencadear processos educativos, dentro, e ao redor e no entorno da escola que não destruam a autoestima dos sujeitos pelos simples fato de serem do meio rural; de serem sem-terra; de serem filhos de assentados; filhos de agricultores familiares; extrativistas; ribeirinhos; quebradeiras de coco [...].

A presença dos Movimentos Sociais como sujeitos coletivos na Educação do Campo amplia as possibilidades de entendimento do que podemos chamar de processo formativo, articulado à construção de outra organização societária. O espaço/tempo da luta, da conquista, da construção de vínculos solidários e do trabalho cooperativo colocam a alternância não somente como afirmação do que está dado, mas como processo capaz de gerar novas alteridades, novas culturas e novas sociedades, provocando alterações nos sujeitos e na cultura, vivenciado como um processo coletivo.

A relação TE/TC é, nesse sentido, provocadora de rupturas, tendo em vista que a comunidade que chega à escola se coloca como uma coletividade com experiência em problematizar sua realidade. Nos espaços de vivência coletiva, os educandos e as educandas já se organizam para tratarem dos seus problemas. As questões ambientais, de inserção dos jovens, do trabalho, da saúde, dentre outras, são colocadas como temas que são discutidos e elaborados na comunidade, isto é, não cabe somente à escola a função de abordá-los. Esta talvez seja uma das principais rupturas que a organização em TE/TC traz para o processo formativo, pois há um impacto no papel da escola, notadamente naquela pensada para as classes populares. Os saberes que chegam à escola muitas vezes estão sistematizados, problematizados e referenciados teoricamente.

Aqui vale perguntar como os projetos educativos, na perspectiva da Educação do Campo, lidam com o sujeito coletivo, aquele que faz parte de um movimento social/sindical, bem como aquele que se organiza também como discente? Os sujeitos coletivos trazem os sinais dos seus territórios e buscam realizar ações de territorialidade no TE. O TE/TC é, sem dúvida, uma empiria onde essa situação aparece com maior visibilidade. Os estudantes chegam à escola com bonés, camisetas, músicas, bandeiras, místicas, dentre outros, que tornam visível sua vivência coletiva. As práticas de organização discente, na sala e fora dela, permitem à escola uma identificação imediata dos estudantes.

Por sua vez, no Tempo Escola, os educandos e educandos também organizam o coletivo dos estudantes. Isto é, no TE, são produzidos saberes relacionados à vivência coletiva que, levados ao TC, certamente passam a ser problematizados e discutidos. As demandas da escola em termos de estudo e pesquisa demandam tempo a ser dedicado no TC. Como essa vivência aparece no território camponês durante o TC?

Produção e socialização do conhecimento

A produção do conhecimento, como um território imaterial, é, sem dúvida, o grande desafio na Educação do Campo. A tomada de posições teóricas, metodológicas e políticas exige dos professores e estudantes a escuta, a problematização, a sistematização e a análise das demandas dos diferentes territórios onde se inserem? Saber ler o que é o campo brasileiro, com suas diferentes formas de organização, e situar o projeto de produção da existência elaborado pelos camponeses é exigência primeira. Outra tarefa é conhecer a escola, com seus ritos e processos, bem como localizar o projeto de educação que dialoga com os interesses dos trabalhadores camponeses. Conhecer a Educação do Campo, com seus princípios, conceitos e práticas, é condição para o diálogo entre os diferentes territórios.

Sendo assim, a produção e a socialização do conhecimento assumem dinâmicas diferenciadas quando se organiza o processo pedagógico em TE/TC. A alternância permite que as práticas educativas ultrapassem "[...] os muros da escola e de seus ritos, para considerar de outra maneira os conhecimentos..." (FONSECA; MEDEIROS, 2006, p. 115), ou seja, pode configurar, na organização curricular da educação do campo, uma articulação entre saberes, mas que precisam ser referenciados na teia que tece as territorialidades do campo, da escola e da Educação do Campo.

Molina (2006, p. 12) nos alerta:

> A desvalorização dos conhecimentos práticos/teóricos que trazem os sujeitos do campo, construídos a partir de experiências, relações sociais, de tradições históricas e principalmente, de visões de mundo, tem sido ação recorrente das escolas e das várias instituições que atuam nestes territórios. Como romper com o silenciamento destes saberes e legitimar outros processos de produção do conhecimento, trazendo-os para dentro da escola do campo, para dentro das universidades?

Isso porque o TE/TC pode ser o caminho para supervalorizar, depreciar ou contribuir para a construção dos saberes necessários para as lutas camponesas. Essa é uma discussão necessária na organização dos projetos, tendo em vista que, na tentativa de não depreciar, corre-se o sério risco de imobilizar os saberes com a idealização. Os valores, os hábitos, as práticas e os saberes produzidos no território camponês passam a ser considerados verdades absolutas, inquestionáveis, portanto, imutáveis. Invertem-se as posições. Da supremacia dos saberes acadêmicos passa-se à supremacia dos saberes camponeses. Reificam-se territórios.

Construir a produção de saberes no TE/TC, na dimensão da conflitualidade (FERNANDES, 2006), requer considerar os diferentes projetos de campo, da pluralidade de projetos políticos e de formas múltiplas de produção da escola. Requer reconhecer os saberes produzidos no campo, bem como a compreensão das formas de produção do conhecimento científico, na perspectiva de sua apropriação, como instrumentos para construção do projeto societário defendido pelos camponeses.

Prática pedagógica

Em termos da prática pedagógica, temos um conjunto de elementos que podem ser abordados. Elencamos alguns, como o uso da tecnologia no acompanhamento das atividades do TC por parte da escola, a adequação do formato TE/TC aos diferentes níveis e modalidades de ensino, à localização da escola e na organização dos conteúdos.

Na organização da prática pedagógica, as atividades desenvolvidas no TE/TC exigem uma articulação que possibilite a continuidade da aprendizagem na descontinuidade dos tempos e dos espaços (BEGNAMI, 2003). O TC se constitui como sala de aula, como espaço educativo. O TE pode também se constituir como espaço de produção cotidiana de vida. Ambos os tempos são, portanto, formadores, prenhes de saberes e práticas. Então, como organizar os processos pedagógicos?

Uma das dificuldades que se coloca diz respeito à construção de mediadores que permitam efetivar e garantir a interlocução entre os dois tempos/espaços. A necessidade de produção de material para atender às demandas de formação requer pensar um formato que inclui suportes impressos, recursos multimídia, recursos da web, telefone, correio, rádio, dentre outros. Esse é um desafio para todos os projetos. Segundo Corrêa *et al.* (2010, p. 154),

> O processo ensino-aprendizagem necessariamente pressupõe o uso de mediações pedagógicas que favoreçam a troca de informação, o processo comunicativo [...] [mas] que não se acessa o conhecimento por alguma forma direta de recepção de informações ou de representações mentais; é necessário construir as mediações, apropriar-se delas para ser possível fazer conexões.

Vale ressaltar que para muitos educadores o uso de inovações tecnológicas não significa inovações pedagógicas. Essa afirmação se faz necessária, pois, em tempos de avanço acelerado das tecnologias de comunicação, Porto (2003, p. 106) nos lembra que:

[...] as relações sociopedagógicas que destacam o processo de transformação dos sujeitos escolares num mundo permeado por mídias tecnológicas e comunicacionais só terão sentido se propiciarem aos sujeitos escolares uma reflexão mais ampla da realidade, conduzindo-os à autonomia e ao bem-estar.

Mas os suportes tecnológicos não atendem sozinhos, mesmo porque a maioria dos estudantes da Educação do Campo não tem acesso a eles, notadamente à web. Para atender às necessidades de comunicação, surge um novo sujeito na organização escolar. Com diferentes nomes, o Orientador de aprendizagem, Monitor, Professor ou Acompanhante faz a tarefa de ser mediação entre os dois tempos e espaços.

Nessa perspectiva, é possível perguntar como as diferentes experiências elaboram suas mediações, tendo em vista que os diferentes territórios requerem articulações entre conhecimentos, atividades a serem desenvolvidas, mediadores adequados à realidade dos estudantes, acesso a novas mediações no TE e compromisso com os princípios da construção de uma escola comprometida com a transformação social.

Temos também discussões sobre a abrangência da aplicação da alternância nas escolas do campo, em relação aos diferentes níveis e modalidade de ensino. Tem sido consenso que a Educação Infantil, os anos iniciais do Ensino Fundamental e a Alfabetização de jovens e adultos devem ser realizados como atividades escolares sem alternância, isto é, com períodos diários na escola. Há inclusive posições de que, mesmo com a escola situada próximo à residência do educando, esta deveria se constituir no princípio da alternância, isto é, com tempo para pesquisas e intervenções em sua comunidade. Do nosso ponto de vista, somente a materialidade das experiências pode orientar essa discussão.

A organização da dinâmica escolar na alternância TC/TE interroga todas as práticas e elementos que compõem a organização dos conteúdos da escola cuja ação se concentra no modelo do encontro diário entre professores e alunos. O que trabalhar no TE? O que trabalhar no TC? São dúvidas que desestruturam a didática docente. A representação de que o TC pode se configurar como espaço/tempo para deveres de casa e exercício de fixação é recorrente nos projetos, no entanto sabemos que há um caminho a percorrer. A escolarização dos conteúdos, isto é, a seleção do que deve/não deve ser ofertado na sala de aula é um mecanismo que envolve poder. Não somente dos docentes, mas também dos discentes. Lembrando que há algum tempo as disciplinas foram esvaziadas dos conteúdos de orientação filosófica e epistemológica, pois são consideradas como de pouca utilidade prática, não possibilitando aprendizagens consideradas como significativas. Como essa questão aparece nos cursos da Educação do Campo?

As matrizes curriculares na Educação do Campo exigem um repensar dos conteúdos, dos seus formatos, das suas intencionalidades. O que, quando e como deve ser ensinado? Perguntas simples, mas que definem a trajetória de pessoas e coletividades. A questão fica um pouco mais complicada, diante do desafio da organização dos conteúdos a serem ensinados e aprendidos em tempos e espaços diferenciados. Quais são os conteúdos relevantes? Como atender às demandas e às necessidades formativas dos estudantes? Partindo dessa escolha, como definir o que priorizar quando se organiza a prática em TE/TC?

Para continuar a conversa...

A escola da Educação do Campo nasce como uma das dimensões da luta pela conquista de um modo de produção da vida. Nesse sentido, se articula com um conjunto de princípios, conceitos e práticas em construção, no conjunto das lutas empreendidas pelos trabalhadores do campo. Sendo assim, a escola também se insere como um território a ser ocupado. A conquista de políticas públicas se alia a projetos pedagógicos capazes de atender às necessidades formativas necessárias para a construção de um novo projeto societário. O TE/TC é uma das estratégias pedagógicas que se considera como adequada para atingir aos objetivos.

Nesse lugar, o TE/TC se vincula a diferentes dimensões, tanto na escola como na comunidade. Por não se tratar somente de uma descontinuidade de tempos/espaços, mas de relação dialética entre ambos, na perspectiva de uma continuidade do processo ensino/aprendizagem, encontramo-nos diante de muitos desafios. Alterar tempo/espaço produz deslocamentos em todas as dimensões relativas à produção da existência.

A concentração na escola, como espaço privilegiado de formação, alia-se com uma organização referenciada no controle do tempo, na marcação dos limites, na qualidade/produtividade medida pelo menor tempo gasto, na ênfase na técnica, na desvalorização dos saberes que discutem as relações humanas entre si e com a natureza e a apropriação dos saberes/práticas do cotidiano como artefato cultural. Aqui a comunidade aparece como um local *de onde se parte* para alçar voos mais altos, ou, no máximo, para onde se retorna para *levar conhecimentos*.

Na escola do campo, a realidade é uma totalidade, por isto não há como *partir dela*, para seguir adiante ou retornar. Com seus diferentes territórios, constitui-se como o *locus* que se quer transformar. O que podemos fazer é produzir novos territórios, articular outros, destruir alguns, mas sabendo que cada um deles contém a contradição. Sendo assim, o que o TE/TC anuncia é que não partimos do campo rumo à escola para, no caminho de volta, provocar mudanças. Parte-se do campo, já em transformação, encontra-se uma escola também em movimento e, nesse encontro, fortalece-se um projeto de produção de vida.

Sendo assim, o vínculo entre os diferentes territórios passa a ser a construção de um projeto societário. Com essa intencionalidade, é possível criar mediações que articulem os diferentes espaços/tempos no que eles detêm de possibilidades. Cabe então à escola e à comunidade encontrar os canais que possam permitir o diálogo. Nessa leitura não cabe a dicotomia. Os sujeitos do campo não chegam à escola trazendo a renovação. Por sua vez, a escola não é a responsável por uma formação capaz de instrumentalizar os sujeitos para provocar mudanças em suas comunidades.

Entende-se que o TE/TC possa contribuir para que esses diferentes territórios possam construir mediações e fortalecerem-se como espaços de luta e de transformação. Os saberes e as práticas dos sujeitos do campo são fundamentais para os saberes e as práticas dos sujeitos da escola e vice-versa. Mesmo porque há possibilidade de esses sujeitos assumirem funções nesses dois espaços: ser professor e ser da comunidade.

Ter a possibilidade de gerar essa forma de compreensão certamente contribuirá para iluminar as interrogações da prática cotidiana, bem como para apontar os desafios e as possibilidades que a organização em TE/TC traz para a ação pedagógica. É nosso desejo também que esta problematização inicial possa contribuir para a leitura dos textos produzidos por autores e autoras que se debruçaram sobre suas práticas para sistematizar e refletir sobre os diferentes aspectos que a alternância assume nos projetos que desenvolvem.

Referências

ANDRADE, M. C. *A questão do território no Brasil*. São Paulo: Hucitec; Recife: IPESPE, 1995.

ANTUNES-ROCHA, M. I. Desafios e perspectivas na formação de educadores: reflexões a partir do Curso de Licenciatura em Educação do Campo desenvolvido na Faculdade de Educação/Universidade Federal de Minas Gerais. In: SOARES, L. et al. *Convergências e tensões no campo da formação e do trabalho docente: Educação do Campo*. Belo Horizonte: Autêntica, 2010, p. 389-406.

BEGNAMI, J. B. Pedagogia da alternância. *Presença Pedagógica*, Belo Horizonte, n. 91, p. 31-38, 2010.

BEGNAMI, J. B. *Formação pedagógica de monitores das Escolas Famílias Agrícolas e alternâncias. Um Estudo Intensivo dos Processos Formativos de cinco monitores*. Dissertação (Mestrado em Ciências da Educação) – Universidade Nova de Lisboa, Lisboa, 2003.

BRASIL. *Lei n. 9.394,* de 20 de dezembro de 1996. Estabelece as diretrizes e bases da educação nacional. Brasília: 1996.

BRASIL. Ministério da Educação. Parecer CNE/CEB n. 1/2006, aprovado em 1º de fevereiro de 2006. Considera como dias letivos o calendário escolar da Pedagogia de Alternância aplicado nos Centros Familiares de Formação por Alternância (CEFFA).

BRASIL. Plano Nacional de Educação. Aprovado pela Lei n. 10.172/2001. Brasília: 2001.

CORRÊA, J. et al. Rede de desenvolvimento de práticas de ensino superior. GIZ, Prograd, UFMG, 2010.

DINIZ. L. S. et al. Reflexões sobre o papel da monitoria no curso de Licenciatura em Educação do Campo – Turma 2005. In: ANTUNES-ROCHA, M. I.; MARTINS, A. A. (Orgs.). Educação do Campo: desafios para a formação de professores. Belo Horizonte: Autêntica, 2009, p. 177-191.

FERNANDES, B. M. Os campos da pesquisa em Educação do Campo: espaço e território como categorias essenciais. In: MOLINA, M. C. Educação do Campo e Pesquisa: questões para reflexão. Brasília: Ministério do Desenvolvimento Agrário, 2006, p. 27-39.

FONSECA, A. F.; MEDEIROS, M. O. Currículo em Alternância: uma nova perspectiva para a educação. In: QUEIROZ, J. B. P.; SILVA, V. C.; PACHECO, Z. Pedagogia da alternância: construindo a educação do campo. Goiânia: UCG; Brasília: Universa, 2006.

FREIRE, P. Educação e mudança. Rio de Janeiro: Paz e Terra, 1979.

KEHL, M. R. O tempo e o cão: a atualidade das depressões. São Paulo: Boitempo, 2009.

LEFEBVRE, H. La production de l'espace. 4. ed. Paris: Éditions Anthropos, 2000.

MOLINA, M. C. Cultivando princípios, conceitos e práticas. Presença Pedagógica, Belo Horizonte, v. 15, n. 88, p. 30-36, jul./ago. 2009.

MOLINA, M. C. Educação do Campo e Pesquisa: questões para reflexão. Brasília: Ministério do Desenvolvimento Agrário, 2006.

PEREZ, C. L. V. Ler o espaço para compreender o mundo: a função alfabetizadora da Geografia. Presença Pedagógica, Belo Horizonte, v. 5 n. 28, jul/ago de 1999.

PORTO, T. M. E. Redes em construção: meios de comunicação e prática pedagógica. Araraquara: JM Editora, 2003.

QUEIROZ, J. B. Construção das Escolas Famílias Agrícolas no Brasil: ensino médio e educação profissional. Tese (Doutorado). Universidade de Brasília, Brasília, 2004.

SADER, E. Quando novos personagens entram em cena: experiências, falas e lutas dos trabalhadores da Grande São Paulo, 1970/1980. 2. ed. Rio de Janeiro: Paz e Terra, 1988.

SANTOS, M. A natureza do espaço: técnica e tempo, razão e emoção. São Paulo: Hucitec, 1996.

Primeira parte
Territórios da Educação Básica

CAPÍTULO 1
A Pedagogia da Alternância praticada pelos CEFFAs

Idelzuith Sousa Borges
João Batista Begnami
José Joaquim Machado Neto
Maria Rosinira Bezerra Cavalcante
Pe. Manoel Bezerra Machado
Taciana Araújo Cavalcante

O presente capítulo apresenta a experiência da Pedagogia da Alternância no contexto dos Centros Familiares de Formação por Alternância (CEFFAs). Ele está estruturado em três partes. A primeira fala sobre as origens e os protagonistas na França, os princípios constitutivos e o processo de internacionalização a partir da identificação dos agricultores com a pertinência do sistema em vários países ao redor do mundo. A segunda parte trata das origens, dos protagonistas, da expansão e organização dos CEFFAs no Brasil. A terceira e última parte aborda a Pedagogia da Alternância a partir da prática, tendo como referência o relato da experiência da Escola Família Agrícola Dom Fragoso, situada em Independência, território de Inhamuns-Crateús, Estado do Ceará. A experiência demonstra a força e a capacidade do agricultor e da agricultora familiar brasileiro e nordestino em implantar e gerenciar uma escola do campo.

Origens, princípios e mundialização de uma iniciativa educativa protagonizada por agricultores

"Escola camponesa" era o nome original da Maison Familiale Rurale (Casa Familiar Rural) instituída pela iniciativa de agricultores familiares a partir da década de 30 do século passado, na França. Essa iniciativa educativa camponesa protagonizada por sujeitos do campo se torna um movimento e ganha escala mundial pela marca significativa de seus princípios e valores identificados pelos povos do campo em todo o mundo. Hoje são 1.325 Centros Educativos Familiares de Formação em Alternância (CEFFA),[1] em todo o mundo. Às vezes, mantendo a denominação francesa, ou, na maioria das vezes, com denominações locais. No caso das Escolas Famílias Agrícolas (EFAs) no Brasil, todos os CEFFAs se articulam nas suas respectivas associações locais, regionais, nacionais e na Associação Internacional dos Movimentos Familiares de Formação Rural (AIMFR).

Os princípios básicos, também chamados de pilares, refletem os valores fundamentais dos iniciadores, historicamente invariáveis, segundo Gimonet (2007). Esses pilares são quatro, sendo os dois primeiros meios, e os dois últimos, finalidades, conforme a figura seguinte:

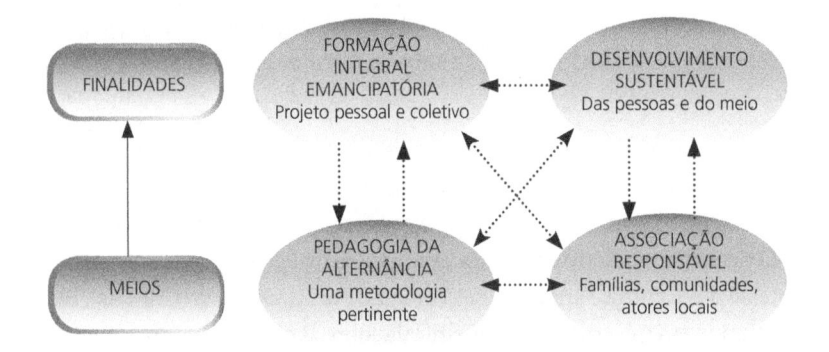

Figura 1: Os quatro pilares dos CEFFAs
Fonte: adaptado de CALVÓ; MARIRRODRIGA e COLVO, 2010, p. 66.

A associação responsável. O CEFFA, por princípio, é um centro educativo de gestão comunitária. As famílias individualmente, os atores locais, pessoas, lideranças, profissionais, bem como as comunidades, por meios de suas organizações e entidades de representação, etc., se unem e criam uma associação com a finalidade de gerir o CEFFA. Uma associação bem gerida e atuante, pautada nos valores democráticos da participação efetiva, viabiliza a partilha do poder educativo no CEFFA e torna o centro educativo e o projeto político-pedagógico

---

[1] Centro Educativo Familiar de Formação em Alternância é uma nomenclatura criada no Brasil, em 2001, para representar a diversidade de experiências que adotam o sistema pedagógico da alternância, tais como: Escolas Famílias Agrícolas (EFAs), Casas Familiares Rurais (CFRs), Escolas Comunitárias Rurais (ECORs). Em 2010, o IX Congresso Mundial da Associação Internacional dos Movimentos Familiares de Formação Rural (AIMFR), realizado em Lima, Peru, aprovou o termo CEFFA em seu estatuto social com o objetivo de abrigar sob esse nome a diversidade das experiências em todo o mundo. A associação a um nome comum preserva a distinção, ou seja, associa sem reduzir as particularidades, a história e diversidade de cada entidade.

um espaço de debate e articulação com as forças sociais e os projetos de desenvolvimento local.

Por isso, o movimento CEFFA tem o desafio de implementar um processo permanente de formação das famílias e dos dirigentes associativos locais, bem como dos coordenadores pedagógicos e dos educadores (monitores). Esse processo depende de acompanhamento contínuo, de avaliações e planejamento permanentes por parte das equipes pedagógicas das associações regionais e da rede nacional.

A Pedagogia da Alternância. A alternância é uma pedagogia em construção permanente. Ela se desenvolve nas práticas educativas dos CEFFAs e é um terreno em disputa na sociedade. As pesquisas mostram três tipologias de alternância sendo praticadas: a falsa – justaposta ou dissociada –, a aproximativa ou associativa e a copulativa, integrada ou interativa, conforme Gimonet (2007), Begnami (2003), Queiroz (2004), os CEFFAs buscam praticar a alternância integrativa, interativa.

A *alternância falsa* é aquela em que a organização didática e pedagógica não articula com a vida, o trabalho e a realidade do estudante. Ela se justapõe à realidade, e as disciplinas são trabalhadas de forma justaposta, fragmentada. A formação acontece fora de contexto. A organização didática não articula com a vida fora da escola. O aluno deve adequar-se ao método, ao sistema, e não o sistema ao aluno.

A *alternância aproximativa* associa teoria e prática. A prática serve para facilitar a compreensão da teoria, como também serve como *locus* de aplicação de teorias aprendidas. Os conteúdos são trabalhados de forma mais aproximada do contexto. Há uma organização didática que busca associar teoria e prática. Os alunos são colocados em situações de contato com a realidade para observá-la, mas não para agir sobre ela.

A *alternância copulativa* busca integrar os dois espaços e tempos, compreendendo que há saberes diferentes que se complementam e há possibilidades de aprender fora da escola. Há uma organização didática específica que integra e faz interagir os espaços e os tempos por meio de um dispositivo pedagógico que une as alternâncias e de um plano de formação que articula os tempos, os saberes, a formação geral e profissional, os sujeitos, as instituições, a escola e a vida.

A alternância integrativa pressupõe uma abordagem multidimensional e complexa. Nessa perspectiva, a alternância é definida como uma pedagogia de relações, ou seja, relações entre instituições, sujeitos, diálogo entre os diferentes saberes e a utilização de metodologias participativas nos processos de formação, numa perspectiva dialética ou dialógica. Uma pedagogia de *relações entre instituições,* porque no caso dos CEFFAs são três entidades que se juntam de forma organizada: a escola, a família e a comunidade com suas organizações representativas. Uma pedagogia de *relações entre os diferentes saberes:* populares, familiares, práticos, experienciais, teóricos, abstratos, conceituais, tradições religiosas... Uma pedagogia de *relações entre os processos de formação:* ação-reflexão-ação. A pedagogia dialética valoriza a busca e a construção coletiva do conhecimento comprometido com a transformação da realidade. Uma pedagogia de *relações entre sujeitos:* estudantes, centro do projeto, suas famílias, comunidades e os educadores-monitores.

Vimos que a Pedagogia da Alternância não se explica apenas pela relação teoria e prática. Ocorrem várias alternâncias: alternâncias entre instituições que se articulam, alternâncias entre sujeitos que interagem, alternâncias entre diferentes saberes que se complementam, alternâncias nos processos metodológicos entre ação reflexão e ação ou prática, teoria e prática. É nessa perspectiva da alternância como uma pedagogia de múltiplas relações que podemos analisá-la numa dimensão multidimensional e complexa, conforme afirma Gimonet (2007). Nessa perspectiva, a alternância não se reduz também ao simples alternar físico de tempos e espaços: tempo e espaço escolar X tempo e espaço socioprofissional. Ela cria e se recria a partir de um mundo complexo de relações. Ela diversifica os papéis educativos, produz uma partilha dos saberes e do poder na educação, por meio da associação e a participação das famílias e dos parceiros, revoluciona os espaços e tempos educativos, pela sucessão dos momentos escolares e socioprofissionais e ao mesmo tempo se apresenta como uma pedagogia incompleta e em construção permanente.

Em vez de um método, a Pedagogia da Alternância praticada pelos CEFFAs é um sistema educativo que se caracteriza por: a) um projeto político-pedagógico com finalidades ambiciosas de formação integral e desenvolvimento sustentável do meio, b) uma visão do estudante como sujeito de sua própria formação, ator socioprofissional e sociocultural situado, a experiência e a realidade como ponto de partida e de intervenção social, c) uma rede de parceiros coformadores: a família, a equipe educativa do CEFFA, as comunidades, suas lideranças, profissionais, mestres de estágios, d) um dispositivo pedagógico com instrumentos didáticos apropriados para ligar os tempos e espaços, os saberes, os processos, articular as entidades e pessoas, e) um ambiente educativo favorável, o internato que favorece as diferentes aprendizagens e f) uma concepção de educador como animador socioeducativo, aquele que acompanha, motiva e coordena os processos.

A partir dessas anotações, alguns paradigmas tradicionais a serem enfrentados por novos paradigmáticos ao construir um projeto de formação em alternância:

Paradigma tradicional	Novo paradigmático
Centrado no ensino	Aprender e ensinar
O aluno deve adequar-se aos programas	Estudante ativo, sujeito, ator, autor, situado.
Professor	Educador, "monitor", animador, facilitador...
Professor isolado	Equipe educativa
"Todo-escola"	Centro educativo – relativização da escola
Aulas expositivas	Pesquisas – aulas criativas, interativas, problematizadoras...
Da aula ao trabalho, à vida	Do trabalho, da vida, à aula e vice-versa
Disciplinar/linear	Inter, transdisciplinar, sistêmica
Consumo de saber: reprodução	Construção, produção de saberes
Individualista	Pessoal – coletiva
Centrada nos programas	Centrada nas pessoas e na realidade

A formação integral e emancipatória. Uma pedagogia para finalidades ambiciosas porque a formação se inscreve num contexto e é portadora de uma dimensão de cidadania e de solidariedade, se pretendendo a contribuir para uma formação integral e aliada ao o desenvolvimento comunitário. O CEFFA recusa o "todo-escola", o "todo-comunidade" ou o "todo-empresa". O ser humano, na sua complexidade só pode desenvolver-se na complexidade que constitui a sua vida, afirma Gimonet (2007).

A formação integral tem em conta que cada pessoa é distinta e completa, em si mesma, mas ao mesmo tempo coletiva, porque vive numa comunidade e não se subsiste enquanto indivíduo isolado. Por isso, a formação integral compreende a formação da pessoa como um todo, levando em consideração todas as dimensões da pessoa: pessoal e coletiva, afetivo-emocional-intuitivo e intelectual-racional, profissional e lúdica, física e psicológica, espiritual e material-econômica, ética e ecológica política e cultural...

O desenvolvimento local sustentável. É impossível uma pessoa se desenvolver fora ou em oposição ao desenvolvimento do seu meio vivencial. Se a comunidade não se desenvolve, consequentemente, o sujeito também não. Por isso, a escolarização e a profissionalização não são completas e suficientes, se realizadas fora do contexto. Trata-se de trabalhar a formação e o desenvolvimento local sustentável, levando em conta todas as dimensões da vida cotidiana e sua complexidade.

O estudante, compreendido como sujeito alternante detém um poder pela sua condição socioprofissional, sociocultural. Ao contrário de alunos passivos, os alternantes aprendem e se formam durante as estadias na família e comunidade, longe da escola. Eles detêm um saber que os educadores não possuem, por isso se encontram numa situação de autoformação[2] em relação às coisas e às informações da vida e dos programas. Na medida em que cada um se torna autor, por isso, sujeito da sua própria formação e de sua inserção socioprofissional, criam possibilidades de continuar a viver em sua própria comunidade ou região, provocam mudanças e transformações sociais, econômicas, culturais e ambientais no território.

Origens, expansão e o protagonismo da Pedagogia da Alternância no Brasil

A alternância originada e desenvolvida de forma fortuita por um movimento de agricultores na França, a partir da década de 1930, conforme dito anteriormente, está em disputa no Brasil. Hoje, diversos movimentos sociais, os sistemas públicos municipais, estaduais e federais, ONGs e até universidades já organizam cursos em alternância, a exemplo dos cursos de Licenciatura da Educação do Campo, Pedagogia da Terra, entre outros.

No Brasil, de um lado, surgem, a partir de 1969, as primeiras Escolas Famílias Agrícolas (EFAs) no Espírito Santo, com a influência das pastorais sociais da Igreja católica, expandindo-se progressivamente para os demais Estados e regiões, instituindo suas Associações Regionais e uma organização nacional. De outro lado, as Casas Familiares Rurais (CFRs) ganham força e se expandem nos três Estados do sul do Brasil ao final da década de 1980 e no Norte e Nordeste, ao longo da década de 1990, também se articulando em Associações Regionais.

A trajetória das Escolas Famílias Agrícolas (EFAs). No Brasil, a alternância educativa foi promovida pelas Escolas Famílias Agrícolas (EFAs), em 1968, no Espírito Santo, através do Movimento de Educação Promocional do Espírito Santo (MEPES). Nesses 40 anos a iniciativa expandiu-se para 17 Estados. Em 1982 cria-se a União Nacional das Escolas Famílias Agrícolas (UNEFAB) e, nos anos de 1990, implementa-se a criação das Associações Regionais, chegando a 12 organizações do gênero até 2009.

---

[2] Teoria tripolar da formação (PINEAU, 2003).

Tabela 1: A abrangência das EFAs no Brasil

Rede Nacional													
UNEFAB – União Nacional das Escolas Família Agrícola do Brasil													
Associações Regionais vinculadas à UNEFAB													
RACEFFAES MEPES	AMEFA	IBELGA	AECOFABA/ REFAISA	AEFAPI	UAEFA-MA	AEFACOT			AEFARO		RAEFAP		AGEFA
Sudeste			Nordeste			Centro Oeste			Norte				Sul
ES 30	MG 18	RJ 04	BA 32	SE 01	PI 17	MA 20	CE 1	GO 4	MS 3	MT 1	TO 3	RO 6	AP 6	PA 2	AC 1	RS 1
52			71			08			18				1
150													

Fonte: UNEFAB, 2011.

A Tab. 1 sobre a abrangência das EFAs no Brasil, mostra a organização das EFAs e sua distribuição por grandes regiões geográficas e Estados. A União Nacional das Escolas Famílias do Brasil (UNEFAB) é uma associação nacional que associa Associações Regionais. Isso demonstra que as unidades educativas se organizam por Estados com exceção da REFASIA, que abrange a BA e o SE, e da AEFACOT, que abrange toda a região Centro-Oeste mais o Tocantins, que se situa no Norte. São 150 EFAs presentes em 17 Estados e em todas as macrorregiões do Brasil, sendo o Nordeste o Sudeste as regiões de maior concentração.

A trajetória das Casas Familiares Rurais (CFRs). As CFRs expandiram-se no Sul do Brasil, a partir de 1986, depois de uma primeira tentativa em Pernambuco, ainda nos anos de 1970. Em 1987 inicia-se o funcionamento da primeira CFR e em 1991 cria-se a Associação Regional das Casas Familiares Rurais do Sul do Brasil (ARCAFAR SUL). São 73 CFRs em funcionamento nos três Estados do Sul.

A expansão das CFRs para o Nordeste e o Norte se deu nos anos de 1990. Depois de alguns anos de discussão nas bases, com os agricultores e agricultoras familiares e as entidades parceiras, o funcionamento iniciou-se em Medicilândia, no Pará, em 1995, em Coquelândia, Imperatriz, no Maranhão, em 1996. A organização para dar acompanhamento e representar a região, ARCAFAR Norte e Nordeste, foi criada em 1996. Para aproximar a assistência técnica, pedagógica e financeira aos centros educativos dispersos em uma vastíssima região, foram criadas a ARCAFAR Maranhão em 2002 e a ARCAFAR Pará em 2003. Hoje, a ARCAFAR Nordeste e Norte constitui a Rede que representa os Estados das regiões Nordeste e Norte do Brasil.

Tabela 2: Distribuição das CFRs no Brasil

Rede Regional					
ARCAFAR Sul do Brasil			ARCAFAR Nordeste e Norte do Brasil		
Região Sul			Regiões Nordeste e Norte		
ARCAFAR SC		ARCAFAR RS			
PR	SC	RS	MA	AM	PA
43	22	08	21	03	27
73			21		30
73			51		
Total geral: 124					

Fonte: Site www.arcafarsul.org.br e equipe pedagógica Arcafar Ne-No.

A Tab. 2, que trata da abrangência das CFRs no Brasil, mostra duas organizações de âmbito regional, sem uma articulação geral nacional. Ambas totalizam 124 unidades educativas. A ARCAFAR Sul concentra sua ação na região Sul do Brasil com sede em Barracão, sudoeste do Paraná. Ela representa os três Estados do sul, sendo que Santa Catarina e o Rio Grande do Sul possuem cada um uma ARCAFAR Estadual. A ARCAFAR Nordeste e Norte, com sede em São Luís do Maranhão, tem um raio de atuação previsto em seu estatuto que se estende pela região Nordeste e Norte do país. A vastidão deste território tende a uma reorganização descentralizada por Estados no futuro. O Estado do Pará já possui iniciativas neste sentido.

Tabela 3: Resumo da abrangência das EFAs, CFRs e suas Redes no Brasil

REDE	CEFFA		
	EFA -ECOR	CFR/CFM	SUBTOTAL
ARCAFAR NE/NO		51	124
ARCAFAR SUL		73	
UNEFAB	150	73	150
TOTAL		274	

Fonte: Baseado em Begnami (2011).

A implantação das EFAs e CFRs tem se dado sempre a partir de demandas das bases, envolvendo seus sujeitos, agricultores e agricultoras familiares, lideranças e profissionais, bem como suas organizações e representações: Sindicatos de Trabalhadores e Trabalhadoras Rurais, Associações de Produtores e Produtoras Rurais, Cooperativas, igrejas e órgãos públicos municipais e estaduais, entidade de pesquisas, assistência técnica e extensão rural e universidades.

Após curto período como estabelecimentos informais de ensino, com o objetivo de formar agricultores técnicos, os CEFFAs hoje oferecem cursos regulares no segundo seguimento do Ensino Fundamental (6º ao 9º ano) com orientação profissional, cursos técnicos de nível médio, integrados ou concomitantes, ensino médio com qualificação profissional básica, sendo que na maioria dos casos com habilitação ou qualificação em agropecuária.

A Pedagogia da Alternância a partir da prática: a experiência da EFA Dom Fragoso

A Escola Família Agrícola (EFA) Dom Fragoso, é uma associação de caráter comunitário, constituída por famílias, comunidades, profissionais e entidades representativas dos agricultores e agricultoras familiares do município de Independência e região. Está situada na Comunidade Santa Cruz – Zona Rural, município de Independência, no Território Inhamuns-Crateús, Estado do Ceará.

Antecedentes e contextualização da experiência. É fundamental que situemos aqui uma breve memória histórica do contexto político e eclesial no qual surgiu uma série de iniciativas ligadas aos trabalhadores e às trabalhadoras do campo, durante um longo processo de lutas e conquistas que provocariam mais tarde outras formas de organização, entre as quais a EFA Dom Fragoso.

No cenário nacional, as forças da Ditadura Militar com o Golpe de Estado de 31 de março de 1964, levado a termo pela força das armas e pela elite conservadora do país, impõem de forma truculenta um modelo socioeconômico e político fechado aos direitos humanos e políticos, repercutindo até nos mais distantes recantos do país, cerceando as liberdades democráticas com a prática da perseguição política e da violência.

É nesse contexto que surge em Crateús a experiência de uma igreja que tinha como projeto ser uma igreja "popular e libertadora", contrastando-se com o modelo tradicional de igreja que ali se encontrava até então, aliada ao poder dominante, à medida que foi processando, naturalmente, uma ruptura da aliança, do clientelismo, tão comum em nossas cidades do interior, principalmente no Nordeste, entre os senhores da terra, do comércio e do poder, e a igreja local.

Tal compromisso foi colocado com muita clareza pelo próprio Dom Fragoso, em um dos seus depoimentos:

> Eu não quero ser um príncipe da Igreja, um excelentíssimo senhor, um construtor de civilização, mas quero ser, nesta terra, um humilde servidor deste povo. Ficarei feliz vendo o povo de Crateús tomar nos seus próprios ombros, o destino de sua terra. Querem saber as obras sociais que estão no meu coração? São estas: 1)

Conscientizar o povo do campo, para que descubra sua dignidade, se organize e ande com seus próprios pés; 2) Ajudá-los a se organizar nas suas cooperativas e sindicatos, para que lutem pela justiça e pelos seus direitos (JULIO, 2005, p. 267).

Dando continuidade às iniciativas da educação popular, temos o depoimento de Manoel Bezerra Machado, padre em Independência. Ele chegou à Diocese de Crateús, em 1980 e participou da experiência das Escolas Populares.[3] Sua contribuição já o ajudou a ser um dos grandes sonhadores da nova proposta de uma educação contextualizada na perspectiva da Educação do Campo. Surge então a Escola Família Agrícola Dom Fragoso.

> A Escola Família Agrícola de Independência nasceu de um sonho que vem de longe. É desde a década de 1960, quando Dom Fragoso chegou a esta Diocese, que começou a Pastoral da Terra, ajudando os lavradores a refletirem sobre suas práticas no campo. Nos anos de 1980, várias comunidades conquistaram a terra, pra morar, pra trabalhar. E aí, então, os encontros que a gente fazia das áreas de conflito se transformaram em encontros de áreas de assentamento. E num desses encontros, os lavradores colocavam pra nós da CPT: "Bom, a gente conquistou a terra, a gente está agora no que é nosso. Mas a gente queria a ajuda de vocês pra enfrentar um problema sério: nós estamos com as mesmas práticas, do tempo que a gente era morador. E os nossos filhos continuam deixando o campo pra estudar na cidade, pra morar na cidade. Então a gente gostaria de encontrar um jeito, não só pra segurar os nossos filhos na roça, mas também da gente propor a eles uma condição de vida diferente. E que a gente pudesse também ter uma relação diferente com a terra". E foi desse apelo que a gente começou a pensar na proposta de uma Escola Família Agrícola aqui, na região.

A EFA Dom Fragoso nasce em um terreno de lutas pela terra, pela educação contextualizada ao bioma semiárido cearense, pelo fortalecimento e pela emancipação da classe trabalhadora rural e pela diminuição do êxodo rural. Ela tem em suas raízes a parceria das Comunidades Eclesiais de Base (CEBs), da Comissão Pastoral da Terra, da Diocese de Crateús e da Paróquia de Independência.

A criação da associação gestora, seus protagonistas e finalidades. A experiência mostra que antes de começar a escola cria-se a entidade gestora, denominada Associação Escola Família Agrícola de Independência (AEFAI). Segundo seus estatutos, ela é uma entidade comunitária, sem fins lucrativos, criada em 12 de novembro de 2001, no município de Independência, Ceará. Seus protagonistas são agricultores(as) familiares, trabalhadores(as) rurais, líderes comunitários, dirigentes sindicais e representantes da Comissão Pastoral da Terra (CPT) da Diocese de Crateús.

---

[3] Escolas Populares é uma experiência de educação popular realizada por iniciativa da ação pastoral social da Diocese de Crateús, CE.

Os objetivos da EFA, colocados em seu projeto político pedagógico, são: promover uma formação contextualizada e integral de jovens agricultores(as) camponeses(as), buscando desenvolver o protagonismo juvenil e tecnologias apropriadas para a convivência com o semiárido do território Inhamuns-Crateús, na perspectiva do bem-viver no sertão cearense.

A criação, funcionamento e evolução da EFA da EFA Dom Fragoso. Para atingir seus objetivos, a AEFAI cria a Escola Família Agrícola Dom Fragoso, que passa a funcionar a partir de 2002, ofertando o curso de ensino fundamental, segundo ciclo, 5ª a 8ª séries, com pré-qualificação profissional em Agropecuária, pelo sistema da Pedagogia da Alternância. O ritmo de Alternância adotado no curso foi o quinzenal, sendo o período na EFA chamada de a Estadia Escolar com de 15 dias de duração, e o período fora da EFA, chamado de Estadia Socioprofissional, com igual tempo de 15 dias.

O interesse das famílias e dos próprios jovens em continuar seus estudos no nível médio provocou uma reflexão sobre a necessidade da implantação de novo nível de ensino na EFA, sendo isso um grande ponto de destaque da história da EFA. As escolas públicas convencionais, todas elas situadas na sede dos municípios, não atendiam as necessidades dos jovens do campo. Por isso, depois de estudos de viabilidade implanta-se o Curso de Educação Profissional de Nível Médio integrada ao Ensino Médio com Habilitação em Técnico em Agropecuária, seguindo os princípios da Pedagogia da Alternância em seu funcionamento e mantendo apenas as duas últimas séries do Ensino Fundamental, compreendendo o 8º e o 9º anos.

Tabela 4: Jovens atendidos na EFA Dom Fragoso

NÍVEL DE ENSINO	SEXO		TOTAL PARCIAL	% SEXO	
	MASCULINO	FEMININO		M	F
Ensino fund.	23	17	40	57,5	42,5
Ensino médio Profissional	65	40	105	61,9	38,1
Total geral	88	57	145	60,6	39,4

Fonte: Secretaria da EFA Dom Fragoso.

Observando o quadro, é notória a porcentagem menor de mulheres. A EFA não possui um estudo criterioso sobre essa realidade. Embora esteja presente um mínimo de 30% de mulheres, esse dado não representa um critério observado em matrículas para garantir esses números. Os números apresentados são relativos à procura dos jovens, e não a um trabalho a partir de uma preocupação com um mínimo de jovens do sexo feminino. Se as jovens não a frequentam por ser uma escola com internato ou por não se identificarem com o curso voltado para a agropecuária, são hipóteses que poderiam ser confirmadas ou não por meio de pesquisas.

Esses jovens originam-se de 81 comunidades de 16 municípios do estado do Ceará: Independência, Crateús, Tamboril, Quiterianópolis, Parambu, Tauá, Monsenhor Tabosa, Pedra Branca, Ipueiras, Nova Russas, Santa Quitéria, Quixeramobim, Choró, Chorozinho, Ocara e Tianguá.

Para desenvolver o projeto pedagógico, a EFA Dom Fragoso conta com 18 funcionários, sendo 11 monitores (educadores da alternância) em tempo integral, dois professores em tempo parcial, duas cozinheiras, um caseiro, dois colaboradores(as) e três voluntários.

As parcerias econômicas e formativas. Buscar a parceria para o financiamento da EFA Dom Fragoso é uma das responsabilidades e funções da AEFAI. Para conseguir manter-se, ela conta com um conjunto de iniciativas próprias e articulação de um conjunto de parceiros que aportam recursos humanos e financeiros, conforme a seguir: a) Autossustentação – com a produção de hortaliças, frutas diversas, mel de abelha, caprinos, ovinos, suínos, etc., destinados à alimentação e à comercialização do excedente, b) Famílias associadas contribuem com a alimentação, despesas com material escolar e atividades pedagógicas como as visitas de estudo. Evidentemente, nem todas as famílias têm condições de contribuir regularmente, c) O Poder Público Estadual e o Municipal assumem o pagamento do salário de monitores, transporte escolar e de algumas visitas de estudo e a merenda escolar, d) Algumas ONGs, o Governo Federal, por meio do Ministério do Desenvolvimento Agrário (MDA), via território Inhamuns-Crateús, pontualmente, assumem despesas diversas com seminários, viagens de estudo, material didático, equipamento, reforma e ampliação de prédios, inclusive com complementação da folha de pagamento de pessoal e custeio em geral.

Nesses 10 anos de funcionamento, a EFA Dom Fragoso vem cultivando vínculos e fortalecendo uma rede de parceiros que contribuem para o seu funcionamento nos aspectos tanto econômicos quanto pedagógicos e educativos em tais atividades como: estágios, visitas de estudo, intervenções externas na EFA, etc. De uma forma ou outra, esses parceiros colaboram para o processo formativo e a inserção socioprofissional dos jovens estudantes. Em primeiro lugar, as famílias, principais interessadas no Projeto, seguidas de uma lista das entidades que mais colaboram no cotidiano da EFA, a saber: Sindicatos dos Trabalhadores e Trabalhadoras Rurais (STTRs) (Independência, Crateús, Nova Russas,

Quiterianópolis); Associações dos Assentamentos; Associações Comunitárias das Comunidades Rurais; Paróquias da Igreja Católica (Independência e Tamboril); Caritas Diocesana de Crateús; Caritas Regional do Ceará; Fundação Vitae de São Paulo; FETRAECE; Projeto Dom Hélder Câmara (PDHC); FM – Comunitária Independência; Rede de Educação no Semiárido Brasileiro (RESAB/Crateús); Comissão Pastoral da Terra (CPT); EMATER-CE e mais recentemente a CONAB com compra direta de alimentos da agricultura familiar. A União Nacional das Escolas Família Agrícola (UNEFAB) tem colaborado com a assessoria pedagógica e a formação dos monitores.

A Pedagogia da Alternância no cotidiano da EFA Dom Fragoso. Para coroar este capítulo apresentaremos o cotidiano da alternância na EFA Dom Fragoso. Escolhemos o Ensino Médio com a educação profissional por representar a nova fase na evolução e consolidação da EFA. A Pedagogia da Alternância, por seu vínculo com o trabalho como princípio educativo, se apropria mais para os processos formativos de jovens e adultos. O Ensino Médio Profissional, por trabalhar com jovens, tem se articulado melhor nessa perspectiva, e a alternância tem se mostrado mais eficiente na relação prática teoria e pratica.

O plano de formação ou o currículo da EFA Dom Fragoso. O plano de formação é o currículo da EFA Dom Fragoso. Ele aponta o rumo para onde o projeto educativo quer chegar: "Formar jovens rurais, como sujeitos coletivos, cidadãos críticos e emancipados", "contribuir para o bem viver no semiárido da região de Inhamuns-Crateús [...]".

O plano de formação assegura uma coerência entre os princípios políticos e os pressupostos teórico-metodológicos da Pedagogia da Alternância. Ele é construído embasado numa metodologia participativa que envolve as pessoas e entidades interessadas. Parte de um diagnóstico da realidade social, política, econômica, cultural e ambiental e tem por finalidades: a) Organizar e articular as alternâncias, dando sequências, sentido e significados entre os tempos e espaços vividos (escola-família-comunidade), b) Integrar a realidade com escola, c) Propiciar a interação entre os conhecimentos vivenciais, da base nacional comum e da educação profissional, d) Facilitar e otimizar as aprendizagens ao trabalhar conteúdos significativos e úteis à vida e e) Orientar o projeto de vida do jovem, na perspectiva de produção e reprodução sustentável da vida, com base na terra, na cidadania plena, nos princípios da solidariedade. Enfim, o Plano de Formação tem por conteúdos: a) Finalidades gerais e específicas do curso, b) Temas geradores que expressam os conteúdos vivenciais (planos de estudo), c) Conteúdos da formação geral, d) Conteúdos da educação profissional e e)

Um conjunto de instrumentos didáticos e pedagógicos específicos para a sua execução prática, onde são incluídas as avaliações.

O mais importante do plano de formação, segundo o projeto político-pedagógico da EFA Dom Fragoso, é ter em conta que ele representa os sujeitos em formação, jovens e adultos situados, suas atividades, na comunidade rural onde vivem com suas famílias e suas organizações.

O plano de formação propõe para cada alternância, um projeto de estudo no meio familiar socioprofissional que permitirá ao estudante desenvolver seu conhecimento e, partindo do seu conhecimento, chegar à curiosidade de conhecimentos de caráter técnico e científico, sempre partindo do local para o global, do prático para o abstrato, do simples para o complexo.

A EFA Dom Fragoso organiza 10 estadias na escola alternadas por nove estadias no meio socioprofissional. Para não haver descontinuidade formativa, ou melhor, rupturas entre uma ida e uma vinda à escola e família, o plano de formação e os instrumentos pedagógicos específicos são fundamentais para garantir uma alternância interativa. Por isso, para cada um dos três anos do curso, a EFA Dom Fragoso tem um tema gerador que organiza e dá uma liga no percurso formativo em cada ano do curso e um subtema para cada alternância, o qual deverá possibilitar a ligação entre a vida e a escola.

Sendo assim, para o 1º Ano, o tema gerador A família e comunidade na produção do bem-viver agrega oito subtemas de planos de estudo: 1º) A história da minha família, 2º) A história da minha comunidade, 3º) A terra e sua distribuição em minha família e comunidade, 4º) A água e o seu acesso em minha família e comunidade, 5º) A saúde e a alimentação na minha família e comunidade, 6º) O trabalho no campo e outras ocupações da minha família e comunidade, 7º) O poder político municipal e as políticas públicas de apoio ao campo, 8º) As organizações comunitárias e a participação da minha família e comunidade.

Para o 2º ano, o tema gerador Conviver com o semiárido tem oito subtemas de planos de estudo: 1º) As sementes da minha família e comunidade, 2º) As formas de preparar e cuidar da terra para o plantio, 3º) As culturas agrícolas da minha família e comunidade, 4º) Criação de animais de pequeno porte da minha família e comunidade, 5º) Criação de animais de médio porte da minha família e comunidade, 6º) Riquezas naturais do nosso semiárido cearense, 7º) A Feira Municipal e a Feira Regional.

Para o 3º ano, o tema gerador Projeto Profissional do Jovem (PPJ). Para cada alternância, um capítulo do projeto: 1º) Análise comercial ou estudo de viabilidade econômica (do produto a ser produzido, do serviço a ser implantado ou do tipo de benefício a ser proposto), 2º) Estudo técnico (de equipamentos, de instalações), 3º) Estudo de impactos (econômicos, sociais e ambientais),

4º) Estudo econômico (orçamentos, créditos, investimentos, rentabilidade, custo-benefício), 5º) Planejamento (cronograma de atividades e execução, cronograma físico-financeiro), Indicadores de resultados e viabilidade, 6º) Metodologia de execução, 7º) Análise de dados, cuidados e manejos, enfim, todos os procedimentos que cabem desde a implantação até a finalização do projeto, 8º) Aspectos conclusivos (resultados – econômicos, científicos, técnicos, etc., maiores dificuldades e obstáculos superados).

A **construção do Plano** e formação, segundo o projeto político-pedagógico da EFA Dom Fragoso segue um ritual que envolve alguns passos metodológicos e a participação dos jovens estudantes, suas famílias e parceiros, conforme orientações dadas pelo Movimento CEFFA no Dossiê III, Módulo IV da Formação Inicial (2003), seguindo os seguintes passos: 1º) O diagnóstico da realidade social, política, econômica, ambiental e cultural da região, feito através de encontros e assembleias da AEFA, 2º) A definição e redefinição de finalidades e objetivos da EFA, 3º) O levantamento de temas para os planos de estudo, a definição de conteúdos e disciplinas, do calendário, do ritmo da alternância etc., 4º) Sistematização do plano de formação pela equipe educativa da EFA e 5º) Apreciação e aprovação do plano de formação pela AEFAI.

Essa prática demonstra uma tentativa de construção participativa do currículo, envolvendo todos os sujeitos interessados. A EFA Dom Fragoso tem dificuldades em conseguir esse intento em razão das distâncias e dificuldades de reunir as famílias.

Os instrumentos pedagógicos específicos da alternância. Vimos que o plano de formação aponta as finalidades do curso, organiza o tempo, as alternâncias, os conteúdos e a metodologia. Para a sua execução, um dispositivo pedagógico também chamado de instrumentos pedagógicos específicos da alternância se torna imprescindível para promover uma alternância integrativa ou dar a continuidade formativa na descontinuidade das atividades e dos espaços e tempos. O quadro a seguir apresenta um resumo do processo de construção do Plano de Formação e o conjunto dos instrumentos didáticos utilizados pela EFA Dom Fragoso:

Quadro 1: Desenvolvimento do currículo do curso na EFA Dom Fragoso

Desenvolvimento da proposta educacional pela Pedagogia da Alternância
ANTES: o planejamento
Diagnóstico da realidade
Definição das finalidades do curso

Levantamento de temas a partir da realidade e dos objetivos
Definição dos temas geradores e seleção do subtemas para os Planos de Estudo
Sistematização do plano de formação
(Temas geradores – Conteúdos vivenciais e das áreas de conhecimentos gerais
e profissionais, aprovação pela AEFAI)
DURANTE: a execução do Plano de Formação
Os recursos didáticos ou os instrumentos pedagógicos específicos:
Planos de estudo - Acompanhamento personalizado - Caderno de acompanhamento da alternância - Colocação em comum - Intervenções externas - Caderno da realidade - Cadernos didáticos - Viagens e visitas de estudo - Visita dos educadores às famílias Atividades práticas de retorno na família e comunidade - Estágios e avaliações
DURANTE O CURSO E APÓS O SEU TÉRMINO
Projeto profissional do jovem

Fonte: Adaptado, EFA Bontempo Dom Fragoso.

Uma sequência de alternância na EFA Dom Fragoso nos ajuda a compreender o funcionamento dos instrumentos pedagógicos apresentados no quadro acima. O que dá a liga na alternância é o plano de estudo. Este instrumento, na verdade, pode ser visto como uma metodologia que vai agregando os demais instrumentos. Na descrição de seus passos, perpassando os dois tempos e espaços poderemos verificar isto.

1ª Estadia na EFA. O planejamento prevê uma introdução ao curso, uma visão do plano de formação, a organização da vida de grupo no internato, a criação dos combinados da convivência em grupo, a divisão de tarefas, diagnóstico da situação de aprendizagem dos estudantes, etc.

Ao **final da estadia:** Planejamento do 1º plano de estudo. Acontecem três passos da preparação até a saída para a estadia socioprofissional: a **preparação** – a equipe responsável planeja como fazer para motivar os estudantes a pesquisar. **A motivação** – a equipe de monitores responsável motiva o tema, a partir dos enfoques previamente planejados ou construídos com os estudantes, e aplica dinâmicas de grupos para que os próprios jovens elaborem o roteiro da pesquisa. Ao final, de forma participativa, após a socialização dos grupos, sistematiza-se o roteiro da pesquisa. A **orientação para a pesquisa** – na saída para a estadia socioprofissional os estudantes são orientados para a realização da pesquisa. Como fazer a pesquisa, como abordar as pessoas, com quem pesquisar, como registrar, etc. Um instrumento utilizado para isso é o **caderno de acompanhamento da alternância**. Nele são registradas as orientações para a pesquisa. Ele representa um espaço de comunicação entre a escola e a família.

1ª estadia no meio socioprofissional. São dados mais dois passos no plano de estudo: a **realização da pesquisa** e a **elaboração de um texto pessoal**. Cada estudante sistematiza os dados coletados na forma de um texto com descrição dos fatos concretos, análises, comparações, reflexões e conclusão. O registro das pesquisas dos planos de estudo é feito no **caderno da realidade**. Ele se assemelha ao portfólio. Esse instrumento é desenvolvido nos dois tempos da formação e é um dos melhores meios de avaliar o desenvolvimento da aprendizagem, da organização, da responsabilidade, etc. dos estudantes.

2ª estadia na EFA. A apreciação da pesquisa. É a primeira atividade no início da segunda estadia na escola. Uma atividade onde cada estudante é atendido de forma individualizada. Para tanto, a EFA divide os estudantes ente os monitores, daí a necessidade de uma equipe educativa em tempo integral para dar conta dessa desafiante tarefa de acolher e apreciar o trabalho de pesquisa de cada um. Na EFA, esse momento ocorre dentro da **"Tutoria"**. A tutoria compreende outros momentos e atividades a serem desenvolvidas de forma personalizada. Por exemplo, ela é fundamental para orientar o projeto profissional do jovem. Neste momento ela foca na pesquisa e em outras atividades planejadas para a estadia socioprofissional. **A organização do caderno da realidade.** Enquanto cada estudante é acolhido individualmente, os demais estudantes são orientados a organizarem o caderno com o texto revisado, com ilustrações, etc. Esse processo da organização não é estanque, podendo se estender durante todo o período da estadia escolar, dependendo do planejamento do estudante com o seu monitor-tutor. **A colocação em comum.** Momento seguido logo após a apreciação, onde os estudantes apresentam os resultados da pesquisa no coletivo, debatem, problematizam o tema e elaboram um texto grupal com pontos de aprofundamento nas áreas de conhecimento. **As aulas.** A equipe elabora planos de aula tendo como ponto de partida o tema e os problemas levantados pelas pesquisas e o debate sistematizado no texto grupal, resultante da colocação em comum. As **complementações do tema com as visitas de estudo e as intervenções externas.** Trata-se de atividades fora ou dentro da EFA, mas durante a estadia escolar. Os relatórios das visitas ou viagens de estudo, bem como das intervenções externas, são registrados também no caderno da realidade. **A avaliação do tema** ao final da estadia escolar se dá por meio de debates e, sobretudo, pela elaboração da produção de um texto conclusivo do estudante, relativo ao tema, buscando interagir os diferentes saberes e a opinião dos estudantes frente a estes saberes.

A 2ª estadia socioprofissional. Realização das atividades de retorno. A atividade retorno é uma devolutiva da pesquisa para a família e comunidade, bem como a realização de uma atividade concreta de intervenção na realidade: experiências, demonstrações técnicas, reuniões com palestras, cursos, estágios de vivência, implantação de um projeto produtivo, de transformação ou na área de serviços, etc. A experiência de implantação de pequenos projetos vai dando o suporte para a escolha de um tema e o desenvolvimento do projeto profissional a ser apresentado ao final do percurso do Curso. Uma sequência de alternância não encerra com a avaliação do tema e o seu retorno na família ou comunidade. Muitas vezes um tema suscita novas pesquisas e um processo contínuo de observação da realidade. Essas possibilidades são asseguradas pelas áreas de conhecimento mais afins ao tema em questão. E assim, o ritual se renova com cada tema, cada plano de estudo nas sequências seguintes.

Por fim, a EFA Dom Fragoso com todas as suas limitações de recursos tem conseguido realizar, pelo menos, duas visitas por ano a cada jovem. **A visita à família** é uma ferramenta fundamental para o monitor poder conhecer de perto a realidade do estudante. Esse conhecimento da realidade social, econômica, cultural de cada família determina o processo de planejamento das aulas, a forma de acolher e abordar cada estudante, de fazer o acompanhamento personalizado, de orientar o projeto profissional do jovem, etc. E, assim, poderíamos destacar aqui a vida de grupo no internato da EFA, descrever as tarefas domésticas, as práticas na propriedade assumidas pelos jovens como parte do processo formativo, bem como outras tantas atividades interessantes que compõem a vida desta escola, mas o tempo e o espaço nos limitam a ficar por aqui com esse relato de experiência.

Em conclusão

Vimos a trajetória de um sistema educativo protagonizado por agricultores na França que se expandiu pelo mundo e pelo Brasil. O grande desafio do sistema CEFFA no Brasil e em boa parte do mundo é a autonomia político-administrativa e pedagógica. A luta do movimento CEFFA hoje é por políticas estruturantes que possibilitem o financiamento público adequado suficiente e contínuo, baseado em leis municipais, estaduais e federais. Por uma política de financiamento que respeite e garanta a gestão associativa e o protagonismo dos agricultores, bem como o funcionamento da Pedagogia da Alternância com equipes devidamente qualificadas, atuando em tempo integral, com condições, e a capacidade de executar o plano de formação e manejar os instrumentos pedagógicos específicos da alternância, visando à consolidação de uma educação do campo, emancipadora, formadora de sujeitos coletivos, cidadãos plenos.

Referências

BEGNAMI, J. B. Pedagogia da alternância. *Presença Pedagógica*, Belo Horizonte, 2010, v. 16, n. 91, p. 32-38, jan./fev. 2010.

BEGNAMI, J. B. Pedagogia da Alternância como sistema educativo. *Revista da Formação por Alternância*. Brasília: União Nacional das Escolas Família Agrícola do Brasil, v. 1, n. 2, p. 24-47, 2006.

BEGNAMI, J. B. Uma geografia da pedagogia da alternância no Brasil. In: *Documentos Pedagógicos*. Brasília: União Nacional das Escolas Família Agrícola do Brasil, 2004.

BEGNAMI, J. B. *Formação pedagógica de monitores das Escolas Famílias Agrícolas e Alternâncias. Um estudo intensivo dos processos formativos de cinco monitores*. Dissertação (Mestrado) – Universidade Nova de Lisboa, Lisboa; Universidade François Rabelais de Tours, Tours, junho de 2003.

BEGNAMI, J. B.; MOREIRA, F. *Os fundamentos da Pedagogia da Alternância*. Monografia (Especialização em formação integral do homem rural: alternância como processo). Universidade Federal do Espírito Santo/MEPES, Vitória,1996.

CALVÓ, P. P.; MARIRRODRIGA, Roberto. *Formação em alternância e desenvolvimento local: o movimento dos CEFFAs no mundo*. Belo Horizonte: O Lutador, 2010. (Coleção AIDEFA).

CASTRO, G. *Retalhos de uma educação contextualizada para a convivência com o semiárido nordestino: textos, cores, sonhos alumiados pela experiência vivida em Tamboril-Ceará-Brasil*. Fortaleza: Cáritas Diocesana de Crateús; Expressão Gráfica, 2010.

DE BURGHGRAVE, T. *Autoformação e participação no meio socioprofissional: abordagem biográfica de dois agricultores do movimento das Escolas Famílias Agrícolas*. Dissertação (Mestrado) – Universidade Nova de Lisboa, Lisboa; Universidade François Rabelais de Tours, Tours; Salvador, junho de 2004.

DE BURGHGRAVE, T. *Vagabundos, não Senhor. Cidadãos brasileiros e planetários! Uma experiência educativa pioneira do Campo*. Orizona, GO: UNEFAB, 2011. (Coleção Agir e Pensar das EFAs do Brasil).

DUFFAURE, A. *Educación, Medio y Alternancia*. Textos elegidos y presentados por Daniel Chartier. Traducción de Alicia Perna y Susana Vidal. Buenos Aires: APEFA, 1993.

EFA DOM FRAGOSO. *Projeto político-pedagógico*. Independência, CE, 2010.

EFA DOM FRAGOSO. *Plano de curso do curso técnico de nível médio, integrado ao ensino médio com habilitação em agropecuária*. Independência, CE, 2011.

FRANCA-BEGNAMI, M. J. *Inserção socioprofissional de jovens do campo: desafios e possibilidades de egressos da Escola Família Agrícola Bontempo*. Dissertação (Mestrado) – Universidade Federal de Minas Gerais, Belo Horizonte, 2010.

FREIRE, P. *Pedagogia do oprimido*. 14. ed. Rio de Janeiro: Paz e Terra, 1983.

FREIRE, P. *Pedagogia da autonomia*. 23. ed. São Paulo: Paz e Terra, 1996.

GIMONET, J. C. *Praticar e compreender a Pedagogia da Alternância dos CEFFAs*. Tradução de Thierry De Burghgrave. Petrópolis: Vozes; Paris: AIMFR, 2007. (Coleção AIDEFA).

JÚLIO, A. Conflitos com as forças da ditadura. In: FRAGOSO, D. A. B. et al. *Igreja de Crateús (1964 - 1998) - uma experiência popular e libertadora*. São Paulo: Loyola, 2005.

NOVÉ-JOSSERAND, F. Criação da primeira Maison Familiale: desenvolvimento inicial. In: *Dossiê da formação inicial de monitores*, Módulo I. Tradução de Thierry de Burghgrave. Brasília: UNEFAB, 2003.

NOZELLA, P. *Uma nova educação para o meio rural. Sistematização e problematização da experiência educacional das Escolas da Família Agrícola do Movimento Educacional e Promocional do Espírito Santo*. Dissertação (Mestrado em Educação) - Pontifícia Universidade Católica de São Paulo, São Paulo, 1997.

PINEAU, G. *Teoria tripolar e as relações entre a teoria e a prática*. Mestrado internacional - formação e desenvolvimento sustentável, palestra, PUC, São Paulo (texto de circulação interna da UNEFAB), 2003.

QUEIROZ, J. B. P. *Construção da Escola de Famílias Agrícolas no Brasil*. Dissertação (Mestrado) - Universidade de Brasília, Brasília, 2004.

SILVA, L. H. *As experiências de formação de jovens do campo: alternância ou alternâncias*. Viçosa: UFV, 2003.

UNEFAB. Dossiê II. *Formação pedagógica inicial de monitores*. Módulo IV. Brasília: Equipe Pedagógica Nacional dos CEFFAs do Brasil, 2003.

CAPÍTULO 2
Educação para a convivência com o Semiárido: desafios e possibilidades de um novo fazer

Adelaide Pereira da Silva
Ana Célia Silva Menezes
Edmerson dos Santos Reis

A proposta de Educação para a Convivência com o Semiárido brasileiro se insere na perspectiva de compreensão dos processos formativos imbricados nas múltiplas dimensões da realidade na qual as pessoas existem e onde a escola assume papel fundamental na formação de todas as gerações que a ela têm acesso, qualificando-as para uma inserção mais crítica e autônoma na sociedade em que se vive, contribuindo, decisivamente, com o desenvolvimento humano e sustentável.

Sendo assim, a efetiva realização dessa proposta passa, necessariamente, pela compreensão de que outra alternativa de política educacional é possível, como é possível tornar cada vez mais contextualizadas as práticas pedagógicas que, cotidianamente, estão presentes nas escolas brasileiras destacando-se aqui, principalmente, a região semiárida. É a partir dessa região complexa, singular e plural que nos propomos a discutir neste artigo aquilo que vem sendo denominado de Educação para Convivência com o Semiárido (ECSA).

A Educação para a Convivência com o Semiárido manifesta-se em contraposição a todo processo educacional e práticas educativas que, salvo as exceções, vêm acontecendo nessa região, se pautando em um currículo colonialista/descontextualizado e em modelos de gestão autoritária que desvalorizam os(as) educadores(as) através da precarização do magistério, não investindo na formação dos profissionais da educação e nas condições materiais de trabalho que são fundamentais na arte de educar. Portanto, descolonizar o currículo e contextualizá-lo nas questões reais do mundo em que a escola está inserida e nas questões presentes na contemporaneidade parecem ser um dos caminhos a serem trilhados pela ECSA na construção de uma educação escolar que tenha sentido e significado na vida das pessoas.

Muitas são as experiências que se pautam pelos princípios da contextualização dos processos educativos nas especificidades do Semiárido (Escola Rural de Ouricuri – ERO/Caatinga, Movimento de Organização Comunitária – MOC, Escola Rural de Massaroca – ERUM, Serviço de Tecnologia Alternativa – SERTA, Escolas Família Agrícola – EFA, entre outras).

Porém, a compreensão de ECSA foi uma construção/proposição do Instituto Regional da Pequena Agropecuária Apropriada (IRPAA), que assumiu a defesa da *educação escolar* na perspectiva da convivência com o Semiárido propondo uma nova concepção de educação, trazendo a *expertise* acumulada nas práticas de educação popular desenvolvidas na escola de lavradores(as) e agentes e inserindo esses saberes no currículo escolar. Dessa iniciativa surgiu o que hoje se compreende por Educação para a Convivência com o Semiárido,[1] que, a partir de 1997, passa a ser mais uma importante bandeira de luta daquela instituição na semeadura de outro projeto de desenvolvimento integrado, sustentável e apropriado à região. É essa também a gênese da Rede de Educação do Semiárido Brasileiro (RESAB).

Dizemos que essa é uma proposta *insurgente*, pois ela é um compromisso com a possibilidade de uma educação escolar que se propõe pública, gratuita, de qualidade e socialmente referenciada; alicerce do desenvolvimento humano, social, econômico, cultural e político do Semiárido. A educação para a convivência com o Semiárido se opõe a qualquer forma de educação que negue o contexto do Semiárido, ignorando ou secundarizando as inúmeras possibilidades que essa região comporta e os saberes aí construídos. Dessa forma, essa proposta preconiza uma educação que contemple as especificidades e as potencialidades da região, tanto as naturais como as culturais e, especialmente, as diferentes formas de enfrentamento dos problemas gerados pelas condições climáticas que são peculiares nessa região – as estratégias de convivência com o Semiárido –, materializadas nas mais diferentes tecnologias sociais que vêm sendo construídas no cotidiano dos sujeitos que vivem nesse lugar. Toda essa riqueza ignorada pela escola deve ser transformada em objeto de estudo mediante a pesquisa e a problematização.

---

[1] Vale lembrar e ressaltar, que o conceito passa a ser construído e fundamentado coletivamente por diversas instituições que já desenvolviam práticas educativas contextualizadas, onde foram fundamentais para a consolidação do conceito, os seguintes momentos: o processo de construção da proposta pedagógica do Município de Curaçá – BA; O simpósio de Educação e Convivência com a Seca, realizado em Juazeiro – Bahia em 1998; e o I Encontro Regional de Educação no Contexto do Semiárido Brasileiro, também realizado em Juazeiro com o apoio da Universidade do Estado da Bahia (UNEB) através do Departamento de Ciências Humanas – Campus III, que contou com a participação de Educadores/as de todo o Semiárido Brasileiro.

É desse espaço que tratamos neste trabalho, destacando os desafios e as possibilidades de se construir outro projeto de desenvolvimento em que a educação deve exercer um papel significativo na formação dos sujeitos, na perspectiva da transformação. Ao referirmo-nos à educação contextualizada, estamos fazendo alusão à educação baseada nos princípios da Convivência com o Semiárido e, ao mesmo tempo, aos princípios da Educação do Campo – paradigma ainda em construção –, considerando que a maioria dos municípios nessa região apresenta características rurais.

Nesse sentido nos amparamos nos estudos do professor José Eli da Veiga (2002). Para esse autor, se fôssemos classificar os municípios brasileiros entre o que é rural e o que é urbano a partir dos critérios defendidos pela Organização de Cooperação e de Desenvolvimento Econômico (OCDE), teríamos que fazer uma nova demarcação, uma nova compreensão do campo brasileiro, pois, nessa nova perspectiva, apenas 411 dos 5.507 municípios brasileiros existentes no ano de 2000 possuiriam o estatuto de urbano. Ou seja, a maioria desses municípios seria classificada como rural, principalmente se for considerada sua principal atividade econômica. "A classificação é feita por critérios adotados pelo IBGE, herança do período Varguista. A distorção chega a tal ponto que mesmo populações indígenas ou guardas-florestais de áreas de preservação são considerados urbanos caso suas ocas ou palhoças estejam no interior do perímetro de alguma sede municipal ou distrital" (VEIGA, 2002, p. 65-66).

Quando nos referimos ao contexto, estamos falando do Semiárido brasileiro com toda a sua diversidade, singularidade, complexidade, problemáticas e potencialidades, o que implica considerar todas as especificidades mas, principalmente, todas as possibilidades de se pensar e promover políticas públicas que, contemplando esse universo, apontem para a convivência nesse espaço singular. Falamos aqui de uma iniciativa que vem propondo outro jeito de fazer educação nesse lugar, somando esforços na construção do projeto de desenvolvimento *dessa* região na esteira da contra-hegemonia com inúmeras entidades que congregam a Articulação do Semiárido Brasileiro (ASA-BRASIL), que vem construindo o paradigma da convivência.

Semiárido como construção humana

O Semiárido Brasileiro, conforme Portaria nº 89/2005 do Ministério do Interior,[2] é composto por nove Estados: Alagoas, Bahia, Ceará, Minas Gerais,

---

[2] Em 2005, mediante a Portaria nº 89 do Ministério da Integração Nacional, foi instituída nova delimitação do Semiárido, levando-se em consideração os seguintes critérios: I – Precipitação pluviométrica média

Paraíba, Pernambuco, Piauí, Rio Grande do Norte e Sergipe, excluídos o Espírito Santo e o Maranhão, os quais, por outros critérios, são incluídos na delimitação de atuação de algumas instituições e articulações, como é o caso da Rede de Educação do Semiárido Brasileiro (RESAB) que, nos seus documentos, inclui o Maranhão e o Norte do Espírito Santo (2,51% da área total do Estado); o que também se constata nas ações de organismos de cooperação como o Fundo das Nações Unidas para a Infância (UNICEF), que também atua nos 11 Estados, bem como a Articulação de Semiárido Brasileiro (ASA-Brasil) que congrega mais de 700 entidades da sociedade civil organizada.

Partindo do princípio defendido pelo professor Rovilson José Bueno, de que "o Semiárido é uma construção natural e humana (cultural); aquilo que se fez historicamente nessa região é uma construção humana e, portanto, possível de ser revertida,"[3] acreditamos que, a depender da vontade política *e do enfrentamento* da iniquidade e desarticulação das políticas públicas destinadas a essa região, é possível se construir novas possibilidades de desenvolvimento; pois, ao longo de sua história, as iniciativas no sentido de resolução das questões peculiares a essa realidade foram equivocadas, a exemplo das históricas políticas de combate à seca. É preciso, portanto, reinventar, descobrindo e redescobrindo as inúmeras vocações desse lugar, quebrando ranços construídos pelas elites nordestinas como mostra Albuquerque Jr. (1999).

Para esse autor é possível compreender a idealização e delimitação geográfica do Nordeste brasileiro como marcas de um ranço negativo, criado pela elite nordestina com o intuito de atender apenas aos seus projetos e interesses pessoais, dando fundamento para a criação desta região como foi difundida. Ensina que foi esse ranço da elite nordestina que forjou a criação do Nordeste na contramão da história, suportado na ideia de calamidade atribuída ao clima e, principalmente, à manifestação do fenômeno da seca.

O uso desse fator climático permitiu criar a ideia de calamidade pública até hoje ainda presente no imaginário social da população do Nordeste e do Brasil e que fomentou a compreensão de Semiárido, apenas pela representação idealizada da fome e da miséria, quando muitos outros aspectos que identificam essa região, em outra perspectiva, geralmente não são visualizados. A imprensa não mostra

---

anual inferior a 800 milímetros; II - Índice de aridez de até 0,5 calculado pelo balanço hídrico que relaciona as precipitações e a evapotranspiração potencial, no período entre 1961 e 1990 e III - Risco de seca maior que 60%, tomando-se por base o período entre 1970 e 1990. (BRASIL, 2005, p. 3). Esses critérios foram aplicados consistentemente a todos os municípios que pertencem à área da antiga SUDENE, inclusive os municípios da região setentrional de Minas Gerais (85 municípios).

[3] Palestra proferida por ocasião do seminário "O Semiárido na pauta das Universidades Públicas". Cajazeiras, 15 de março de 2007.

o Semiárido das possibilidades; quando o noticia, fala exatamente das regiões do agreste onde as imagens de ossadas focalizadas, especialmente nos períodos de grandes estiagens, não retratam o bode,[4] animal resistente à vulnerabilidade do clima. Retratam o gado bovino que, logo na primeira escassez de chuva, se os criadores que não possuírem reservatórios ou outras fontes de água, são perdidos.

É essa uma das construções humanas que precisa ser desconstruída, pois esse ranço cultural reacionário contribui para a fabricação de uma identidade forjada, de "inclinação despótica". Uma visão que encortina o verdadeiro Semiárido com todas as suas possibilidades, mas com as suas especificidades, quase sempre transformadas em necessidades, todas as vezes que essas podem servir de garantia ao atendimento dos interesses das elites. A imprensa nacional e muitos dos que escreveram sobre essa região tomaram e ainda tomam, por parâmetro, apenas uma época do ano, ou a enxergam apenas por um ângulo de visão, o Semiárido dos miseráveis, dos jecas, dos emergenciais – o submundo da miséria brasileira.

> O que se desdobrou desta matriz regionalista foi a proliferação de "obras" que retrataram a imagem de penúria ligada às secas e às calamidades, produzindo uma cultura do coitado, que deve ser merecedor da pena e da ajuda das outras regiões do país. Mas nada mais se fez em termos de tematizações sérias em nome deste vasto e rico ecossistema, de seus biomas, de suas potencialidades humanas. Apenas muito recentemente estamos conhecendo estudos, especialmente desenvolvidos pela EMBRAPA, que tem protagonizado tal reflexão (MARTINS, 2004, p. 50).

Mas essa imagem criada para favorecer a elite nordestina, em detrimento dos reais interesses da maioria da população foi um dos elementos que moveram a sociedade civil para envidar esforços na tentativa de romper com esse cenário de artificialidade, caricaturado. Desconstruir essa caricatura da região e das pessoas que nela vivem tem sido uma luta de inúmeras instituições, organizações e articulações que atuam no Semiárido brasileiro como a ASA e tantas outras, não necessariamente no âmbito da educação escolar, bandeira assumida pela RESAB nos últimos dez anos. Ou seja, o Semiárido brasileiro é visto por uma caricatura criada a favor de projetos de alguns, e não do coletivo de sujeitos que habitam esse pedaço tão importante da nação brasileira.

Quando nos debruçamos na leitura dos processos educativos (leia-se da educação escolar) presentes nessa região ao longo da sua constituição histórica, nos deparamos com outro processo de colonização que se efetiva pelo viés curricular. Os livros didáticos que circularam e circulam nessa região quase sempre afirmam essa caricatura, onde o sujeito que vive no Semiárido é visto como "matuto", um

---

[4] Animal que, mesmo diante das intempéries do clima, está sobrevivendo, resistindo e segurando as famílias no Semiárido há séculos.

"sujeito sem saber, sem cultura". Perpetua-se assim a ideia da impossibilidade de solução dos problemas, produzindo nos sujeitos o sentimento de impotência na superação de si mesmo e das condições de vulnerabilidade em que vivem. Essa visão é reafirmada inclusive na maneira de se fazer política nessa região, forjando o estereótipo do oprimido sem saída.

> A pedagogia do oprimido, como pedagogia humanista e libertadora, terá dois momentos distintos. O primeiro, em que os oprimidos vão desvelando o mundo da opressão e vão comprometendo-se, na práxis, com a sua transformação; o segundo, em que, transformada a realidade opressora, esta pedagogia deixa de ser do oprimido e passa a ser a pedagogia dos homens em processo de permanente libertação (FREIRE, 1987, p. 41).

> Conhecer com orgulho o extraordinário privilégio da *responsabilidade*; ter consciência dessa liberdade rara, desse poder sobre si e sobre seu destino, aí está quem penetrou até as profundezas últimas de sua pessoa e que se tornou instinto, instinto dominante – que nome lhe dará a esse instinto dominante, supondo que sinta a necessidade de conferir-lhe um nome? Isso não oferece dúvida alguma: o homem soberano o chamará de sua *consciência*. (NIETZSCHE, 2007, p. 58).

O Semiárido é um território complexo, rico e ainda pouco conhecido, especialmente, no que se refere às suas infinitas possibilidades. Inúmeros estudos confirmam isso, a exemplo das pesquisas da EMBRAPA-Semiárido, em Petrolina-PE, da Fundação Joaquim Nabuco, entre outros centros de pesquisa, como o Instituto Nacional do Semiárido (INSA), que já se coloca como espaço de fundamental importância na construção do desenvolvimento regional. A superação das vulnerabilidades depende da adoção de políticas estruturantes de caráter estatal (permanentes), e não apenas programas governamentais. Para isso se faz necessário potencializar a articulação (intersetorialidade) na formulação de políticas públicas de forma a garantir a eficiência e a eficácia destas. Portanto, potencializar os recursos, em vez de pulverizá-los, e buscar possíveis saídas para os problemas, investindo melhor os recursos de forma que resultem em melhorias da qualidade de vida da população no campo e na cidade, no Brasil e no Semiárido brasileiro, num projeto comum de nação, deve ser o rumo a seguir.

Não é possível que se continue pensando o desenvolvimento deste país sem um projeto de nação que comporte o campo e a cidade como espaços interdependentes, complementares, na resolução de históricas questões nacionais. Pensar o campo brasileiro num projeto de nação é definir com clareza como esse espaço pode e deve contribuir nesse projeto, a partir da implementação de políticas intersetoriais, pensando no conjunto da população, e não em setores separadamente. Um exemplo do separatismo é a existência de dois ministérios: um que discute a agricultura e a pecuária na perspectiva do agronegócio – o Ministério da Agricultura; outro que cuida das questões relativas ao desenvolvimento agrário, à reforma agrária, à agricultura familiar camponesa, à agroecologia, etc. – o Ministério do Desenvolvimento Agrário (MDA). Então, só nessa área visualizamos dois projetos bem definidos: um das *classes dirigentes* e outro das *classes subalternas*, lembrando Gramsci. Que projeto de nação estamos construindo? A favor de quem e de qual lado nos colocamos enquanto educadores de escolas públicas? São questões que colocamos na desconstrução/construção do paradigma de desenvolvimento do país, do campo e do Semiárido Brasileiro.

Educação como reflexo dos processos de convivência com Semiárido

Quando se pensa o desenvolvimento de uma região ou de um país é pertinente se perguntar: o que tem a ver a educação com desenvolvimento sustentável? Investir em educação contribui para o desenvolvimento de uma nação? Qual o lugar da educação em um projeto de nação? É preciso que a educação toque nessas questões, pois as políticas públicas precisam estar articuladas no seu conjunto.

Daquilo que vem sendo ensinado nas escolas brasileiras, especificamente no Semiárido, precisamos saber de que maneira os conhecimentos que circulam na educação escolar de diversas gerações têm contribuído na construção de um conhecimento que permita intervir, articulando os diferentes saberes que informam a compreensão do mundo, que enseje, como ensina o professor Edmerson dos Santos Reis *"sair do lugar, ou seja, alargar as ideias"* na maneira de ser e de estar no mundo. Como defende Canário (1997, p. 18),

> Em desenvolvimento e em educação os principais recursos são, obviamente, as pessoas. Onde há pessoas a ação educativa é possível e a compreensão e transformação da realidade social podem tornar-se obra coletiva, baseada nos princípios da endogeneidade, da globalidade e da participação.

Ao se pensar um projeto de nação é preciso que se considere também aquilo que vem sendo construído a partir das organizações públicas, privadas, governamentais e não governamentais que congregam os diversos atores que estão na sociedade. No Semiárido Brasileiro, por exemplo, temos a Articulação do Semiárido (ASA), a RESAB, as organizações não governamentais e muitas iniciativas do poder público que também precisam ser potencializadas mas que, na maioria das vezes, sequer são consideradas no conjunto da construção das políticas públicas. Ou, quando o são, buscam replicá-las da mesma forma, desconsiderando-se totalmente as especificidades de cada contexto. Como bem nos lembra Freire (2001, p. 28),

> O que quero dizer é que uma mesma compreensão da prática educativa e uma mesma metodologia de trabalho não operam necessariamente de forma idêntica

em contextos diferentes. A intervenção é histórica, é cultural, é política. É por isso que insisto tanto em que as experiências não podem ser transplantadas, mas reinventadas. Em outras palavras, devo descobrir, em função do meu conhecimento tão rigoroso quanto possível da realidade, como aplicar de forma diferente um mesmo princípio válido, do ponto de vista de minha opção política.

No Semiárido Brasileiro, como já anunciado, as escolas têm se mantido isoladas, sem diálogo com os espaços de produção das chamadas tecnologias sociais como, por exemplo, o manejo da água (a captação e armazenamento) bem como com as inúmeras iniciativas na identificação da riqueza do bioma Caatinga como fonte de produção da vida nesse lugar. Esses saberes ficam ausentes nos currículos, apesar da pertinência e do significado que representam da vida dos sujeitos.

Nesse sentido situamos a ECSA na ecologia de saberes anunciada por Boaventura de Sousa Santos. Esse autor traz uma excelente contribuição a essa discussão, quando trata da *pedagogia das ausências* que se move no campo das experiências de uma educação contextualizada, conforme preconizado na ECSA, que adverte para o diálogo de saberes evitando o distanciamento da realidade, mas produzindo o dialogo de saberes com o cuidado de não produzir o isolamento no local.

> A ecologia dos saberes. Não se trata de descredibilizar as ciências, nem de fundamentalismo essencialista anticiência [...]. O que vamos tentar fazer é o uso, é um uso contra-hegemônico da ciência hegemônica. Ou seja, a possibilidade de que a ciência entre não como monocultura, mas como parte de uma ecologia mais ampla de saberes, em que o saber científico possa dialogar com o saber laico, com o saber popular, com o saber dos indígenas, com o saber das populações urbanas marginais, como saber camponês (SANTOS, 2011, p. 32-33).

A Educação contextualizada faz um movimento ascendente. Nela todas as pessoas são consideradas igualmente importantes, porque são únicas. A profissionalização, as habilidades e as competências são decorrências da formação ética, moral, política e humana. Cada história, cada vida, cada ser é considerado na sua individualidade. Por isso, suas histórias, lutas, sonhos, saberes e fazeres devem se tornar também conteúdos escolares. Devem ser socializados, problematizados e reelaborados (escolarizados), nesse processo denominado por Santos (2011) de ecologia de saberes.

A educação contextualizada no Semiárido brasileiro exige que se aborde, nessa ecologia, questões como: acesso à terra e a água, latifúndios remanescentes ainda na região. Não dá para se pensar em educação escolar nessa região sem reflexão sobre o financiamento de pequenas empresas, da agricultura familiar de base camponesa e outras ações alternativas de produção da existência. Não é concebível que se pense em desenvolvimento, que não se contemplem questões cruciais como essas, que não compreenda o papel da educação nesse processo, assim como não dá para construir desenvolvimento sem a participação dos sujeitos interessados.

Um processo educativo/pedagógico inovador e inclusivo, precisa trazer soluções inovadoras e contextualizadas, que ajudem o agricultor familiar a sair da situação viciosa que o deixa a cada ano dependendo do ciclo da safra e ou do seguro para sobreviver. É preciso que se avance nessa perspectiva tocando naquilo que é essencial e, assim, fazer, de fato, uma educação contextualizada, comprometida com o processo de emancipação humana. Não dá para se pensar tudo isso se não tratamos desses elementos na escola.

As escolas no Semiárido brasileiro têm se mantido isoladas, sem diálogo com os espaços de produção das chamadas tecnologias sociais (ou alternativas de convivência), a exemplo do manejo da água (a captação e armazenamento), da caatinga e do solo, das práticas alternativas na agricultura familiar de base camponesa e da agroecologia que estão na base da construção da soberania e da segurança alimentar. Precisamos identificar as possibilidades e as necessidades de identificação e aproveitamento da riqueza do bioma caatinga, através do manejo sustentável, enquanto fonte de produção da vida nesse lugar. Tudo isso pode integrar o currículo de forma dinâmica, tornando as suas abordagens significativas. Ou seja, como diz o professor Josemar da Silva Martins, "escolarizar" todas essas temáticas, contextualizando-as, sem o risco do reducionismo pedagógico.

Se o contexto do Semiárido é esse lugar real, concreto, cultural, social e político, é dentro dele que precisamos questionar também sobre que proposta de educação pode ajudar a consolidar as intenções de um novo projeto conforme os ventos que sopram na direção do compromisso com as problemáticas que envolvem os povos e a região do Semiárido.

Superando os desafios e construindo possibilidades na educação contextualizada

Uma educação na perspectiva da contextualização e da convivência com o Semiárido, em que essa ideia de contexto seja o ponto de partida e de chegada, no espaço da escola urbana e do campo, não é fácil de se concretizar. Urge o desprendimento de várias questões e signos que estão arraigados nos Sistemas de Ensino e nos(as) educadores(as) e, consequentemente, nas suas práticas educativas. São desafios a enfrentar quando se pensa em construir outra postura no fazer pedagógico sem desprezar os conhecimentos historicamente sistematizados, mas fazendo-os dialogar com a realidade.

Incluir na educação escolar, de forma pertinente, aquilo que vem sendo constituído tensitivamente pelos movimentos sociais ainda representa um grande desafio porque em muitos lugares ainda remanesce o ranço da incompatibilidade entre o estado (o público-governamental) e a sociedade civil organizada, cujas propostas insurgentes nascem da luta por direitos historicamente negados. Apesar da cultura acumulada, no exercício das chamadas parcerias, isso não ocorre sempre com tranquilidade em todos os espaços. Nesse caso, qualificar a gestão dos sistemas públicos, naquilo que vem sendo produzida na construção coletiva, de forma a apoiar a gestão compartilhada da educação no Semiárido, é um desafio a ser enfrentado na gestão da educação no SAB. Como é que essa proposta pode ser assumida pelo estado no sentido de melhor qualificar os sistemas de ensino na contextualização da educação e na democratização da gestão da educação? A escola, por exemplo, precisa ser um espaço do qual pais e alunos sintam-se parte, para que ela tenha significado comunidade.

Outros desafios se apresentam nesse caminhar, como a desconstrução de visões preconceituosas. Descolonizar o currículo passa também por romper com o caráter preconceituoso que desconsidera o negro e que apresenta o índio como símbolo da preguiça, o camponês como inculto e outros tantos estereótipos. Da mesma forma, ideias que apresentam os livros didáticos como produto do mercado, e não como instrumentos facilitadores da aprendizagem e do acesso ao conhecimento. Descolonizar o currículo passa por problematizar todas essas ideias.

Os materiais didáticos contextualizados devem trazer as trajetórias históricas, as formações culturais das gentes do campo e, especialmente no Semiárido, suas especificidades e possibilidades, ou que orientem a sistematização dessas, ainda é uma das trincheiras que apresentam fragilidades. A RESAB teve uma experiência com o livro didático *Conhecendo o Semiárido* 1 e 2; o Estado do Piauí construiu, recentemente, um material próprio, *Conhecendo o Semiárido Piauiense*, que está sendo utilizado pelos seus educadores; o IRPAA, assim como inúmeras outras organizações, tem produzido materiais diversos sobre a singularidade do Semiárido. O Ministério da Educação vem apoiando iniciativas nesse sentido, mas estas ainda são incipientes.

Há, portanto, necessidade de mais capacidades instaladas, o que representa outro grande desafio, principalmente quando se propõe políticas públicas nessa perspectiva. Isso porque a maioria dos sistemas de ensino reproduz apenas os programas do MEC que nem sempre tocam nesse contexto, mas que, como vimos afirmando, precisam dialogar com aqueles que vivem e fazem a educação, em todos os espaços.

> O saber da experiência é um saber que não pode separar-se do indivíduo concreto em quem encarna. Não está, como o conhecimento científico, fora de nós, mas somente tem sentido no modo como configura uma personalidade, um caráter, uma sensibilidade ou, em definitivo, uma forma humana singular de estar no mundo que é por sua vez uma ética (um modo de conduzir-se) e uma estética (um estilo). Por isso também o saber da experiência não pode beneficiar-se de qualquer alforria, quer dizer, ninguém pode aprender da experiência de outro a menos que essa experiência seja de algum modo revivida e tornada própria (BONDIA, 2002, p. 3).

Para construir uma prática pedagógica na perspectiva da convivência com o Semiárido é necessário que ocorram grandes transformações na escola. Os livros didáticos, quase sempre a única fonte de consulta do professor, devem trazer abordagens que estimulem a prática da pesquisa sobre a realidade local, com informações atualizadas; incluindo novos olhares sobre o Semiárido e, ainda, considerando os saberes dos sujeitos que produzem conhecimentos fora da escola, na comunidade (no entorno) ou em outros lugares dessa região; de forma que estudantes e professores possam dialogar com estes, aprendendo e ensinando, ancorados na pedagogia de Paulo Freire, Makarenko, Pistrak, Edigar Morin, Boaventura de Sousa Santos e outros que ousaram e ousam questionar a ciência positivista na educação, imposta apenas como obrigação. É preciso que, como adverte Ladislau Dowbor,

> Ao estudar, por exemplo, as dinâmicas migratórias que constituíram a própria cidade onde vivem, as crianças tendem a encontrar cada uma a sua origem, segmentos de sua identidade, e passam a ver a ciência como instrumento de compreensão da sua própria vida, da vida da sua família. A ciência passa a ser apropriada, e não mais apenas uma obrigação escolar (DAWBOR, 2006, p. 2).

Educação contextualizada para convivência precisa ser uma prática que compreenda que o Semiárido constitui, em si, uma realidade particular que merece e deve ser tematizada na escola, nas suas problemáticas e potencialidade vendo na escola um espaço para a ampliação dos conhecimentos e saberes diversos. Uma Educação que valoriza o seu quadro de profissionais, pois são eles que, na prática, efetivam a proposta político-pedagógica. Não adianta anunciar a melhor das propostas pedagógicas se os educadores a ela se opuserem, se não são valorizados para fazê-las acontecer. Do contrário, não vão ensinar nada além daquilo que eles já sabem. Por isso, é preciso investir na sua formação, a fim de ampliar o seu conhecimento e movê-los à pesquisa. Sem valorização, especialmente no que se refere à remuneração, esses profissionais continuarão vinculados a mais de um sistema na luta pela sobrevivência, não lhes sobrando tempo para um trabalho de qualidade. Esse tem sido um dos grandes desafios.

Negar a realidade local foi uma das vertentes da educação que sempre se fez nesse país, uma educação pautada nos princípios europeus. Uma educação universalista que precisava chegar a todos os lugares do mesmo jeito, como se as pessoas fossem exatamente as mesmas em todos os lugares e em qualquer época. Porém, no momento que estamos vivendo, não dá para pensar e defender um modelo de educação que se paute pela formalidade abstrata, em uma única perspectiva universalizante. A universalidade não considera o contexto, a particularidade, não dialoga com os atores locais nem com os seus saberes, porque estes são considerados menores e não devem entrar na escola. A proposta de ECSA navega na corrente contrária a essa universalização e anuncia a interdisciplinaridade como princípio para construção de aprendizagens significativas. Pensemos com Morin (2000, p. 36):

> O conhecimento das informações ou dos dados isolados em seu contexto é insuficiente. É preciso situar as informações e os dados no seu contexto para adquirirem sentido. Para ter sentido a palavra necessita do texto, que é o próprio contexto, e o texto necessita do contexto no qual se anuncia.

Defendemos uma educação que compreende que "todo saber é singularizado em cada sujeito a partir de suas referências e que, portanto, entenda que, sendo assim, todo saber é local" (RESAB, 2009, p. 4). Os sujeitos constroem os seus conhecimentos a partir de redes que vão tecendo no dia a dia e é nessas redes de conhecimentos, de trocas, nesses encontros, que os saberes e os conhecimentos são tecidos e reconstruídos. Isso precisa ser considerado pela escola. É nessa perspectiva que a Educação para a Convivência com o Semiárido e todos aqueles que têm compromisso com uma educação emancipadora se colocam. É nesse desafio que vem sendo construída, principalmente nos movimentos sociais, uma escola comprometida com a sociedade, que não se cala perante questões nacionais como a questão agrária, que não se coloca "neutra" diante dos conflitos sociais, mas traz isso para a tematização.

A Educação contextualizada para a convivência com o Semiárido se pauta pela insurgência, propondo uma nova racionalidade e, portanto, compreende o contexto implicado em uma teia muito mais ampla de referências, fluxos, conexões e sentidos que extrapolam o recorte espacial de um território local; compreende que os conhecimentos não são isoláveis nem isolados na realidade, mas que os sujeitos precisam ampliar, cada vez mais, a dimensão daquilo que já conhecem como ferramenta fundamental para a emancipação.

Considerações finais

A educação contextualizada se constrói no cruzamento cultura–escola–sociedade–mundo. A contextualização neste sentido não pode ser entendida como a inversão de uma lógica curricular construtora e produtora de novas excludências. É construção de conhecimentos pertinentes, e não somente substituição de imagens e ou textos, porque, se fosse assim, estaríamos investindo na mesma perspectiva, construindo o mesmo processo de exclusão, só que a partir do contexto. Portanto, não somente nessa região, mas em todo o Brasil, a educação somente será um direito subjetivo efetivo quando cada um de nós, no lugar onde nos encontramos, puder contribuir com a nossa parte nesse caminho em direção à transformação das estruturas vigentes, portanto rompendo com o modelo de racionalidade ainda hegemônico.

Boaventura de Sousa Santos (2011, p. 18-41) constrói uma reflexão teórica e epistemológica embasada na crítica ao modelo de racionalidade ocidental dominante. Contrapondo-se ao que chama de "razão indolente" propõe o que designou de "razão cosmopolita". Esta se fundamenta em três procedimentos sociológicos: a sociologia das ausências, a sociologia das emergências e o trabalho de tradução. Podemos situar a reflexão sobre a contextualização da educação na perspectiva convivência com o Semiárido nessa base sociológica construída e apresentada por esse autor.

Reafirmamos o necessário compromisso de construção e implementação de uma educação contextualizada, salientando as contribuições dessa educação na configuração de uma pedagogia das ausências e das emergências, especialmente nas contribuições da pedagogia da emergência de novas formas de convivialidades. Nesse sentido, é necessário que se busque outro "modelo pedagógico" fundamentado numa pedagogia que rompa com os fundamentos e princípios da ciência moderna ocidental. Portanto, é a partir de uma outra racionalidade e concepção pedagógica que focamos experiências pedagógicas construídas conforme os princípios e os fundamentos da educação contextualizada na perspectiva da convivência com o Semiárido brasileiro.

Referências

ALBUQUERQUE Jr., D. M. *A invenção do nordeste e outras artes*. Recife: FJN; Recife: Massangana; São Paulo: Cortez, 1999.

BONDIA, J. L. Notas sobre a experiência e o saber da experiência. In: *Revista Brasileira de Educação*, São Paulo, n. 19 jan./fev./mar./abr. 2002.

BRASIL. Constituição (1988). *Constituição da República Federativa do Brasil*, 1988. Brasília: Câmara dos Deputados, 1988.

BRASIL. Ministério da Integração Nacional. *Portaria n. 89 do Ministério do Interior*. Nova delimitação do Semi-Árido Brasileiro. Brasília: 2005.

CANÁRIO, R. *Educação e perspectivas de desenvolvimento do Interior*. Palestra apresentada no Colóquio Jornada da Interioridade, realizado a 13 de Junho de 1997 em Idanha-a-

Nova. 1997. Disponível em: <http://jorgesampaio.arquivo.presidencia.pt/pt/biblioteca/outros/interioridade/1_3.html>

DOWBOR, L. *Educação e desenvolvimento local*. Disponível em:< http://dowbor.org/06edulocal.doc>. Acesso em: 03 abr. 2006.

FREIRE, P. *Política e educação*. 5. ed. São Paulo: Cortez, 2001. (Coleção Questões de Nossa Época)

FREIRE, P. *Pedagogia do oprimido*. 17. ed. Rio de Janeiro: Paz e Terra, 1987.

MARTINS, J. S. Anotações em torno do conceito de Educação para a convivência com o semiárido. In: RESAB. *Educação para a convivência com o semiárido brasileiro. Reflexões téorico-práticas da RESAB*. Juazeiro: RESAB, 2004.

MORIN, E. *Os sete saberes necessários à educação do futuro*. São Paulo: Cortez, 2000.

NIETZSCHE, F. *A genealogia da moral*. 2. ed. Tradução de Antonio Carlos Braga. São Paulo: Escala, 2007.

REIS, E. S. *Educação do Campo e desenvolvimento rural sustentável: avaliação de uma prática educativa*. Juazeiro: Gráfica e Editora Franciscana, 2004.

RESAB. *Educação para a convivência com o semiárido brasileiro. Reflexões téorico-práticas da RESAB*. Juazeiro: RESAB, 2004.

RESAB. *Apresentando a Rede de Educação do Semiárido Brasileiro*. Juazeiro, Bahia. RESAB, 2009. Apresentação em Power Point.

SANTOS, B. S. *Renovar a teoria crítica e reinventar a emancipação social*. São Paulo: Boitempo, 2011.

SANTOS, B. S. *A crítica da razão indolente: contra o desperdício da experiência*. São Paulo: Cortez, 2000.

VEIGA, J. E. *Cidades Imaginárias: o Brasil é menos urbano do que se calcula*. São Paulo: Editora Autores Associados, 2002.

Capítulo 3
A experiência da UNEB Campus X em EJA no âmbito do PRONERA (1999-2010)

Luzeni Ferraz de Oliveira Carvalho
Maria Nalva Rodrigues de Araújo

Refletir sobre as experiências com programas de educação de jovens e adultos na atualidade, a exemplo do Programa Nacional de Educação na Reforma Agrária (PRONERA), requer refletir antes de qualquer coisa as causas do analfabetismo, da baixa escolarização, da falta de acesso dos trabalhadores aos conhecimentos historicamente acumulado pela humanidade. Necessário se faz ainda indagar: Por que ainda em pleno século XXI continuamos com cerca de 32% de pessoas analfabetas no campo brasileiro? O que leva a isso? Quais as causas socioeconômicas, políticas e culturais do analfabetismo? O que vem sendo proposto para superar essa problemática? Que políticas? Que ações? Que propostas vêm sendo implementadas por parte dos poderes públicos ao longo da trajetória histórica da Educação de Jovens e Adultos? Como os demandatários desses direitos têm se organizado para terem esses direitos garantidos? (ARAÚJO, 2008)

Dadas as condições de escrita deste texto, não é possível responder a todas essas questões, mas partilhamos da tese de que o alto índice de analfabetismo no Brasil não é por acaso, tem raízes históricas, nas contradições econômicas e sociais profundas que remotam ao Período Colonial, passando pela Primeira República e continuando na atualidade.

A Educação de Jovens e Adultos no campo e nas cidades do Brasil demonstra um quadro de exclusão e marginalização, uma realidade marcadamente desfavorável à população camponesa. Os dados estatísticos sobre a educação brasileira nos últimos anos têm mostrado que as ações governamentais têm sido insuficientes para superar o quadro de marginalização e exclusão dos camponeses do acesso à educação escolar. Dados do Instituto Nacional de Estudos e Pesquisas

Educacionais (INEP) em 2004 sobre a educação no campo brasileiro revelam que a situação do analfabetismo no campo continua alarmante. De acordo com os dados do Censo 2010, no meio rural brasileiro, de forma global, a taxa de analfabetismo entre os adultos é de 23,2%, enquanto nas regiões urbanas chega a 7,3%, ou seja, no campo a taxa de analfabetismo é três vezes maior que nas áreas urbanas. Tal situação demonstra que a garantia do ensino fundamental, obrigatório e gratuito, inclusive para os que não tiveram acesso na idade própria – conforme fixado no inciso I, artigo 4º, da Lei de Diretrizes e Bases da Educação, de 1996 (BRASIL, 2011) –, não vem sendo cumprida no campo. Cabe salientar que as maiores taxas de analfabetismo estão em municípios localizados nas regiões Norte e Nordeste do Brasil.

As políticas que nortearam a Educação de Jovens e Adultos no Brasil pouco se preocuparam com os homens e mulheres trabalhadores(as) do campo. Destacamos que não tivemos até hoje um sistema de ensino adequado às especificidades no que diz respeito aos modos de vida dos adultos trabalhadores do campo. O que tem ocorrido na maioria das vezes são campanhas, programas e projetos descontínuos, com dia e hora para acabar, não existindo, portanto, uma política de ações efetivas para a área da EJA (ARAÚJO, 2008). Nessa perspectiva, o analfabetismo e o semianalfabetismo são expressão da pobreza, resultado de uma estrutura social altamente injusta. Assim, combatê-los sem entender suas causas seria um ato superficial, ingênuo.

As mobilizações dos Movimentos Sociais na luta pela garantia do direito à educação, ao conhecimento somado à luta pela terra e pela dignidade levaram à conquista, em 1998, do PRONERA. Esse programa tem se traduzido em uma possibilidade para os trabalhadores jovens e adultos do campo terem acesso à educação escolar.

Objetivamos com este trabalho apresentar uma síntese das experiências com programas de alfabetização de jovens e adultos desenvolvidas no âmbito da Universidade do Estado da Bahia (UNEB)[1] através do Departamento de Educação Campus X- DEDC X[2] junto aos Movimentos Sociais do Campo através

---

[1] A Universidade do Estado da Bahia (UNEB) se encontra presente em todas as regiões geopolítico-econômicas do Estado da Bahia, através de 29 departamentos, os quais mesmo sob condições adversas vêm propiciando, ainda que de forma tímida, a socialização do saber socialmente acumulado pela humanidade para as populações interioranas, atendendo, nos limites da institucionalidade, aos apelos dos movimentos sociais do campo.

[2] Esta Unidade de Ensino funciona desde 1981 como Núcleo de Ensino Superior – extensão do Centro de Educação Técnica da Bahia (CETEBA). Com a Lei nº 7176 de 10/04/97 e pelo Decreto Governamental nº 7223 de 20/01/98, que aprovou o regulamento da UNEB com a estrutura em Departamentos, as Unidades Universitárias, as Faculdades e os Centros de Educação passaram a ser denominados

do PRONERA na singularidade da região Extremo Sul da Bahia.[3] Cabe salientar que as experiências aqui registradas referem-se somente àquelas desenvolvidas no âmbito da UNEB/DEDC X, o que não abarca todo o programa desenvolvido na Universidade.[4]

O campo, neste trabalho, é concebido como espaço de vida, onde as pessoas podem morar, trabalhar e estudar com a dignidade de quem tem seu lugar, sua identidade cultural. Nesta perspectiva, compreendemos que o campo não é só o lugar da produção agropecuária e agroindustrial, do latifúndio e da grilagem de terras. O campo é o espaço e o território dos camponeses e camponesas. Por isso, o campo é um lugar de vida e, sobretudo de educação.[5] Assim, o campo a que ora nos referimos é mais que uma demarcação não urbana, "é um campo de possibilidades que dinamizam a ligação dos seres humanos com a própria produção das condições de existência social e com as realizações da sociedade humana" (SOARES, 2002, p. 5, apud CARVALHO, 2008).

Ressaltamos que as experiências aqui relatadas, desde sua gênese rechaçaram as concepções que consideramos equivocadas e impregnadas de preconceitos acerca do campo, espaço onde homens e mulheres têm tido cerceados, cotidianamente, muitos de seus direitos sociais. Dentre tais preconceitos, destacamos: 1) O campo tratado em tom nostálgico, que supõe um passado rural de abundância e felicidade e que perpassa parte da literatura, posição que despreza a proeminência dos conflitos que mobilizam as forças econômicas, sociais e políticas em torno da posse da terra no país; 2) A adoção do mundo urbano como parâmetro e do mundo rural como adaptação daquele e 3) O campo como lugar de atraso, considerado arcaico e inferior em relação ao mundo urbano (CARVALHO, 2008).

Departamentos. A partir dessa lei o Centro de Educação Superior de Teixeira de Freitas (CESTEF) recebe a denominação de Departamento de Educação – Campus X/ UNEB-DEDC X.

[3] A Região do Extremo Sul da Bahia é uma divisão geoadministrativa composta por 21 municípios. Sua importância histórica se dá pois foi nesta região que chegaram os primeiros portugueses em 1500. Denominada "Costa do Descobrimento", é uma região de contradições profundas.

[4] A UNEB, desde 1999 em parceria com os movimentos sociais do campo (MST, MLT, CETA, FATRES, FETAG), já alfabetizou pelo PRONERA 7.271 assentados, possibilitou a conclusão do ensino fundamental para 330 jovens e adultos, através do projeto de escolarização de 5a a 8a séries, formou 180 educadores em nível normal médio, 60 técnicos em agropecuária em nível médio, oportunizou a 93 educadores a conclusão do Curso de Pedagogia da Terra. Encontram-se em andamento uma graduação em Letras Vernáculas, com duas turmas de 120 educadores, e duas turmas de bacharelado em Agronomia com 120 estudantes.

[5] Essa concepção de campo é defendida pela Articulação de Educação do Campo, composta por distintos movimentos que atuam no campo: MST, Via Campesina, FETAG, CPT etc. Cf: KOLLING, CERIOLI; CALDART, 2002.

A EJA Campo e os seus sujeitos

A concepção de educação do campo norteadora dessa experiência compreende o camponês e os trabalhadores rurais como sujeitos de direitos, entre eles o do estudo, e como construtores da sua história e da coletividade. A educação do campo propõe, luta e defende uma escola no e do campo, feita pelos sujeitos que nela vivem e trabalham.

> A Educação do Campo é um projeto de educação que está em construção com nexos no projeto histórico socialista. É um projeto da classe trabalhadora do campo. Tem como protagonistas os próprios camponeses e trabalhadores do campo, suas lutas e organização e suas experiências educativas, que incluem a escola, mas vão além dela. Ela se contrapõe à educação como mercadoria e afirma a educação como formação humana. O papel da educação também é o de formar sujeitos críticos, capazes de lutar e construir outro projeto de desenvolvimento do campo e de nação. A Educação do Campo compreende o trabalho como produção da vida. É nesta totalidade que a relação educação e trabalho ganha significado e se diferencia da perspectiva do capital. O trabalho não é entendido como ocupação ou emprego, como mercadoria que se denomina força de trabalho. Ele é compreendido como uma relação social que define o modo humano de existência que, além de responder pela reprodução física de cada um, envolve as dimensões da cultura, lazer, sociais, artísticas... Em síntese, o trabalho é compreendido como fator de humanização permanente e é este o sentido que a Educação do Campo busca resgatar (SANTOS; PALUDO; OLIVEIRA, 2009, p. 35).

Em primeiro lugar, os sujeitos da EJA do Campo são trabalhadores explorados de diversas formas em permanente processo de luta. As diferenças que vemos são formas aparentes de uma mesma essência, ou seja, trabalhadores explorados na sociedade capitalista, nas múltiplas formas de exploração. Alguns com consciência mais desenvolvida, outros menos. São homens e mulheres do campo, pessoas que articulam suas vidas em torno do trabalho na terra, da luta pela terra, da luta pela vida bem vivida, das relações culturais brotadas no seio da terra em nome da edificação de um mundo justo, humano, solidário e socialista. Enfim, participam desse processo filhos e filhas da terra.

Quanto a pertencimento aos movimentos sociais, os educandos eram todos do MST e do MLT. Quanto às tarefas que estes desenvolviam no movimento, variavam entre os diversos setores existentes (Educação, Formação, Saúde, Frente de Massa, Gênero e Cultura), havendo ainda em pequena proporção aqueles que não participavam de nenhum setor e não tinha tarefas definidas no assentamento e no movimento, estando geograficamente espalhados por toda a região onde os movimentos estão organizados. Quanto à vida escolar anterior dos educandos(as), esta era marcada por desencontros com a escola, ora marcados pela negação do direito por parte do estado, por falta de condições objetivas para o estudo, enfim, descontinuidades, demandas do trabalho, opressão de pais, esposos, ou seja, diversas facetas da opressão.

Assim, para desenvolvimento das ações de alfabetização, ficou claro que é indispensável o conhecimento das situações de vida dos sujeitos analfabetos e/ou pouco escolarizados, das condições objetivas de suas vidas e do trabalho.

A luta permanente dos trabalhadores rurais contra o analfabetismo, pelo acesso à escola, pela elevação da escolaridade mostrou o quanto o conhecimento tem valor para eles, não para utilizá-lo de forma arrogante, opressora, mas para contribuir em suas lutas cotidianas.Querem aprender a "dividir para dividir a riqueza, querem aprender a multiplicar para multiplicar a solidariedade, querem aprender a ler e escrever para registrar as suas histórias, seus sonhos de um mundo melhor, para serem felizes, sem opressão[...]" (ARAÚJO, 2008, fragmentos retirados dos memoriais dos educandos).

Ao longo de sua trajetória de lutas, o MST tem demonstrado que se faz urgente e necessária a mobilização das organizações sociais na luta pela garantia do direito à educação, visando construir efetivamente a emancipação dos trabalhadores do campo e da cidade. Nesta perspectiva, a proposta de alfabetização de jovens e adultos nasce com o objetivo de capacitar as pessoas para aprender e dominar os códigos presentes na sociedade em que vivem e para se comunicar com outros povos. Assim, ao proporem a alfabetização de camponeses e camponesas, os movimentos sociais do campo vislumbram que estes: a) Aprendam a ler, escrever e calcular no papel a realidade; b) Aprendam fazendo, ou seja, pela prática e a partir da necessidade real dos alfabetizandos e do movimento; c) Construam o novo, que começa nas relações e termina em uma sociedade sem explorados e exploradores; d) Compreendam a realidade numa concepção histórica, tendo como referência a realidade local e geral; e) Ajudem a gerar sujeitos da história a partir de sujeitos do processo de educação, formação, capacitação.

As ações do PRONERA no departamento de Educação/Campus X da UNEB (1999-2010)

Segundo Florestan Fernandes (1980), toda e qualquer instituição na sua existência e convivência com a sociedade tem aparentemente duas funções fundamentais: contribuir com o modo de organização vigente, reforçando as estruturas e amenizando os choques entre as classes, procurando, assim, satisfazer aos que têm poder de dominação ou de comando sobre os demais membros da sociedade; ou então participar ativamente na organização social junto com as organizações populares, procurando encontrar formas de superação da ordem social estabelecida, visando à construção de um novo modo de produção que possibilite a emancipação dos seres humanos que compõem a maioria da sociedade (ARAÚJO, 2008).

Compartilhamos da ideia que o papel da Universidade pública deverá ser de vincular-se e comprometer-se com a realidade em que ela está inserida, problematizando-a e contribuindo, através das ações de ensino, pesquisa e extensão, para o desenvolvimento social das comunidades que demandam os seus serviços, não apenas condenando o sistema capitalista, mas propiciando instrumentos aos trabalhadores para que esses possam construir uma contra-hegemonia.

A década de 1990 foi marcada basicamente pelo aprofundamento das relações público-privado. Do outro lado é também na década de 90 que os movimentos sociais do campo organizados demandam os serviços de ensino, pesquisa e extensão da Universidade. É neste contexto que o PRONERA, enquanto programa de extensão, se insere no interior das universidades públicas.

No Departamento de Educação Campus X, as ações do PRONERA atenderam geograficamente os assentamentos e acampamentos do Extremo Sul da Bahia, com ações de alfabetização de jovens e adultos, complementação de escolaridade, e a estudantes de todo o Estado da Bahia, nos cursos técnico na modalidade Normal Médio e Formação Superior, com as graduações em Letras e Pedagogia da Terra.

O referido programa teve início no Departamento em novembro de 1999, envolvendo dois movimentos sociais: o Movimento dos Trabalhadores Rurais Sem-Terra (MST) e o Movimento de Luta pela Terra (MLT). As ações desenvolvidas na primeira etapa do Programa foram: alfabetização de jovens e adultos com 60 turmas totalizando 1.200 alfabetizandos distribuídos em 24 projetos de assentamentos situados em 10 municípios; duas turmas de complementação de escolaridade (Ensino Fundamental II – 5ª a 8ª séries) com 60 educandos, os quais simultaneamente estudavam e cumpriam a função de docência nas turmas de alfabetização de jovens e adultos; formação continuada de educadores de jovens e adultos, perfazendo um total de 180 horas (ARAÚJO; CARVALHO, 2008). O quadro a seguir fornece de forma sintetizada as ações do PRONERA no DEDC-X ao longo de 11 anos.

Quadro-resumo das ações e projetos do PRONERA desenvolvidos na UNEB/DEDC-X (1999-2010)

Projetos	Ações	Período	N° de turmas e estudantes envolvidos	Movimentos sociais envolvidos
Alfabetização e complementação de escolaridade	1. Alfabetização de jovens e adultos 2. Complementação de escolaridade em nível fundamental 3. Capacitação dos educadores	1999-2001	60 turmas com 1200 estudantes 2 turmas com 60 estudantes 60 educadores	MST e MLT

Alfabetização de jovens e adultos e complementação de escolaridade	1. Alfabetização de jovens e adultos 2. Complementação de escolaridade em nível fundamental 3. Capacitação dos educadores	2004-2005	25 turmas com 250 estudantes 1 turma com 20 monitores/estudantes 25 educadores	MST
Magistério de Nível Médio	Complementação de escolaridade em nível médio, com formação profissional em normal médio	2001-2004	1 turma com 60 educandos/educadores	MST
Licenciatura plena em Pedagogia da Terra	Formação de educadores em nível superior	2004-2009	1 turma com 60 educandos/educadores	MST e Escola Famílias Agrícolas (EFAS)
Projeto Pé na Estrada	1. Complementação de escolaridade em nível fundamental, I segmento. 2. Capacitação de educadores; 3. Elaboração de material didático	2004-2006	20 turmas de estudantes	MST
Magistério de Nível Médio	Complementação de escolaridade em nível médio com formação profissional em normal médio	2001-2004	1 turma com 60 educadores	MST
Licenciatura em Letras Vernáculas	Formação de educadores em nível superior	2007 ...	1 turma de 60 educadores	MST, EFAS

Tais ações vêm possibilitando à universidade um acúmulo de experiência em várias dimensões: 1) Fortalecimento da universidade pública como patrimônio do povo brasileiro; 2) Entrada do sujeito coletivo na universidade através da extensão e do ensino de graduação; 3) Qualificação do quadro docente, ao ter que lidar com realidades adversas ao cotidiano acadêmico; 4) Envolvimento dos estudantes regulares nos projetos e nas problemáticas dos trabalhadores rurais.

Bezerra (2011, p. 9), ao refletir sobre a relação movimentos sociais do campo e universidades públicas, afirma que,

> As experiências de parceria entre o Movimento e as universidades constituem um verdadeiro processo educativo. As universidades saem extremamente enriquecidas desse processo, pois ele representa uma rica oportunidade de avaliação dos caminhos trilhados por elas. Tais movimentos trazem a dinamicidade da vida e das lutas cotidianas, questionam os valores, as burocracias e os vícios acadêmicos, impulsionam o universo do conhecimento científico a gestar propostas concretas de intervenção na realidade. Neste sentido, fica fortalecida a perspectiva de uma

universidade democrática, aberta, plural, capaz de garantir o acesso ao conhecimento como um direito fundamental do ser humano.

Deste modo essas experiências têm provocado a universidade a refletir acerca dos formatos tradicionais dos cursos universitários e da concepção de educação burguesa ainda dominante no seu interior. Somando-se a isso, tais experiências contribuem ainda para o fortalecimento de uma universidade mais próxima das necessidades e do projeto político da classe trabalhadora brasileira

Quanto aos trabalhadores, alguns depoimentos colhidos junto aos participantes do programa mostram o grau de apreensão do processo de leitura e escrita bem como o significado para os(as) alfabetizandos(as) que participaram do Programa.

> Cheguei à escola sem saber nem assinar o meu nome, porém com um sonho, que era poder assinar cheque, ler e um dia ser presidente da associação, pois faço parte dela há 13 anos e me sinto excluído, pois nas reuniões que eu participava não sabia assinar o livro de ata [...]. Foi aí que veio o PRONERA, para a minha alegria. Hoje sei ler, escrever, leio placas, textos, propagandas, faço texto e assino notas. Fui eleito presidente da associação. Continuo sonhando e espero ter a oportunidade de melhorar cada vez mais (José dos Santos Ribeiro, 64 anos, alfabetizando da primeira experiência do PRONERA, assentamento Guaíra).

Como esses, inúmeros outros foram os depoimentos obtidos ao final do programa, todos indicando a melhoria da autoestima dos trabalhadores, descobertas da importância de aprender a ler e escrever, aumento da participação no movimento, avanços nos debates e realizados. Além da leitura e da escrita, o projeto provocou também, naqueles que já o sabiam, a continuação dos estudos; estudar tornou-se necessidade nos assentamentos, foram muitos assentados que voltaram a estudar, a fazer supletivos e a frequentar cursos de aceleração e nível médio.

No tocante à complementação de escolaridade, trabalhou-se com duas turmas, totalizando 60 educandos. Durante 14 meses foram cumpridas 1.000 horas de estudo, sendo 728 horas presenciais e 272 a distância (essa atividade contou com professores especialistas e discentes do Departamento para ministrarem as aulas). A evasão nessa modalidade foi de 13 educandos entre as duas turmas. O resultado das aulas de língua portuguesa encontra-se registrado no livro *Sementes do conhecimento brotados do cotidiano*, organizado pela professora da disciplina com os textos dos educandos, no qual se encontram as histórias de vida e outros textos produzidos pelos alunos durante o processo.

Os depoimentos coletados nos memoriais dos educandos demonstram que, embora tenha sido válida a experiência, a aprendizagem deverá ser contínua, como afirma o educando Manoel Dias: "Ao mesmo tempo que aprendi muito nesses 14 meses de estudo, estou me sentindo como alguém que ainda tem muito a aprender" (Depoimento colhido ao término da etapa final de conclusão o Ensino Fundamental, equivalente à 8ª série).

As barreiras para a realização de uma educação consistente e de qualidade no meio rural são muitas, desde a falta de infraestrutura adequada para o desenvolvimento das aulas, o acesso às localidades, até as verbas insuficientes (que por muitas vezes atrasam) e tantas outras apontadas no início deste texto. Essa situação exige um esforço muito maior, dedicação de quem ousa acreditar e colocar em prática ações dessa magnitude, o que muitas vezes parece utópico, tomando como referência as palavras de Freire (1980, p. 27), quando afirma que o "utópico não é o irrealizável, a utopia não é o idealismo, é a dialetização dos atos de denunciar e anunciar; o ato de denunciar a estrutura desumanizante e de anunciar a estrutura humanizante anunciantes. Por esta razão a utopia é também um compromisso histórico".

Formação dos monitores/alfabetizadores

Conforme Miguel Arroyo, uma das marcas da especificidade da formação de educadores e educadoras do campo proposta pelos movimentos sociais do campo seria "entender a força que o território, a terra, o lugar tem na formação social, política, cultural, identitária dos povos do campo". Acerca disso, o autor enfatiza que,

> Sem as matrizes que se formam sem entender a terra, o território e o lugar como matrizes formadoras, não seremos capazes de tornar a escola um lugar de formação. A articulação entre o espaço da escola e os outros espaços, lugares, territórios onde se produzem, será difícil sermos mestres de um projeto educativo. A compreensão da especificidade desses vínculos entre território, terra, lugar, escola é um dos componentes da especificidade da formação de educadoras e educadores do campo (ARROYO, 2007, p. 163).

Nesta direção também Carvalho e Ferreira apontam que,

> A formação docente, por sua vez, não pode prescindir de uma articulação concreta com a realidade sociocultural dos sujeitos envolvidos no processo; ela deve-se dar mediada pelas interações produzidas entre a formação acadêmica e os conhecimentos produzidos a partir das leituras cotidianas sobre a própria docência (seja em espaços escolares ou não escolares) e a aprendizagem dos educandos, ou seja, num processo contínuo de desenvolvimento profissional. (CARVALHO; FERREIRA, 2008, p. 3).

Ressaltamos que o monitor/alfabetizador ao mesmo tempo em que era educador também era educando, pois participava de processo de formação tanto para o exercício da docência em classes de EJA como da complementação de escolaridade (5ª a 8ª séries do Ensino Fundamental). Isso se fazia imprescindível e urgente, porque naquele período não havia praticamente professores cujo nível de escolaridade era o Ensino Médio completo.[6] A maioria dos educadores indicados pelos movimentos sociais para atuarem como alfabetizadores tinha cursado apenas as séries iniciais do Ensino Fundamental I, sendo esta uma das limitações encontradas para o desenvolvimento do processo de alfabetização, apesar do esforço e compromisso empreendido pela maioria dos monitores.

No tocante à capacitação pedagógica dos monitores/alfabetizadores para a alfabetização de jovens e adultos, foram realizadas 120 horas de atividades de estudos, debates e elaboração dos planejamentos das aulas. Trabalharam-se temáticas de cunho pedagógico (concepção de alfabetização, concepção de leitura e escrita, concepção de educação de jovens e adultos, etc.), histórico, sociológico, filosófico, ambiental, etc. O tempo foi distribuído em dois grandes encontros de 40 horas cada um e quatro miniencontros realizados nos locais de trabalho com duração de 10 horas cada, onde era orientada a elaboração dos planejamentos de aulas, o registro das atividades realizadas e sua análise (avanços, dificuldades e desafios do processo de alfabetização).

As referidas capacitações, bem como o acompanhamento das turmas, eram feitas pelos monitores/bolsistas da Universidade, pelos coordenadores locais dos movimentos sociais e pela coordenação do Programa. No entanto, as visitas muitas vezes não foram realizadas de forma satisfatória, ou foram feitas quando o trabalho estava se encerrando ou já encerrado em razão da falta de recursos financeiros para custear as viagens/diárias dos coordenadores/bolsistas, falta de veículo para ir até as áreas onde funcionavam as turmas, etc.

Algumas temáticas desenvolvidas nas capacitações foram: a questão agrária no Brasil e a luta pela terra, o perfil e o papel do educador necessário no contexto da luta pela terra, aspectos organizativos das escolas dos assentamentos, processos de alfabetização: concepção teórico-prática, leitura e escrita nas séries iniciais, planejamento da prática pedagógica, a arte na alfabetização, avaliação escolar, etc. Além desses, em todos os encontros foram estudados os princípios educativos do MST. Além disso, era reservado um tempo para análise de conjuntura e realização de oficinas em diversas áreas do conhecimento (linguagem, música, artes, matemática, Ciências Sociais e da Natureza e outras).

---

[6] Esta situação encontra-se atualmente diferenciada, uma vez que, mesmo com escassez de recursos, a UNEB/DEDC-X concluiu duas turmas de Ensino Médio (modalidade Normal), uma turma de Pedagogia, e uma turma de Letras encontra-se em fase de conclusão.

Já os miniencontros constituíam-se em encontros de estudo geralmente de um dia, realizados nos próprios assentamentos ou acampamentos com os monitores daquela localidade, bem como os coordenadores locais. Eram momentos de estudos mais sistemáticos, conversas sobre as dúvidas mais frequentes dos educadores, relatos de situações-problemas que enfrentavam e estudos de textos debates e planejamento da prática. Era nesses momentos que havia a socialização de leituras dirigidas, escolhidas nos encontros anteriores, geralmente para ajudar refletir alguma situação-problema.

Organização do trabalho pedagógico dos monitores/alfabetizadores

Freitas (1995) elucida que o trabalho pedagógico pode ser dividido em dois níveis: predominantemente em sala de aula e como organização global do trabalho pedagógico da escola, como projeto político-pedagógico da escola. Nas nossas observações nos limitamos a acompanhar o trabalho do monitor em sala de aula. Esse trabalho foi acompanhado nas capacitações pedagógicas realizadas, onde eram esclarecidas as dúvidas dos educadores e feitas as orientações teórico-metodológicas gerais e nas visitas *in loco* realizadas pelas bolsistas do Programa, onde eram realizadas orientações pontuais a cada turma em cada assentamento/acampamento.

Como princípio teórico-metodológico buscou-se articular os conhecimentos da prática/do cotidiano dos educandos aos saberes científicos acumulados pela humanidade.

Nas experiências desenvolvidas com o PRONERA, procurou-se adotar metodologias específicas para responder às demandas sociais para a educação dos assentados. No planejamento pedagógico foram inseridos no currículo conteúdos técnicos e também de formação sociopolítica, como a luta da terra no Brasil, a história da escrita, debates sobre sementes transgênicas, ALCA, privatização de empresas nacionais (a exemplo da Vale do Rio Doce), impactos socioambientais da monocultura (com aprofundamento sobre o eucalipto), etc.

Nesse contexto, percebeu-se que os monitores tentam fazer o melhor que podem, entretanto os limites de várias ordens dificultam a sua atuação na modalidade de EJA. Esses limites se inscrevem basicamente em sua formação inicial, nas dificuldades de compreender a EJA como modalidade específica, na falta de informações, ou materiais que possam contribuir na formação continuada. Essas temáticas foram expressas em um livro didático elaborado pela equipe do programa.

A iniciativa de elaborar um material didático (livro) surgiu no âmbito do I Seminário de Avaliação do PRONERA, em 2001, quando um dos limites apontados pelos monitores para o processo de alfabetização era a falta de um material didático específico para as áreas rurais. Para realizar esse trabalho, a Coordenação Central do PRONERA da UNEB constituiu uma equipe com experiência na educação de jovens e adultos e na formação de educadores com formação acadêmica diversificada. O referido material encontra-se organizado em três grandes eixos, cada um deles divididos em três capítulos, a saber: Eixo 1 – Questão da posse da terra e as ações dos movimentos sociais na luta pela reforma agrária; Eixo 2: Agricultura orgânica sustentável e Eixo 3 – Valorização da vida (ARAÚJO et al., 2006).

Contou-se também com o apoio de representantes dos movimentos sociais que acompanharam o processo de diferentes maneiras e de técnicos da UNEB. Após sua elaboração, ele foi submetido à avaliação dos sujeitos envolvidos com a formação: coordenadores locais, bolsistas da Universidade e representantes dos Movimentos Sociais. Na sistematização da avaliação, alguns enfatizaram a complexidade do livro, apontando que os monitores não dominavam muitos temas abordados. Outra queixa dos monitores foi quanto à exigência do projeto, pois ele era destinado a pessoas já alfabetizadas, e, nos assentamentos e acampamentos, muitos estudantes que não estavam alfabetizados foram matriculados nas turmas, o que fez com que muitos monitores deixassem o trabalho no meio do caminho. Mesmo com algumas limitações, o livro didático organizado pela coordenação do programa foi um elemento que auxiliou os monitores em seu trabalho pedagógico.

Considerações conclusivas

A primeira etapa do Programa se encerrou em março de 2001 com 57 turmas de alfabetização de jovens e adultos em funcionamento, apresentando um índice de desistência de 43%. Os relatórios indicam que essa desistência se deu por vários motivos: problemas visuais, cansaço físico, saída dos trabalhadores para a colheita de café em outras regiões, etc. Quanto ao aproveitamento dos que permaneceram nas salas de aula até o final, o índice foi de 73%, considerado na avaliação do Programa como satisfatório. Não foi possível medir o nível de redução do analfabetismo nas localidades atendidas, visto que não existiam estudos anteriores que indicassem a taxa de analfabetismo por localidade. Por outro lado, os depoimentos colhidos mostram o grau de apreensão do processo de leitura e escrita, bem como o significado para os(as) alfabetizandos(as) que participaram do Programa.

Na conclusão das experiências, refletimos que alguns desafios estão postos tanto para a Universidade como para os Movimentos Sociais:

- **Acesso e permanência dos adultos nas salas de aulas:** Convencer os adultos a retornarem às salas de alfabetização e nelas permanecerem. As pessoas que vêm para a EJA têm necessidades imediatas: Isso as move. A escola capitalista afirma o imediato e fica apenas nele, pois para ela o que importa é o presente, sem passado nem futuro. Assim, na organização do trabalho pedagógico na EJA, nosso maior desafio foi buscar responder o imediato também, pois, se não atendermos o imediato, a escola tende ao fracasso. Mas a partir do imediato buscamos provocar outras necessidades.

  Nas nossas experiências de três edições com a alfabetização pelo PRONERA nos assentamentos da região, constatamos que no início de cada experiência muitos adultos são estimulados e se mobilizam para ir para as salas de aula se alfabetizar. Mas como eles têm um interesse muito específico, que é assinar o próprio nome, alfabetizar-se para eles significa assinar o nome, e, quando esse desejo é atendido, eles vão se despedindo das salas de aulas. Deste modo, falta-nos ainda encontrar estratégias teórico-metodológicas para provocar os adultos a permanecerem nas salas, indo além de uma visão imediatista do acesso ao conhecimento.

  As experiências nos mostraram que a maioria dos adultos não concebe o conhecimento como algo necessário à sua vida. Percebemos que, para os jovens, o mais importante é o emprego que gere renda, por isso eles se inserem nas turmas de EJA, como possibilidade de apressar sua capacitação/formação. A partir desse entendimento, vimos ser necessário cada vez mais articular no interior dos assentamentos a cooperação como possibilidade do trabalho livre. Cabe salientar que o educando que frequenta a EJA não perdeu a noção de projeto social que deseja construir, porém não dispõe de condições objetivas para materializá-lo, então é preciso potencializar tal perspectiva. Ou seja, provocar os estudantes para além das necessidades imediatas, avançar para a dimensão do projeto histórico-coletivo.

- **Descontinuidade dos projetos:** Como já enfatizado neste texto, a falta de políticas públicas de estado para a EJA deixa os trabalhadores vulneráveis a projetos e programas descontínuos. Assim, ao final de cada etapa de projeto, há uma incerteza quanto aos passos futuros da continuidade dos estudos destes jovens e adultos. É importante ressaltar que a legislação brasileira garante o direito aos jovens e adultos de continuar seus estudos nas escolas regulares na modalidade de EJA; entretanto apenas a legislação não tem sido suficiente para essa continuidade no campo brasileiro.

- **Formação dos educadores:** No início de nossa experiência em 1999, os monitores possuíam baixa escolaridade, fazendo-se, portanto, necessário investir na elevação de sua escolaridade. Assim, aliado às capacitações didático-pedagógicas, era necessário realizar concomitante a elevação da escolaridade em nível de ensino fundamental II. Ressalta-se que muitos educadores traziam muitas dificuldades, conseguiam dizer o que desejavam desenvolver nas salas, mas não conseguiam materializar sua vontade na organização do trabalho pedagógico desenvolvido em sala de aula. O modelo tradicional/burguês de escola estava muito presente tanto nos educadores quanto nos educandos.

- **Infraestrutura das salas de aula e das condições de acesso / as estradas:** As salas que funcionaram nos assentamentos não consolidados ou ainda nos acampamentos tiveram uma infraestrutura precária, com todos os tipos de privações. Essas turmas padeceram de falta de iluminação, bancos, cadeiras e carteiras, salas adequadas, armários, mesas, etc.

Nessa perspectiva, a educação escolar, na singularidade da alfabetização de jovens e adultos, mesmo possuindo limites, pode contribuir para a formação política dos assentados, na medida em que possibilita o acesso a instrumentos de decifração dos códigos escritos, onde possam, a partir de suas leituras, acumular informações, dados que lhes permitam perceber os processos de opressão e exclusão a que foram submetidos ao longo de suas vidas. Em suas lutas coletivas, todos eles(as) puderam ter contato com os processos de denúncias referentes à realidade em que estão vivendo. Ao mesmo tempo, esses processos os provocam a despertar para a necessária transformação social.

Partindo dessas considerações, é importante afirmar que a alfabetização contribui com a formação dos assentados e acampados dos movimentos sociais do campo, quando permite que estes sejam valorizados em sua condição de pessoa humana que necessita constantemente fazer uso dos códigos escritos para se relacionar com o mundo dos homens, instrumentalizando-os para intervir com mais qualidade em sua realidade.

Ao discutir sobre a importância da escola na formação política dos integrantes do MST, Bogo (2003, p. 8) argumenta que

> Não necessariamente devemos dizer que um ser humano só é culto se passar pelos bancos escolares. Há infinitas formas de se elevar o nível cultural de um ser social. Mas a escola é um espaço importantíssimo para desenvolver várias tarefas, seja na formação da consciência ou na luta de classes.

O autor acrescenta ainda que "é mais fácil desenvolver a formação política quando os militantes sabem ler e escrever do que quando são completamente analfabetos" (p. 8). Argumenta ainda que, de posse dos instrumentos da leitura e da escrita, a própria militância poderá buscar por conta própria os elementos que lhes falta para fortalecer a sua prática.

Finalizando, ousamos dizer que há um novo desenho se (re)fazendo no panorama da educação do campo na região do Extremo Sul, produzido quase silenciosamente pelo trabalho dos movimentos sociais do campo e pela UNEB, com efetiva interferência nas concepções e práticas de EJA no campo. Concluímos na certeza de que as lições de hoje devem ser relembradas sempre, porque a educação de jovens e adultos, em especial no campo, como direito não dado, mas arrancado do chão, não pode mais escapar das mãos dos que por ela têm despendido a vida.

Referências

ARAÚJO, M. N. R. *Apontamentos acerca da trajetória histórica da EJA no MST: Desafios e possibilidades.* Teixeira de Freitas, BA, 2008. Não publicado.

ARAÚJO, M.N.R et al. *Pé na estrada: Construindo caminhos - Escolaridade 1º segmento (1ª a 4ª séries do Ensino Fundamental) para jovens e adultos acampados e assentados.* Salvador: UNEB/PROEX/PRONERA, 2006.

ARAÚJO, M. N. R.; CARVALHO, L. F. O. A contribuição do Programa Nacional de Educação na Reforma Agrária/PRONERA no processo de desenvolvimento socioeducacional dos assentados do MST na região do Extremo Sul da Bahia. *Revista Segmentos*, Teixeira de Freitas, BA, v. 2, p. 21-32, 2008.

BEZERRA, C. S. *A relação entre as universidades públicas brasileiras e os movimentos sociais.* Juiz de Fora, 2011. Não publicado.

BOGO, A. *Educação escolar e formação política.* Teixeira de Freitas, BA, 2003. Não publicado.

BRASIL. Instituto Nacional de Estudos e Pesquisas Educacionais Anísio Teixeira (INEP). *Censo 2004.* Brasília: 2004.

BRASIL. *Lei no 9.394* de dezembro de 1996. Estabelece as diretrizes e bases da educação nacional. Brasília: 1996.Disponível em: <http://www.planalto.gov.br/ccivil_03/Leis/L9394.htm>. Acesso em: 2011.

BRASIL. Instituto Brasileiro de Geografia e Estatística. *Censo 2010.* Brasília: 2010.Disponível em: <http://www.censo2010.ibge.gov.br/resultados_do_censo2010.php>. Acesso em: 22 de abril de 2011.

CARVALHO, L. F. O. *Práticas de leitura de homens e mulheres do campo: um estudo exploratório no Assentamento Paulo Freire – Bahia.* Dissertação (Mestrado em Educação) – Faculdade de Educação, Universidade Federal de Minas Gerais, Belo Horizonte, 2008.

CARVALHO, L. F. O; FERREIRA, M. J. L. Gestão escolar: pontos e contrapontos sobre organização, sujeitos e participação nas escolas do campo. In: ENCONTRO EDUCAÇÃO E MARXISMO, Irecê, 2009.

CASTRO, C. V. S. Reflexões do processo de pesquisar as relações sociais entre MST e universidades públicas. *LIBERTAS*. *Revista do Programa de Pós-Graduação em Serviço Social* [Online]. Edição Especial, 2009.

DI PIERRO, M. C. et al. (Org.). *A educação na reforma agrária: uma avaliação do programa nacional de educação na reforma agrária*. São Paulo: Ação Educativa; Brasília: PRONERA, 2004.

FERNANDES, F. *Sociologia*. Petrópolis: Vozes, 1980.

FREIRE, P. *Pedagogia do oprimido*. São Paulo: Paz e Terra,1980.

FREITAS, L. C. *Crítica da organização do trabalho pedagógico e da didática*. São Paulo: Papirus, 1995.

KOLLING, E. J.; CERIOLI, P. R.; CALDART, R. S. (Orgs.). Educação do Campo: identidade e políticas públicas. Brasília: Articulação Nacional por uma Educação do Campo, 2002. (Coleção Por Uma Educação do Campo).

SANTOS, C. E. F.; PALUDO, C.; OLIVEIRA, R. B. C. Concepção sobre Educação do Campo. In: TAFFAREL, C. Z. et al. (Coord.). *Cadernos Didáticos sobre Educação do Campo*. Salvador: Equipe LEPEL FACED/UFBA, 2009.

UNIVERSIDADE DO ESTADO DA BAHIA. *Projeto de alfabetização e escolarização para os movimentos sociais do campo*. Pró-Reitoria de Extensão/ PROEX. Salvador, 1998.

UNIVERSIDADE DO ESTADO DA BAHIA. *Relatório da primeira etapa do PRONERA na UNEB*. Departamento de Educação/Campus X/UNEB. Teixeira de Freitas, 2001.

UNIVERSIDADE DO ESTADO DA BAHIA. *Projeto de cursos concomitantes de ensino normal médio*. Pró-Reitoria de Extensão/PROEX. Salvador, 2001.

CAPÍTULO 4
Avanços e desafios na construção da Educação do Campo: a experiência do Projeto Educação, Campo e Consciência Cidadã no 1º e 2º segmentos do Ensino Fundamental

Gilvanice B. S. Musial
Walquiria M. Rosa
Vania A. Costa

As reflexões deste artigo têm suas origens nos trabalhos desenvolvidos pelo Núcleo de Estudos e Pesquisas em Educação de Jovens e Adultos da Faculdade de Educação da Universidade do Estado de Minas Gerais (NEPEJA/FAE/UEMG),[1] em especial na coordenação do Projeto Educação, Campo e Consciência Cidadã desenvolvido no interior do Programa Nacional de Educação da Reforma Agrária (PRONERA),[2] vinculado ao Instituto Nacional de Colonização e Reforma Agrária (INCRA).

Buscamos sistematizar a experiência construída a partir da realização de projetos de escolarização no 1º e 2º segmentos do ensino fundamental para jovens e adultos acampados e assentados de Reforma Agrária e fazer reflexões sobre

---

[1] Agradecemos aos(às) professores(as) do NEPEJA pela construção coletiva desta experiência, em especial ao professor Josemir Almeida Barros, coordenador do Projeto de escolarização no 2º segmento, e à professora Jussara Penna pela leitura cuidadosa. Agradecemos também à professora Lourdes Helena Silva do Departamento de Educação da Universidade Federal de Viçosa (UVF), parceira dos projetos e de publicações que são a base deste texto.

[2] O PRONERA, criado em função das lutas dos movimentos sociais e sindicais de luta pela terra, é uma política do governo federal (portaria MEPF nº 10, de 16 de abril de 1998), instituída pela Lei nº 11.947 de 16/06/09 da Presidência da República, com o objetivo geral de fortalecer a educação nas áreas de Reforma Agrária, criadas ou reconhecidas pelo INCRA, estimulando, propondo, criando, desenvolvendo e coordenando projetos educacionais, tendo em vista contribuir para a promoção do desenvolvimento sustentável de Projetos de Assentamento. Em novembro de 2011, foi assinado decreto presidencial no qual o PRONERA é reconhecido pelo MEC como uma política de educação do campo coordenado e financiado pelo INCRA.

as confluências entre a Educação do Campo e a Educação de Jovens e Adultos, territórios educativos compreendidos nas perspectivas das representações e apropriações de educadores(as) e de educandos(as) sobre essa experiência de escolarização no interior do referido projeto, procurando apresentar avanços e desafios da construção da Educação do Campo.

A experiência com o 1º segmento do Ensino Fundamental para jovens e adultos acampados e assentados da reforma agrária

O projeto Educação, Campo e Consciência Cidadã: 1º segmento do Ensino Fundamental foi desenvolvido no interior do PRONERA/INCRA/MG e coordenado pela Faculdade de Educação da Universidade do Estado de Minas Gerais.

O PRONERA é abalizado por princípios político-pedagógicos nos quais se articulam a inclusão de fundamentos teórico-metodológicos que ampliem as condições do acesso à educação como um direito social fundamental na construção da cidadania dos jovens e adultos que vivem nas áreas de Reforma Agrária; a indicação das demandas educacionais pelas comunidades das áreas de Reforma Agrária e suas organizações que, em conjunto com os demais parceiros, decidem sobre a elaboração, a execução e o acompanhamento dos projetos; a interação das ações desenvolvidas por meio de parcerias entre órgãos governamentais, instituições públicas de ensino e instituições comunitárias de ensino sem fins lucrativos, comunidades assentadas nas áreas de Reforma Agrária e as suas organizações; e a multiplicação que se relaciona à ampliação não só do número de pessoas alfabetizadas e formadas em diferentes níveis de ensino, mas também do número de educadores, técnicos/agentes mobilizadores nas áreas de reforma agrária.

Esses princípios têm orientado a experiência no projeto Educação, Campo e Consciência Cidadã,[3] que, de 2001 a 2011, desenvolveu quatro versões desse projeto.[4] As três últimas versões envolveram a alfabetização e escolarização de jovens e adultos de assentamentos e acampamentos de reforma agrária de cinco

---

[3] Ao longo dos projetos construiu-se uma identidade para o trabalho que acabou sendo assim intitulado. Por isso, o uso do termo "versões" para cada um dos projetos desenvolvidos.

[4] O primeiro projeto foi coordenado pela FAFIDIA/UEMG e os outros três pela FAE/UEMG. Têm sido parceiros mais permanentes ao longo desses dez anos a Faculdade de Educação da Universidade do Estado de Minas Gerais, o Departamento de Educação da Universidade Federal de Viçosa, a Faculdade de Filosofia e Letras de Diamantina, o Movimento dos Trabalhadores Rurais Sem-Terra, a Federação dos Trabalhadores Rurais da Agricultura do Estado de Minas Gerais. Em cada um dos convênios estiveram presentes fundações que fizeram a gestão financeira dos projetos (2000-2002: FEVALE; 2003-2004: FRAMINAS; 2004-2007: FUNARBE; 2007-2011: FUNDEP) pelas universidades e instituições de Ensino Superior e pelos movimentos sociais e sindicais parceiros.

regiões de Minas Gerais – Triângulo Mineiro/Alto Paranaíba, Vale do Jequitinhonha, Mucuri, Vale do Rio Doce e Centro-Sul.

Ao longo desses 10 anos, o Projeto vem cumprindo três objetivos. O primeiro, a alfabetização e escolarização no 1º segmento do Ensino Fundamental, incluindo a certificação referente a esse segmento. O segundo, a capacitação de educadores(as) através de ciclos de formação, oficinas e visitas às salas de aula. O terceiro, e pontualmente, a certificação no 2º segmento[5] do Ensino Fundamental de jovens e adultos, educadores(as) do projeto.

A experiência construída nas quatro versões do projeto relacionada ao primeiro segmento tem provocado um conjunto de reflexões e, a partir delas, a produção de publicações (SILVA et al, 2007; SILVA, 2009, SILVA et al, 2010; SILVA et al, 2011; ROSA et al, 2009; COSTA et al, 2010, BRANDÃO; MUSIAL, 2010) em torno do processo de formação dos educadores(as) envolvidos no projeto. As questões ali suscitadas foram sistematizadas em um programa de estudos intitulado: "Educação de Jovens e Adultos em Áreas de Reforma Agrária em Minas Gerais: os processos educativos gestados no projeto Educação, Campo e Consciência Cidadã.[6]

Essa experiência acumulada nas suas quatro versões evidencia a relevância do projeto como instrumento importante e espaço significativo de enfrentamento e afirmação de ações e políticas educativas que incluam o homem e a mulher do campo na busca de valorização de sua história, sua cultura e cidadania.

Nesse sentido, um aspecto importante é a experiência de gestão e formação coletiva. Busca-se, nessa lógica, avançar na concepção, gestão e elaboração de um modelo de formação que visa ampliar a mobilização dos envolvidos, aprofundar a discussão acerca dos eixos temáticos e elaborar conjuntamente a programação das atividades do projeto, afirmando o projeto Educação, Campo e Consciência Cidadã como *locus* formativo de todos os envolvidos na sua implementação. Assim sendo, o projeto contribui de maneira significativa para a emergência de

---

[5] O 2º segmento refere-se aos quatro últimos anos do Ensino Fundamental e foi desenvolvido na terceira versão do projeto.

[6] O programa mencionado foi coordenado pela professora Lourdes Helena Silva (DPE/UFV), financiado pela FAPEMIG e teve como objetivos: a) Em relação ao conjunto dos parceiros envolvidos – universidades, MST, FETAEMG e INCRA–, identificar suas avaliações sobre o Projeto e analisar suas representações sociais sobre a dinâmica de gestão implementada; b) Em relação aos educadores/as, construir uma caracterização desses sujeitos e das práticas desenvolvidas no trabalho de alfabetização, de maneira a identificar, no processo de formação vivenciado por eles(as), os fatores explicativos da adoção de um determinado conceito de alfabetização e educação de jovens e adultos; c) Em relação aos(às) educandos(as), descrever a trajetória dos(as) assentados(as) envolvidos no Projeto, de maneira tanto a identificar os impactos do processo de alfabetização em suas vidas socioprofissionais, quanto analisar suas representações sociais sobre o Projeto.

um novo olhar para os sujeitos da EJA,[7] seus movimentos de luta, seus modos de vida e as formas de opressão social que vivenciam. Nesse sentido, as questões que afetam o cotidiano dos acampados e assentados e suas trajetórias de lutas no interior dos movimentos sociais tornam-se também presentes no cotidiano das universidades públicas envolvidas.

Nessa direção, a presença da sala de aula nos espaços de vida dos(as) educandos(as), ou seja, nos assentamentos e acampamentos da Reforma Agrária provoca uma reflexão importante construída através das experiências do referido projeto. Esse espaço/tempo, além de garantir o acesso e a realização dos processos educativos, materializa uma perspectiva de vida centrada na luta, na mobilização e na organização em prol de uma sociedade melhor, favorecendo, assim, o reconhecimento e a afirmação da identidade dos sujeitos assentados e acampados, bem como o fortalecimento das forças sociais ali existentes.

Em relação aos(às) educadores(as), os resultados do Programa de Estudo revelam um conjunto das aprendizagens por eles(as) desenvolvidas nos diferentes tempos e espaços pedagógicos do Projeto, do movimento social, assim como de outros espaços e/ou processos de escolarização formal. Cabe aqui ressaltar nessa direção o lugar ocupado pelas mulheres que, em suas trajetórias como educadoras, refletem sistematicamente sobre suas histórias, suas condições de vida, suas escolhas e sobre os lugares que ocupam como mulheres nos movimentos sociais.

Veem-se envolvidas com o seu processo de formação e se mostram atentas aos seus processos de escolarização, reconhecem a necessidade de continuidade dos estudos e da formação e, para tal, empreendem ações objetivando a realização desses propósitos. Todavia, não deixam de reconhecer a existência de outros espaços significativos de aprendizagens, para além dos processos de educação formal.

Dessa forma, podemos compreender os assentamentos e acampamentos[8] de reforma agrária como espaços e territórios (FERNANDES, 2006), organizações sociais diferenciadas, cujas especificidades se expressam nos desafios enfrentados

---

[7] Para Arroyo (2005), esse novo olhar exige que se abandonem orientações supletivas e assistencialistas, de maneira a contribuir para que a Educação de Jovens de Adultos se efetive como uma política pública, como um dever do Estado.

[8] O movimento social ocupa a terra devoluta ou improdutiva, e ali as pessoas passam a viver em um acampamento que tem um sentido pedagógico de organização da vida em comum das famílias sem-terra debaixo das lonas, em situação de extrema precariedade material, mas de muita riqueza humana. É um espaço social de formação identitária de uma coletividade. Quando as terras são conquistadas pelo movimento social e, na perspectiva do Estado, a área é destinada a um conjunto de famílias sem-terra como forma de solucionar um problema fundiário, constitui-se um assentamento. Para o MST, o assentamento é um processo histórico de transição e transformação, de organização do território, do espaço agrário em questão (CALDART, 2004)

pela EJA e que se configuram como espaços de aprendizagens e formação destas educadoras. Explicitam-se, assim, as tensões e fronteiras da educação formal com a educação não formal própria da EJA, a própria ressignificação da concepção do que seja considerado uma aula que passa pela discussão e (re)definição, realizadas em conjunto pelos(as) educandos(as) e educadores(as), sobre as aprendizagens envolvidas e os espaços de formação existentes no cotidiano de vida e de trabalho dos sujeitos da EJA.

Escolarização e formação de educadores: a experiência com o 2º segmento do Ensino Fundamental

O projeto Educação, Campo e Consciência Cidadã: 1º segmento do Ensino Fundamental[9] teve como uma de suas metas a escolarização no 2º segmento de 15 educadores(as) de jovens e adultos dos assentamentos e acampamentos de Reforma Agrária nas regiões do Triângulo/Alto Paranaíba, Jequitinhonha, Mucuri, Rio Doce, Centro e Sul de Minas. Essa meta se insere na construção de estratégias de superação de um dos desafios que se coloca tanto para as Instituições de Ensino Superior quanto para o poder público, ou seja, possibilitar a continuidade dos estudos daqueles que só concluíram o 1º segmento do Ensino Fundamental.

A realização desse projeto evidenciou a necessidade de ampliar a escolarização dos sujeitos do campo. Mais pontualmente, a demanda desse projeto trouxe para o cenário o quanto esses sujeitos têm se desafiado e desafiado os movimentos sociais e as diferentes instituições, as instâncias governamentais e especialmente as instituições de ensino superior no enfretamento de condições de oferta, de acesso e permanência nos processos de educação formal.

As experiências desenvolvidas pelo projeto Educação, Campo e Consciência Cidadã desde o ano 2002 haviam apontado para as instituições e os movimentos sociais e sindicais envolvidos duas questões importantes. A primeira delas, a constatação de que havia uma oferta de vagas para o ensino médio e superior ao longo da primeira década do século XXI advindas principalmente do PRONERA e de programas da SECADI/MEC. A segunda, a existência de uma grande lacuna na oferta de vagas para o 2º segmento do Ensino Fundamental, para atender tanto os adolescentes[10] quanto os jovens e adultos.

---

[9] A experiência que será aqui discutida refere-se à terceira versão do projeto Educação, Campo e Consciência Cidadã, desenvolvida entre os anos de 2004-2007.

[10] Dados do Instituto Nacional de Colonização e Reforma Agrária (INCRA) revelam a existência de um universo de 6.567.682 (32,7%) jovens e adultos analfabetos no meio rural brasileiro. E

Desta forma, ao analisar o perfil dos educadores do projeto Educação, Campo e Consciência Cidadã ao longo da primeira década do século XXI, ficou mais uma vez evidenciada a situação apontada. A maior parte dos(as) educadores(as) que participavam do projeto tinha o ensino médio concluído, outros estavam cursando o ensino superior e um grupo de 15, de um total de 70 educadores, não havia concluído o 2º segmento do Ensino Fundamental, no ano de 2005. Portanto, a permanência neste nível de escolarização seria um impedimento para que esses educadores, homens e mulheres do campo, pudessem prosseguir na escolarização.

A partir desse contexto inicial, o que se objetiva neste artigo é apresentar e refletir sobre a experiência desse projeto no entrecruzamento e tensão entre os interesses, expectativas, representações e saberes dos jovens e adultos do campo e dos professores e estudantes universitários.

O projeto em movimento: os desafios na construção da proposta com e para educadores

O Projeto Educação, Campo e Consciência Cidadã: 1º segmento do Ensino Fundamental, já apresentado anteriormente, teve como uma das metas finais a escolarização no 2º segmento de 15 educandos(as)/educadores(as)[11] jovens e adultos dos assentamentos e acampamentos de reforma agrária, como citado.

A carga horária para as atividades do 2º segmento inicialmente foi pensada e distribuída em quatro módulos (2005 a 2007), com o total de quatrocentas horas para cada módulo, perfazendo um total de 1600 horas, incluindo o Tempo Escola (1.120h) e o Tempo Comunidade (480h), ou seja, parte da carga horária diz respeito às atividades realizadas nos assentamentos ou acampamentos. O Tempo Escola realizou-se na Escola Sindical Sete de Outubro, em Belo Horizonte, em quatro módulos, nos meses de janeiro e julho dos anos 2005 a 2007, tempo no qual os(as) educandos(as)/educadores(as) ficaram em regime de internato.

Os trabalhos e/ou atividades relacionadas ao processo de ensino e aprendizagem tiveram como ponto de partida as necessidades daqueles(as) que

---

ainda os dados da pesquisa realizada pela Organização Não Governamental Ação Educativa em convênio com o INCRA revelaram que 64% dos 323.429 assentados em áreas de Reforma Agrária são analfabetos funcionais (ANDRADE et al., 2004). Esses índices retratam, assim, a realidade educacional dos trabalhadores rurais que lutam pela Reforma Agrária e que não são diferentes do quadro geral do campo brasileiro.

[11] A partir deste momento, neste texto, será utilizada a expressão educandos/as/educadores/as para se referir aos jovens e adultos, homens e mulheres, que participaram desta experiência de escolarização no 2º segmento do Ensino Fundamental para marcar a importância de dupla identidade: eles eram educadores no 1º segmento do Ensino Fundamental e educandos no 2º segmento.

participaram do projeto. Nesse sentido, buscamos balizar coletivamente quais os conhecimentos socialmente produzidos eram fundamentais para integrarem o currículo do curso e de que modo deveriam ser abordados. Trabalhou-se com as interconexões dos saberes, isso sem negar as especificidades e a importância de cada área, pois foi a organização curricular a base para a proposta curricular. Desta forma, as disciplinas de Língua portuguesa, Língua estrangeira, Matemática, Ciências, Geografia, História e Educação artística constituíram a matriz curricular de acordo com as Diretrizes Curriculares para o 2º Segmento do Ensino Fundamental e Educação de Jovens e Adultos do Conselho Nacional de Educação (CNE).

Para enfrentar esta tensão entre uma matriz curricular, os conhecimentos e concepções da universidade e os saberes e expectativas dos educandos(as)/educadores(as), neste caso, jovens e adultos, homens e mulheres com forte inserção em movimentos sociais ou sindicais, trabalhadores rurais, lideranças e educadores, algumas questões foram centrais. Quem são esses sujeitos? De onde vêm? Quais são suas expectativas? Quais as suas representações frente à escolarização? Quais os saberes construídos em suas trajetórias de vida? Tudo isso acrescido de fortes componentes culturais e artísticos tão marcados em cada participante do projeto, o que também enfatizou aspectos relacionados à memória, a partir de um reencontro com suas raízes através das leituras, das escritas, dos cálculos.

Os jovens e adultos, educandos do 2º segmento e educadores do 1º segmento, eram integrantes do MST e da FETAEMG e foram indicados por esses movimentos para assumir o lugar de educadores devido à experiência que possuíam, seja na mobilização das comunidades, seja em sala de aula. Para a indicação dos educadores, tornou-se importante que eles não fizessem parte dos quadros de direção dos movimentos. Em sua maioria, portanto, os educadores indicados pelos movimentos eram experientes lideranças na luta pela Reforma Agrária, mesmo que não estivessem ocupando naquele momento esses lugares.

Entre os (as) 15 educandos(as)/educadores(as) que inicialmente compunham essa etapa de formação no 2º segmento no projeto, dois eram coordenadores locais, sendo um homem e uma mulher, e 13 eram educadores que estavam ligados às atividades do primeiro segmento do ensino fundamental no projeto Educação, Campo e Consciência Cidadã, como citado. Dos 13 educadores, oito eram mulheres e cinco eram homens. No que tange à escolarização, os 13 concluíram o curso e adquiriram a escolaridade completa do ensino fundamental. Desse total, entre aqueles que concluíram o curso, oito eram mulheres e cinco eram homens. Duas educadoras não concluíram o curso.

A construção do currículo do 2º segmento

O conjunto de conteúdos programáticos estabelecidos para as atividades do 2º segmento foi pensado de forma coletiva, tanto com a equipe de professores/gestores quanto com os educandos/jovens e adultos. Cada região participante do projeto teve um representante nas reuniões para a concepção da proposta curricular como forma de ampliar os diálogos junto com a equipe de gestores do projeto.

A partir dessa construção coletiva que envolveu os(as) educandos(as)/educadores(as) que compuseram esse processo de ensino e aprendizagem, o currículo foi sendo pensado e constituído enquanto ação. Toda essa construção foi resultado de decisões coletivas, com amplas discussões, que possibilitaram novas intercomunicações sobre o Tempo Escola e o Tempo Comunidade, entre a cidade e o campo, estabelecendo assim uma dinâmica que possibilitou um melhor entendimento das questões culturais dos diversos sujeitos envolvidos nesse processo.

As manifestações culturais dos diversos locais foram valorizadas a partir das falas/vozes dos(as) educandos(as) educadores(as). Nas diversas atividades desenvolvidas ao longo dos módulos de formação, foi possível acompanhar as especificidades e diversidades culturais presentes, seus saberes, proporcionando as apropriações desses aspectos na proposta curricular. Nos momentos de formação foi enfatizada a necessidade de trabalhar uma educação pautada pela ideia de alteridade[12] e de dialogia, contrapondo ao monoculturalismo ou à homogeneização cultural, que, ao serem manifestados, tornavam-se objeto de análise e de reflexão pelo grupo. Como ressaltado por Brandão (2002), entendíamos que a

> construção de saberes não tem nada de etéreo ou exagerado. Não tem a ver com deixar de lado todo o conhecimento culturalmente acumulado e "partir do zero" em busca de "outros saberes". Tem a ver com a ideia de que toda atividade por meio da qual professores e alunos se lançam a fazer perguntas e buscam, juntos, as respostas, saindo da transferência de conhecimentos conhecidos para uma procura ativa e recíproca de conhecimentos a conhecer, representa uma vivência de criação de saberes (BRANDÃO, 2002, p. 166, grifos do autor).

---

[12] João Wanderley Geraldi (2004, p. 231) analisa, em diálogo com Bakhtin (Filosofia do Ato) relações de alteridade entre pesquisadores e sujeitos de pesquisa, com fortes marcas de diferenças de culturas. Em sua análise Geraldi chama a atenção: "Creio que um caminho a percorrer é precisamente aquele que nos apontam as relações atentas com a alteridade, porque elas nos permitem também, como a arte, escutar o estranhamento. As ações do outro, os dizeres do outro, prenhes de sua cultura, quando confrontados com objetos e fenômenos que nos escondem as valorações que nós mesmos lhes atribuímos, mostram-nos o que não mais conseguimos enxergar".

A construção desses processos alteritários de ensino e aprendizagem presentes ao longo das atividades do 2º segmento do projeto Educação, Campo e Consciência Cidadã foi o marco que culminou no desenvolvimento da pesquisa como um dos eixos centrais. Desse modo, na seleção dos conhecimentos historicamente produzidos, optou-se por uma abordagem que instrumentalizasse os educadores/educados para a produção de conhecimentos sobre suas comunidades (do ponto de vista geográfico, estatístico, cultural, econômico e social) de forma crítica e contextualizada, como destacado anteriormente. Isso é "a passagem progressiva de um ensino centrado no dizer a *palavra sabida* para uma aprendizagem fundada no *buscarmos juntos a palavra que nos diga algo*, por meio de uma alternativa qualquer de investigação partilhada" (BRANDÃO, 2002 p. 167, grifos do autor).

Configuraram-se, portanto múltiplas formas de pesquisa e de comunicação que tinham como objetivos apreender as trajetórias individuais e coletivas nas comunidades, os modos de ocupação, utilização e preservação do solo e da água, catalogação das plantas medicinais existentes nas regiões, suas propriedades e modos utilização, que se vincularam à melhor adequação aos métodos de ensino e aprendizagem dos sujeitos/educandos(as) jovens e adultos vindos do campo. "A educação é comunicação, é diálogo, na medida em que não é a transferência de saber, mas um encontro de sujeitos interlocutores que buscam a significação dos significados" (FREIRE, 2002, p. 69). Sujeitos interlocutores que trocaram e construíram saberes, sujeitos que pesquisaram as formas e os métodos a partir de suas vivências em contextos múltiplos.

Algumas dessas vivências foram apreendidas através do processo de construção coletiva da proposta mas também através da produção dos memoriais dos(as) educandos(as) educadores(as), nos quais as vivências em contextos múltiplos se apresentaram com bastante radicalidade. Isso fica evidenciado no memorial do educador Sebastião,[13] que, tendo nascido em uma fazenda na região do Jequitinhonha, mudou-se para Belo Horizonte, ainda criança, para concluir o ensino primário, e, precisando conciliar trabalho e escola, não consegue dar continuidade aos estudos. Nessa cidade, trabalhou como lapidador de pedras preciosas e balconista. Aos 21 anos foi para São Paulo, onde trabalhou como metalúrgico. Não conseguindo permanecer longe da família, voltou para sua terra natal onde trabalhou como caminhoneiro, tapeceiro e, finalmente, ingressou no movimento social/sindical de luta pela terra. Após alguns anos de luta, marcadas por ocupações, despejos e conflitos com os latifundiários

---

[13] Os nomes que constam no texto são fictícios.

da região, conquistou juntamente com outras famílias a posse da terra. Os(as) educandos(as)/educadores(as) do projeto traziam nas suas trajetórias individuais e coletivas as marcas de múltiplas vivências.

Destacamos, ainda, o Tempo Comunidade presente nas atividades do 2º segmento. Esse é o tempo destinado à continuidade dos afazeres das atividades do módulo em curso, os(as) educandos(as) utilizaram parte do tempo que dispuseram para continuar o processo de escolarização em seu acampamento/assentamento seguindo a dinâmica estabelecida anteriormente no tempo presencial. Parte do Tempo Comunidade também foi desenvolvido com o acompanhamento dos(as) educadores(as) das várias áreas do conhecimento nas regiões específicas, ou seja, os(as) educadores(as) se deslocam até as áreas – acampamentos/assentamentos – para acompanhar, por um período, as chamadas atividades de campo que foram elaboradas durante o tempo presencial pelo coletivo.

Assim tornou-se possível a verificação e acompanhamento das atividades do 2º segmento *in loco*, a partir de visitas agendadas previamente com o intuito de potencializar as discussões e atividades tanto do Tempo Comunidade quanto do Tempo Escola. Foram descobertas novas problemáticas, uma vez que o acompanhamento foi revelando questões e lacunas do processo de ensino e aprendizagem. Assim, as visitas às áreas formam importantes e possibilitam a ação/reflexão sobre as atividades vinculadas ao 2º segmento. O conhecimento mais aprofundado sobre as realidades dos sujeitos que vivem no campo contribuiu para a ressignificação do processo de ensino e aprendizagem para jovens e adultos do campo, suas especificidades, enfim, dos fatores que poderiam vir a facilitar ou dificultar esse processo.

As apropriações dos(as) educandos(as)/educadores(as) sobre o curso de 2º segmento do Ensino Fundamental do Projeto Educação, Campo e Consciência Cidadã

Os educandos(as)educadores(as) que participaram do 2º segmento foram avaliados de forma processual, incluindo as atividades desenvolvidas no Tempo Comunidade, o que expressou suas leituras de mundo frente aos problemas enfrentados no campo educacional, em especial como educadores de jovens e adultos demonstrando suas apropriações[14] dos conhecimentos com suas novas

---

[14] Para Roger Chartier (1990, p. 26-27), as apropriações nos permitem atentar às "condições e aos processos que, muito concretamente, determinam as operações de construção do sentido (na relação de leitura, mas em muitas outras também)" nos possibilitando reconhecer que as inteligências não são desencarnadas e "que as categorias aparentemente mais invariáveis devem ser construídas na descontinuidade das trajetórias históricas".

interpretações e compreensões das realidades. Para a análise dessas apropriações no interior do curso de 2º segmento do ensino fundamental por esses educadores(as)/educandos(as) tomamos como objeto relatos escritos individuais produzidos por esses sujeitos.

Nos momentos finais do curso, eles foram convidados a elaborar um texto escrito discorrendo sobre o processo de aprendizagem, no qual destacaram os conhecimentos adquiridos nos diferentes campos do conhecimento representados no currículo do curso pelas diversas disciplinas. Um dos objetivos da escrita desses textos foi a formalização da avaliação de aprendizagem para o processo de certificação.[15] Essa produção mostrou com esses(as) educandos(as)/educadores(as) se apropriaram dos conhecimentos e dos modos como foram trabalhados, do processo de escolarização e das relações desses conhecimentos com os conhecimentos da prática.

Quando apresenta o seu parecer sobre o processo de aprendizagem, a educadora Joana, além de listar os conteúdos estudados ao longo do curso na disciplina língua portuguesa, anexa na quarta capa de seu relatório o seguinte poema:

Troca-se um refrigerante
por um suco caseiro
que faz bem à saúde
e não custa dinheiro.

Troca-se uma televisão
Por um livro do Bartolomeu.
A verdade mais realista
Onde o mundo viveu.

Nesse sentido, não é suficiente para a educadora/educanda informar que ao longo do curso teve acesso à obra do escritor Bartolomeu Campos de Queirós e a outros conhecimentos do campo da linguagem e das ciências, mas expressa o modo como relaciona a obra do autor com esses outros campos do conhecimento e de como as questões da saúde, da indústria cultural e sua própria experiência sensível dialogam nesse momento. A educadora constrói uma representação[16]

---

[15] A certificação no 2º segmento foi realizada pela Escola Municipal Vasco Pinto da Fonseca da rede municipal de Contagem, MG, através de uma parceria institucional que em muito contribuiu com a proposta em desenvolvimento e da qual todos os envolvidos são muito gratos.

[16] Trabalhamos com a noção de representações a partir das formulações de Roger Chartier (1990, 2009).

do curso como um espaço no qual os diferentes conhecimentos estiveram em constante diálogo ou, pelo menos, no qual foi possível a ela estabelecer esse diálogo. Nesse caso é importante ressaltar que a noção de representações nos possibilita apreender o modo como os diferentes sujeitos se relacionam com a realidade social.

Em outro relatório, a educadora Antônia destaca:

> Aprendi sobre textos: suporte, textos verbais e não-verbais, gêneros, charge, cartum, verbos, pontuação, vocabulários, resumir, produzir literatura de cordel, classificados poéticos, etc. Li vários livros, como: *Indez, Ler, escrever e fazer conta de cabeça*, de autoria de Bartolomeu Campos de Queirós. Visitei vários museus, tive palestras importantes como a do Bartolomeu, que me incentivou muito pela leitura. Hoje adoro ler.

O trabalho com diferentes linguagens e a aprendizagem em diferentes espaços sociais é ressaltado pela educadora. A diversidade de atividades possibilitou o acesso a variados modos de expressão que são reconhecidos como espaços importantes de aprendizagem. Sabemos que na EJA não é fácil considerar outros espaços sociais e atividades que não aquelas inerentes à sala de aula tradicional como espaço educativo. Quando os jovens e adultos chegam à escola, após episódios de fracasso, esperam encontrar a escola que não puderam concluir; sendo assim é sempre em situações de conflito e de ressignificação dos espaços de aprendizagem e de conhecimento que é possível construir modos diferentes daqueles tradicionalmente estabelecidos pela escola.

Quando comenta sobre as atividades realizadas durante o curso, a educadora Júlia destaca: "Fizemos experiências com frutos, visitamos o Observatório da Serra da Piedade. Lá pudemos observar o planeta Júpiter, assistimos várias palestras voltadas para o sistema solar". Em outro momento do seu relatório destaca o trabalho com músicas, filmes, literatura e jornais. Com relação aos jornais, destaca:

> Hoje sei fazer uma leitura crítica de jornal, para que ele serve, sei para que serve seus classificados, etc. Que mensagem o jornal quer passar para seus leitores. Hoje estou mais preparada para me integrar mais à minha comunidade, posso ajudar mais em alguns debates relacionados a mídia. Sei que posso ir além do que penso. Aprendi por que um fato vira notícia, que o jornal serve para dar informações, serve para o material didático, para sala de aula. Aprendi que todo jornal anônimo se chama pasquim. Fiz até um classificado. Aprendi muito com as lindas professoras de português.

Outra educadora inicia seu relatório da seguinte forma: "Eu, Aparecida, estudei em sala de aula, fora de sala de aula, visitando museus, visitando parques, exposições de arte e no meu acampamento junto com meus alunos e no movimento sindical". Para ela os espaços de aprendizagem ao longo do curso não ficaram restritos à sala de aula, outros espaços (como museus, exposições, parques) integraram a sua formação, além do próprio trabalho como educadora em uma sala de aula de alunos jovens e adultos e a sua atuação no próprio movimento sindical. Essa educadora nos indica que compreende os processos educativos como múltiplos e que a sala de aula é claramente espaço de aprendizagem dos estudantes e dos educadores.

Para a educanda/educadora Júlia, as atividades desenvolvidas no Tempo Comunidade possibilitaram o estudo da flora, da fauna, das plantas nativas e animais da região. Além disso, levantou a porcentagem de homens, mulheres e crianças do assentamento no estudo da sua população. A articulação entre o Tempo Escola e o Tempo Comunidade possibilitou a sistematização de informações sobre a comunidade, um conhecimento maior sobre a região em que residia.

Uma questão se coloca: como educandos(as) do 2º segmento do Ensino Fundamental e educadores(as) do 1º segmento para jovens e adultos transitam entre esses dois espaços no interior do Projeto e atribuem significados aos aprendizados adquiridos nos dois espaços? Em determinado momento do seu relatório a educadora Aparecida descreve os conhecimentos trabalhados ao longo do curso e destaca como foram ressignificados e apropriados por ela e seus educandos. Ela afirma:

> Elaborei com os meus educandos uma descrição do espaço físico e social do nosso acampamento, utilizando a linguagem matemática. Descrevemos a área total do acampamento, fizemos um levantamento da população total de moradores homens, mulheres e crianças, faixa etária e outros; calculamos porcentagem de homens, mulheres e crianças, etc.
>
> Dividimos os espaços individuais e coletivos, sua utilização no plantio e moradia. Descrevemos os produtos e o percentual de aproveitamento da terra para o plantio e a área reservada para a criação de animais, aves, etc., e a produção desses animais.

A educanda/educadora atribui significados ao curso articulados ao seu cotidiano e ao seu trabalho como educadora da EJA. Articula os conhecimentos do campo da matemática com a sistematização de informações sobre os do acampamento, a produção, o aproveitamento da terra e sua produtividade. Ressignifica os conhecimentos junto com seus alunos jovens e adultos.

Sabemos que na educação de jovens e adultos nos deparamos o tempo todo com as experiências de escolarização vivenciadas pelos sujeitos da EJA. De uma maneira geral, as trajetórias escolares anteriores desses sujeitos são marcadas por episódios de fracasso e de abandono. Essas marcas aparecem nos relatos do educadores/educandos do projeto Educação, Campo e Consciência Cidadã. As referências são feitas aos modos como os conhecimentos eram tratados na escola e as marcas deixadas nos seus processos de aprendizagem. Para a educadora Júlia a possibilidade de diálogo distingue o referido curso das suas vivências anteriores na escola. Ela afirma que:

> as aulas de história vieram acrescentar mais aos nossos conhecimentos. Dar oportunidade de conhecermos um pouco mais sobre nossa história. Porque, quando estudei, foi em uma escola tradicional, onde o professor falava e o aluno não podia nem sequer fazer uma pergunta.

Quando a educadora compara sua experiência de escolarização no interior do projeto com a experiência anterior, vivenciada na escola regular, ressalta esta última como um espaço de diálogo entre a própria vivência e os conhecimentos escolares. Outra educadora, ao final do seu relatório, acrescenta um poema intitulado "Para meus professores do PRONERA", que diz:

> Ensinar é difícil
> Aprender é emoção
> Conhecimento é segredo
> Que não haja noção
>
> Na vida tem
> no olho um olhar
> Perdoe meus professores
> O que fiz vocês passar
>
> PRONERA é uma arma
> PRONERA vai sempre ensinar
> PRONERA é uma lembrança
> Que nunca mais vai acabar.

Nesse poema Joana pede perdão aos professores pelo que os fez passar. Parece sentir-se devedora da escola e de seus professores. Possivelmente as experiências de fracasso na escola a fizeram construir uma representação negativa de seu próprio desempenho. Parece sentir-se fora de lugar. Mesmo assim não deixa de expressar o lugar político e social do qual olha o Programa no qual foi possível concluir o ensino fundamental e o modo crítico como se deu esse acesso. A educadora faz a leitura do Programa, no qual está inserido o projeto, como arma capaz de promover o acesso ao conhecimento escolarizado por parte de parcelas da sociedade historicamente excluídas. Além disso, lembra da experiência no interior do curso e ressalta o significado dela na sua vida quando destaca que o programa é uma lembrança que nunca mais vai acabar. A experiência parece marcar a vida dessa educadora jovem, liderança do movimento, mãe de dez filhos e que aos 40 anos conclui o ensino fundamental no interior do Projeto Educação, Campo e Consciência Cidadã.

Finalmente, o diálogo com colegas e professores e a confiança em apresentar as dificuldades sobre os conteúdos aparece como um ponto importante nas aulas de matemática. A educadora Valdete ressalta: "na matemática pude entender, conhecer; isso é diferente de só aprender um cálculo. Compreender que a vida é uma soma de experiências, que muitas vezes multiplicamos esses conhecimentos e ao mesmo tempo dividimos na troca de experiências".

Considerações finais

Este artigo buscou sistematizar a experiência construída a partir da realização de projetos de escolarização no 1º e 2º segmentos do ensino fundamental para jovens e adultos acampados e assentados de Reforma Agrária e fazer reflexões sobre as confluências entre a Educação do Campo e a Educação de Jovens e Adultos, territórios educativos compreendidos na perspectivas das representações e apropriações de educadores(as) e de educandos(as) sobre essa experiência de escolarização no interior do referido projeto, buscando apresentar avanços e desafios da construção da Educação do Campo.

As experiências do projeto vêm mostrando a necessidade da educação de jovens e adultos se efetivar como direito dos povos do campo e como parte das lutas e das conquistas de direitos que têm como protagonistas os movimentos sociais e sindicais. E, nesse aspecto, consideramos que a EJA constitui um instrumento importante e um espaço significativo de enfrentamento e de afirmação de ações e de políticas educativas que incluam o homem e a mulher do campo na busca de valorização de sua história, sua cultura e de sua cidadania. Associado a essa dimensão, outro desafio é a problematização da dimensão política da educação, por meio de práticas educativas emancipatórias, capazes de priorizar a relação intrínseca entre educação e cultura.

A sistematização da experiência apresentada neste texto e as reflexões iniciais sobre seus desafios nos indicam que a construção de uma Educação de Jovens e Adultos comprometida com os valores e as necessidades dos povos do campo exige um diálogo efetivo com os sujeitos, compartilhando reflexões e práxis. Na análise das apropriações do curso pelos(as) educandos(as)/educadores(as) foi possível apreender a existência de um diálogo intenso entre os diferentes sujeitos envolvidos no projeto, educadores, educandos(as)/educadores(as), educandos do 1º segmento do Ensino Fundamental, comunidades, movimentos sociais/sindicais e universidade. A construção coletiva da proposta possibilitou aos(às) educando(as)/educadores(as) se apropriarem de saberes escolares de forma crítica e ao mesmo tempo produzirem novos saberes que os instrumentalizam para a resolução de questões no cotidiano das áreas de Reforma Agrária.

Nesta perspectiva, um desafio que nos colocamos refere-se à necessidade de avançarmos em pesquisas e produções acadêmicas que busquem maior articulação entre Educação de Jovens e Adultos e Educação do Campo.

Referências

ANDRADE, M. R. et al. *A Educação na Reforma Agrária*: uma avaliação do PRONERA. São Paulo: Ação Educativa; Brasília: PRONERA, 2004.

ARROYO, M. Educação de jovens e adultos: um campo de direitos e de responsabilidade pública. In: SOARES, L.; GIOVANETTI, M. A.; GOMES, N. L. (Orgs.). *Diálogos na Educação de Jovens e Adultos*. Belo Horizonte: Autêntica, 2005, p. 1-52.

BRANDÃO, C. R. *A educação popular na escola cidadã*. Rio de Janeiro: Vozes, 2002.

BRANDÃO, N. A.; MUSIAL, G. B. S. Processo de trabalho do educador da EJA. In: Encontro Nacional de Pesquisa em Educação do Campo, 3, Seminário sobre Educação Superior e as Políticas para o Desenvolvimento do Campo Brasileiro, 3, Encontro Internacional de Educação do Campo, 1, Brasília. *Anais*... Disponível em: <http://www.encontroobservatorio.unb.br/arquivos/artigos/185>. Acesso em 04 jun. 2011.

CALDART, R. *Pedagogia do Movimento Sem Terra*. Petrópolis: Vozes, 2004.

CARNEIRO, M. J. Herança e gênero entre agricultores familiares. *Revista de Estudos Femininos*, v. 9, n. 1, p. 22-55, 2001.

CHARTIER, R. *A história cultural*: entre práticas e representações. Tradução de Maria Manuela Galhardo. Rio de Janeiro: Bertrand Brasil, 1990.

CHARTIER, R. *Au bord de la falaise*: l'histoire entre certitudes et inquiétudes. Paris: Albin Michel, 2009.

COSTA, V. A.; ROSA, W. M. Trajetórias e Representações de Escrita de Educadoras de EJA. In: ENCONTRO NACIONAL DE DIDÁTICA E PRÁTICA DE ENSINO, 15, 2010, Belo Horizonte. *Anais*... Belo Horizonte: ENDIPE, 2010.

FERNANDES, B. M. Os campos da pesquisa em educação do campo: espaço e território como categorias essenciais. *A pesquisa em Educação do Campo*, v. XX, p. X-I, 2006.

FREIRE, P.. *Extensão ou comunicação?* 12 ed. São Paulo: Paz e Terra, 2002.

GERALDI, J. W.. Alteridades: espaços e tempos de instabilidades. In: NEGRI, L.; FOLTRAN, M. J.; OLIVEIRA, R. P. (Orgs.). *Sentido e significação. Em torno da obra de Rodolfo Ilari*. São Paulo: Contexto, 2004, p. 228-243.

MOLINA, M. C.; JESUS, S. M. S. A. (Orgs.). *A Educação na Reforma Agrária em perspectiva – uma avaliação do Programa Nacional de Educação na Reforma Agrária*. São Paulo: Ação Educativa; Brasília: PRONERA, 2004.

ROSA, W. M.; COSTA, V. A.. Educação de Jovens e adultos em Áreas de Reforma Agrária em Minas Gerais: representações de mulheres/educadoras sobre a escrita. In: REUNIÃO DE ANTROPOLOGIA DO MERCOSUL, 8, 2009, *Anais*... Buenos Aires: 2010.

SILVA, L. H.; COSTA, V. A.; ROSA, W. M. A educação de jovens e adultos em áreas de reforma agrária: desafios da formação de educadores do campo. *Revista Brasileira de Educação*, Rio de Janeiro, v.16, n.46, p.149-166, abr.2011.

SILVA, L. H. Projeto Educação, Campo e Consciência Cidadã: Representações Sociais e Trajetórias de Educandos do PRONERA. In: REUNIÃO ANUAL DA ANPED, 32, Caxambu, 2009. *Anais...* Caxambu: ANPEd, 2009.

SILVA, L. H.; BRANDÃO, N. A.; MUSIAL, G. B. S. *et al.* Projeto Educação, Campo e Consciência Cidadã. Avanços e Perspectivas da Formação de Educadores na Reforma Agrária. In: CID, X. M.; PERES, A. (Org.). *Educación social, animación sociocultural y desarrollo comunitario.* Universidade de Vigo, Vigo, 2007, v. Tomo I, p. 227-236.

SILVA, L. H. EJA em Áreas de Reforma Agrária – Representações, Práticas e Trajetórias de Educandos do Projeto Educação, Campo e Consciência Cidadã. In: CONGRESSO INTERNACIONAL DA CÁTEDRA UNESCO DE EDUCAÇÃO DE JOVENS E ADULTOS, I, 2010, João Pessoa. *Anais...* João Pessoa, 2010.

Capítulo 5
Um breve relato sobre o Magistério do Campo

Maria Aparecida Pereira Queiroz
Maria Ângela Lopes Drumont Macêdo
Renata Cristina Pereira Queiroz

O Curso Normal – Nível Médio – Magistério do Campo (MAGICAMPO) parte da formação de professores em nível médio para atuarem na educação infantil e nos anos iniciais do ensino fundamental. A formação foi orientada pelas Diretrizes Curriculares instituídas pela Resolução n° 2, de 19 de abril de 1999, que segue em conformidade com a Lei n° 9.394/96. Esse curso foi financiado pelo PRONERA e desenvolvido em parceria com a Universidade Estadual de Montes Claros (Unimontes), Instituto Nacional de Colonização e Reforma Agrária (INCRA) e a Federação dos Trabalhadores na Agricultura do Estado de Minas Gerais (FETAEMG), tendo como meta a formação de 60 educadores em nível médio para atuar em assentamentos rurais do Norte de Minas.

Figura 1: Regiões do Estado de Minas Gerais atendidas pelo MAGICAMPO em parceria com a unimontes, o INCRA e a FETAEMG.
Fonte: Projeto do Curso de MAGICAMPO, fevereiro de 2007.

Municípios da mesorregião Norte de Minas

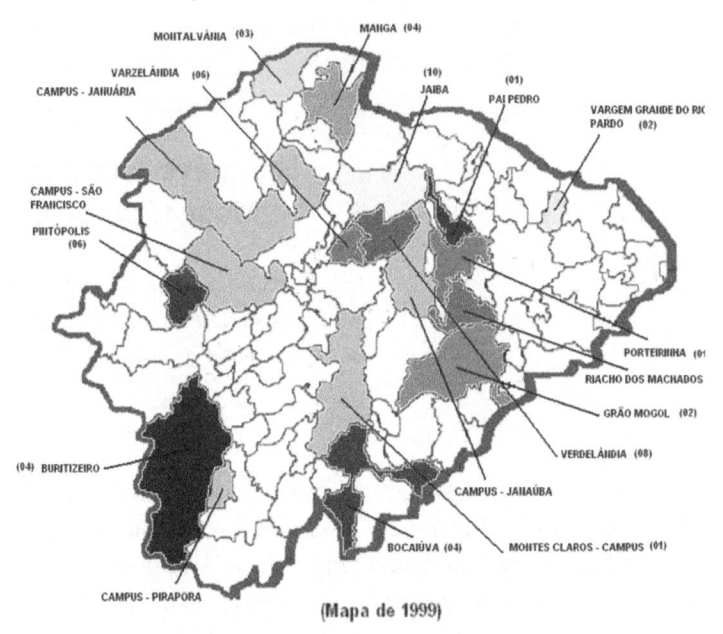

Figura 2: Municípios da mesorregião Norte de Minas atendidas pelo MAGICAMPO.
Fonte: Projeto do curso de MAGICAMPO, fevereiro de 2007.

Para o Norte de Minas foi previsto o atendimento a educadores de seis microrregiões, sendo estas Montes Claros, Grão Mogol, Janaúba, Januária, Pirapora e São João da Ponte, perfazendo um número de 60 educadores em 44 assentamentos/acampamentos a serem atendidos.

A formação desses profissionais em nível médio teve como objetivo o desenvolvimento de processos sociais de articulação de políticas públicas que visem à universalização da Educação do Campo, a fim de posicionar a educação escolar na vida de comunidades rurais em assentamentos, acampamentos, comunidades com territorialidades próprias, perante a perspectiva do reconhecimento da pluralidade cultural, social e ética na organização do saber e relações de ensino-aprendizagem de escolas do campo, para a construção de sujeitos coletivos e históricos.

> Os sujeitos da Educação do Campo são trabalhadores subsumidos pela lógica do capital (ribeirinhos, quilombolas, sem-terra, indígenas...). Sujeitos políticos coletivos, sujeitos históricos, organizados na perspectiva da luta de classes (MOLINA, 2010, p. 40).

A estrutura do curso se processou de forma semipresencial, não seriada, por módulos e em regime de alternância, onde desenvolveu a prática de experiências, as relações sociais, o tempo presencial e semipresencial, por meio do tempo comunidade e do estágio supervisionado.

A metodologia problematizadora foi a estratégia adotada para que os educadores refletissem sobre a aprendizagem do conhecimento, apreendido de forma concreta, real e significativa. Nesse aspecto, houve uma nova forma de organização curricular, do trabalho pedagógico, como um processo de construção do conhecimento. "A teoria ajuda a trabalhar as contradições existentes no processo educativo, possibilitando a reflexão e a percepção de elementos de superação das mesmas" (FREITAS, 1995, p.63).

A relevância deste projeto encontrou-se na construção das propostas diferenciadas, apesar das dificuldades de implementação e construção na prática. Inserido no projeto A Escola que Lê e Escreve a Vida para a Vida – Educação Contextualizada e Formação Técnico-Profissionalizante em Magistério do Campo para Educadores dos Assentamentos Rurais do Norte Minas Gerais, teve como objetivo central o aumento da escolaridade dos educadores e sua formação técnico-profissionalizante, contribuindo para a formação de capital humano local e a convivência harmoniosa dos agricultores e agricultoras, jovens e adultos, nas áreas de reforma agrária da região.

Em relação à base filosófica, o curso visou à formação do profissional numa proposta de conexão do pedagógico ao contexto social de vivência, construída em relações social-étnico-raciais e produtivas, na articulação entre os conhecimentos científicos e culturais, valores éticos e estéticos inerentes a processos de aprendizagem, de socialização e de construção do conhecimento, no âmbito do diálogo entre diferentes visões de mundo. "A Formação dos educadores e educadoras é algo que deveria preocupar e ocupar os responsáveis diretos por ela e a sociedade como um todo, no sentido de gerar políticas sociais direcionadas à qualidade da educação pública" (ABREU, 2000, p. 37).

A outra base existente no curso é a epistemológica, que estabelece consonância com o novo perfil do profissional inserido na realidade-contexto do campo, o curso propicia condições para a formação de um profissional crítico e competente, fortalecendo a ideia da necessidade de sua atuação consciente na educação e no campo.

O Curso Normal – Nível Médio – Magistério do Campo tem a finalidade de promover a oportunidade para dezenas de jovens e adultos, além do prosseguimento dos estudos, o domínio dos diversos conteúdos básicos para a sua formação e também conhecimentos necessários à formação holística sobre temas de interesse coletivo dos assentamentos, tais como conhecimentos dos campos filosófico, histórico, sociológico, antropológico, ambiental, psicológico, linguístico, geográfico, político, econômico e cultural.

As Diretrizes Operacionais para a Educação Básica nas Escolas do Campo, em seu artigo 12, parágrafo único, afirma que: "Os sistemas de ensino, de acordo com o art.67 da LDB desenvolverão políticas de formação inicial e continuada, habilitando todos os professores leigos e promovendo o aperfeiçoamento permanente dos docentes".

Em conformidade com essas Diretrizes Operacionais, o curso foi desenvolvido em oito módulos nos períodos de 2006 a 2011. As ações realizadas nos módulos partiu das matrizes curriculares do curso e da construção do projeto político-pedagógico, dadas as especificidades do Tempo Escola e do Tempo Comunidade, ou seja, das peculiaridades do curso e algumas alterações no projeto, sob a supervisão da Superintendência Regional de Ensino de Montes Claros e do Conselho Estadual de Educação, sem contudo alterar os objetivos e princípios político-pedagógicos da proposta. "As Diretrizes resultam das reivindicações históricas e mais acentuadas na última década, por parte das organizações e movimentos sociais, que lutam por educação de qualidade social para todos os povos que vivem no e do campo" (SOARES, 2001, p. 2).

O projeto possibilitou a inserção da Educação do Campo na superação de algumas problemáticas que acompanham a educação básica e a educação profissional. Isso ocorreu mediante a proposta de atividades interdisciplinares, com objetivo de superar questões como teoria/prática, formação integral/profissional.

O ponto de partida do projeto foi a (re)construção de uma identidade pessoal e grupal, por meio da compreensão das dimensões da Educação do Campo e da realidade dos assentamentos e acampamentos, suas problemáticas, e sempre estabelecendo compromissos e acordos para a continuidade do curso.

A equipe de coordenação do curso trabalhou de forma colegiada e atenta aos nexos entre eixo temático, formação política e ética do desenvolvimento defendidas por nossos parceiros: PRONERA/INCRA-MG e FETAEMG.

Uma das formas de organizar o trabalho pedagógico, em consideração às especificidades do campo foi a utilização da Pedagogia da Alternância, propondo a construção de projetos pedagógicos que articularam organicamente o processo de aprendizagem à vida na e da comunidade, sendo que na sua organização foram previstas atividades desenvolvidas no Tempo Escola e no Tempo Comunidade.

O Núcleo Comum do Ensino/Nível Médio encontra-se previsto na estrutura curricular da formação técnica, com caráter voltado à Educação do Campo. A avaliação processual do curso respeitou os contextos econômicos, culturais e sociais e trabalhou a questão da autoestima dos seus educandos.

Tabela1: Distribuição da carga horária por núcleos/módulos – MAGICAMPO

NÚCLEOS	MÓDULOS	CARGA HORÁRIA
1 - Fundamentos da Educação Básica	1º	80
	2º	110
	3º	120
	4º	350
	5º	140
	6º	120
	7º	220
	8º	170
	Total	1310
2 - Fundamentos da Formação Profissional	1º	70
	2º	150
	3º	180
	4º	30
	5º	250
	6º	220
	7º	160
	8º	190
	Total	1250
3 – Fundamentos das Práticas Educativas	1º	190
	2º	170
	3º	170
	4º	170
	5º	210
	6º	170
	7º	170
	8º	170
	Total	1420
Total geral		3980

Fonte: Projeto do curso de MAGICAMPO, fevereiro de 2007.

Desenvolvimento

O projeto pedagógico do curso alicerçou a construção do conhecimento nos pilares da Educação, assegurando a constituição de valores (saber ser), conhecimentos (saber conhecer) e habilidades e competências (saber fazer), necessárias ao exercício das práticas docentes qualificadas.

Segundo Küenzer (2001) existe uma importante dimensão assumida no projeto político-pedagógico a ser construído coletivamente, de modo a possibilitar que se contemplem relações significativas entre o educando e o conhecimento.

Respaldados nos princípios político-pedagógicos de natureza curriculares e metodológicos, utiliza-se a prática da flexibilidade, interdisciplinaridade, a pluralidade de saberes e linguagem, a pesquisa, a politicidade, a dialogicidade e a alternância do ato educativo no que refere à compreensão dos tempos e espaços de formação dos sujeitos educativos.

O Curso Normal – Nível Médio – Magistério do Campo é modular e foi estruturado por bloco de disciplinas, razão de sua natureza especial, funcionando no turno diurno, com 60 vagas iniciais e carga horária total de 3.980 horas/aulas. A matriz curricular foi organizada considerando a permanência no curso dos educadores em exercício e a articulação da educação com a realidade das populações do campo. O curso funcionou com atividades realizadas no âmbito da sala de aula no Centro de Ensino Médio e Fundamental (CEMF) da Unimontes, caracterizando o Tempo Escola e o Tempo Comunidade desenvolvido por meio de seminários, práticas educacionais e oficinas.

> Um aspecto relevante destacado no diálogo foi a estreita relação entre as práticas que se estabelecem em função da inserção dos cursos de formação docente, na construção de espaço de produção de conhecimento, por um lado, e as dimensões do trato político que envolvem a definição de Políticas Públicas e os interesse políticos (MOLINA, 2010, p. 37).

O Tempo Escola correspondeu ao período em que o(a) educador(a) permaneceu efetivamente no espaço da Unimontes. Os educadores do referido curso desenvolveram aprendizagens sistematizadas sobre os saberes técnico-científicos dos eixos temáticos, planejaram a execução de projetos experimentais que foram desenvolvidos em suas comunidades e realizaram atividades de acolhimento e organização grupal, realizando também os planos de pesquisas, círculos de diálogos, entre outras atividades pedagógicas.

Em relação ao Tempo Comunidade, houve uma valorização da realidade do educador, seus conflitos religiosos, sociais, políticos e econômicos – as marchas, as lutas, suas expressões folclóricas e culturais; em síntese, foram levadas a seu conhecimento as vivências reais dos assentamentos/acampamentos. Um dos objetivos do Tempo Comunidade foi colocar em tensão os conflitos vividos pelos educadores do Campo, trazendo à visibilidade suas políticas de inserção e de reivindicação.

Desta forma, o Tempo Comunidade correspondeu ao período em que o educador foi motivado a partilhar seus conhecimentos e experiências na sua classe, família, comunidade ou nas instâncias de participação social e de classe. Nesse tempo ele desenvolveu pesquisas, projetos experimentais, atividades grupais, entre outras atividades com o auxílio do planejamento e acompanhamento pedagógico dos(as) monitores(as) e sob a orientação dos docentes e da equipe multidisciplinar.

> A organização do trabalho pedagógico referenciado na metodologia da alternância, articulando diferentes tempos e espaços formativos – Tempo Escola e Tempo Comunidade – foi reconhecido pelos jovens como um outro elemento da pertinência do Programa e sua imbricação ao fortalecimento da agricultura familiar, derivada da proposta educativa em que os conteúdos são enraizados na realidade local, potencializando os saberes dos quais os jovens já são portadores, introduzir técnicas produtivas que projetam novas bases na dinâmica da agricultura familiar (MOLINA, 2010, p. 157).

Os conteúdos curriculares desenvolvidos nas disciplinas e atividades foram estruturados em três núcleos, a saber:

- Fundamentos da Educação Básica;
- Fundamentos da Formação Profissional;
- Fundamentos das Práticas Educativas.

As disciplinas e atividades que compuseram os núcleos contemplaram uma formação humanística compatível com as exigências de um profissional da área, em sintonia com os problemas da sociedade contemporânea neste início de século. Foram organizadas de forma a não permitir a superposição de conteúdos, o excesso de carga horária e a inconsistência da indicação ou omissão de disciplinas como pré-requisitos. Tanto as disciplinas como as atividades profissionalizantes foram distribuídas de acordo com a compatibilidade entre os conteúdos e os conhecimentos adquiridos nos módulos anteriores, de forma a garantir a racionalização do tempo, a interdisciplinaridade entre teoria e prática, o estudo e o aprofundamento dos conhecimentos.

O núcleo de Fundamentos das Práticas Educativas se constituiu, em essência, no processo da articulação e da ligação entre os conhecimentos dos demais blocos. Tanto as disciplinas como as atividades proporcionaram possibilidades e alternativas concretas de reflexão e ação, ou seja, um exercício constante de relacionamento entre a teoria estudada com a prática e a realidade vivenciada.

A realização da interdisciplinaridade promoveu o inter-relacionamento entre os saberes produzidos pela ciência, pelas experiências do cotidiano e pelos matizes culturais inerentes às comunidades onde se inserem, trazidas à tona pelos docentes e educadores, para o exercício do debate, da crítica, da criatividade e da socialização do conhecimento. Essa compreensão de interdisciplinaridade prescindiu da articulação do ensino com a pesquisa e com a extensão como um compromisso ético-político, buscando reduzir a distância entre a Unimontes e as comunidades envolvidas, uma vez que a articulação e o inter-relacionamento entre os saberes são fundamentais para a interdisciplinaridade e para a integração entre teoria e prática."Como podemos perceber, a educação do campo dialoga com a fonte da Pedagogia do Oprimido que se fundamenta na matriz pedagógica da cultura, do trabalho e da conscientização" (FREIRE, 1987).

O currículo do curso foi estruturado em oito eixos temáticos que congregaram, respectivamente, os conteúdos da base nacional comum do ensino médio e os componentes da formação profissional. Esses oito eixos compreenderam espaços e tempos curriculares especificamente voltados para o trabalho interdisciplinar, para a ampliação do universo cultural do educador e para a relação teoria/prática centrada na classe em que trabalha e construída a partir dela. Eles estabeleceram relação direta com os conteúdos curriculares de natureza científico-cultural, bem como com as diferentes atividades acadêmicas, tais como a prática de ensino, o estágio curricular supervisionado, os projetos de produção de material didático, as oficinas pedagógicas, e foram organizados tendo como referência os projetos das comunidades atendidas, considerando a realidade socioambiental, linguística e multicultural dos sujeitos do Campo.

Em cada módulo, o eixo temático desdobrou-se em um tema geral, de caráter interdisciplinar, que articulou todas as áreas temáticas, ajudando a relacionar os conteúdos cognitivos com a prática cotidiana do educador no seu campo de trabalho, promovendo a reflexão sobre essa prática concreta e favorecendo o compromisso com a educação e a construção da Escola do Campo. Ele serviu como elemento agregador de todas as áreas, criando um espaço de interdisciplinaridade, de modo que os conteúdos das disciplinas das diferentes áreas articularam-se em torno das experiências dos educadores, fornecendo os elementos teóricos para a organização dos temas da respectiva prática pedagógica.

De acordo com Bocayuva e Veiga (1992, p. 68),

> a visão política dos sujeitos coletivos não é uma nova teoria da organização dos trabalhadores, uma nova matriz ou paradigma que todos devem seguir. É a percepção de que existe e é necessária, na estratégia socialista, mediada pela radicalização da democracia, a valorização e politização de múltiplos lugares e situações que desenvolvam a luta por uma alternativa anticapitalista baseada no horizonte democrático e socialista.

Essa articulação aconteceu por meio da elaboração de um memorial, onde os educadores registraram e analisaram sua trajetória escolar e profissional, associando-as às experiências vividas no curso, e da incorporação da experiência docente cotidiana dos educadores como parte integrante do currículo, tratando-a como prática supervisionada e criando os dispositivos necessários para garantir a qualidade e a eficácia desse componente.

Os temas dos oito módulos foram os seguintes:

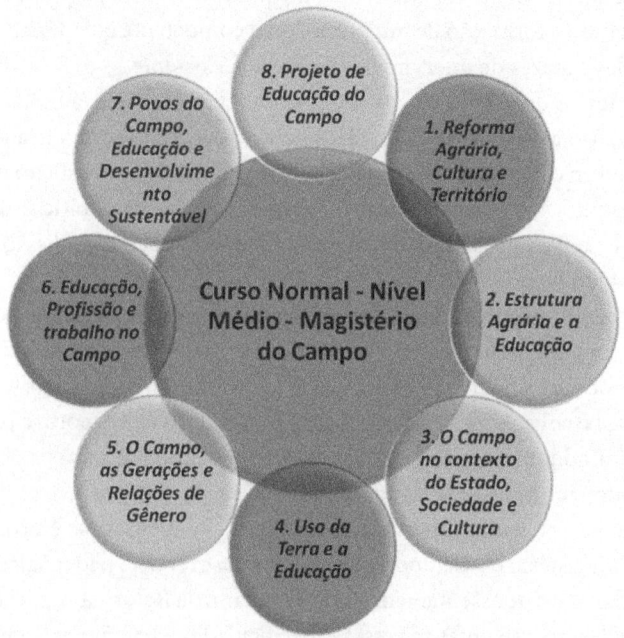

Curso Normal - Nível Médio - Magistério do Campo

1. Reforma Agrária, Cultura e Território
2. Estrutura Agrária e a Educação
3. O Campo no contexto do Estado, Sociedade e Cultura
4. Uso da Terra e a Educação
5. O Campo, as Gerações e Relações de Gênero
6. Educação, Profissão e trabalho no Campo
7. Povos do Campo, Educação e Desenvolvimento Sustentável
8. Projeto de Educação do Campo

Figura 2: Subdivisão dos temas em oito módulos – MAGICAMPO
Fonte: Projeto do Curso de MAGICAMPO, fevereiro de 2007.

A disciplina prática de ensino assumiu uma posição de destaque na matriz curricular, uma vez que proporcionou um elo entre as demais disciplinas do curso, conciliando a teoria à prática docente e possibilitando a reflexão crítica. Essa disciplina teve obrigações com a orientação do estágio curricular supervisionado, tais como processos formativos no itinerário do ensino-aprendizagem de cada educador do curso, o que permitiu aos alunos a construção de saberes e a formação da identidade profissional. Considerando esse enfoque, a prática de ensino e o estágio foram essenciais para motivarem o processo dialético de reflexão do educador, possibilitando o desenvolvimento da *práxis* pedagógica e proporcionando ao futuro docente a construção da identidade profissional ou a ressignificação de sua profissão.

Ela proporcionou aos educadores a possibilidade de integrar teoria à prática, de modo a compreenderem a complexidade das práticas institucionais e das ações ali praticadas. Mas, para isso, o professor-orientador teve de planejar seu curso, juntamente com os demais professores do módulo, de forma que a prática de ensino fosse o eixo central das outras disciplinas, possibilitando a reflexão e a pesquisa. Sendo assim, amparado pela fundamentação teórica, o educador utilizou a sua prática, refletindo e transformando-a de modo a transgredir os limites da universidade. Foi nesse contexto que a *práxis* pedagógica se estruturou possibilitando a formação de um profissional competente que possui técnicas e habilidades capazes de intervirem na realidade existente.

O professor de prática de ensino, ao coordenar o estágio, auxiliou o educador/estagiário a estabelecer essa relação entre teoria e prática, ultrapassando o senso comum e pensando cientificamente. Nesse enfoque, o estágio foi tratado como pesquisa. "A pesquisa é componente essencial das práticas de estágio, apontando novas possibilidades de ensinar e aprender a profissão docente" (PIMENTA, 2004, p. 114).

A teoria garantiu a fundamentação teórica e, consequentemente, possibilitou ao educador/estagiário o entendimento da estrutura e do funcionamento da escola. No entanto, somente a prática viabilizou a reflexão sobre o ato, tornando-o intencional e consciente. E foi por meio desta relação entre teoria e prática que o educador adquiriu a competência técnica, fundamental à práxis pedagógica, permitindo realizar essa reflexão sobre sua ação.

O estágio curricular supervisionado proposto para o Curso Normal – Nível Médio – Magistério do Campo visou propiciar o exercício pedagógico dos educadores das áreas de assentamento/acampamento da Reforma Agrária no Norte de Minas Gerais. Ao enfatizar essas especificidades, chamamos atenção para a formação de professores dos anos iniciais do ensino fundamental, visando à regência de turmas multisseriadas nas escolas do Campo. É importante ressaltar que metodologicamente nossa proposta de estágio teve como base a pesquisa, a investigação do contexto do Campo e as atividades extensionistas, na busca da inter-relação escola e comunidade, na construção de parcerias com diversos atores do processo educativo e na compreensão do estágio como construção da identidade docente, conforme Maria Lúcia Silva (2005, p. 12):

> Este movimento que compreende a apreensão do real e a busca de caminhos de superação e transformação integra o estágio às atividades de pesquisa e de extensão, tendo como condição necessária a articulação com os conhecimentos e aptidões desenvolvidas no processo formativo.

Entendemos o estágio curricular supervisionado como uma atividade privilegiada pelo diálogo crítico com a realidade, favorecendo a articulação entre o ensino e a extensão e entre os nossos projetos: Alfabetização, Campo e Cidadania (ALFACAMPO) e o Curso Normal – Nível Médio – Magistério do Campo – MAGICAMPO.

A coordenação do curso definiu as normas para implantação e funcionamento de todas as atividades do estágio curricular supervisionado. A nossa proposta, além de buscar o atendimento à lei, visou criar um espaço para que o educador interagisse com o ambiente de ensino, experimentando uma pluralidade de ações educacionais nas quais o ensino/aprendizagem aconteceu. Nessa pluralidade, foi necessário mergulhar e interagir com a diversidade de situações educativas que existe na pluralidade da Educação *no* e *do* Campo. A interação foi buscada através do estudo, da busca, da observação participante, da reflexão e da intervenção pedagógica na sala de aula, na escola e/ou comunidade.

O estágio foi realizado em espaços conveniados com a parceria do INCRA e FETAEMG nas turmas do projeto de alfabetização e escolarização de jovens e adultos (ALFACAMPO) da Unimontes. Consistiu em atividade desenvolvida sob supervisão do professor-orientador do estágio, num trabalho em equipe, composto pela equipe multidisciplinar e por monitores que trabalharam com os conteúdos e orientação na imersão, reflexão e sistematização de plano de aula, de unidade e de projeto pedagógico, fazendo o papel de acompanhamento burocrático na escola: agendando as visitas, assinando a ficha de frequência e fazendo o relatório das atividades para o professor de estágio. Ou seja, a mediação pedagógica aconteceu com o acompanhamento das atividades de estágio que foram desenvolvidas pelos educadores no contexto da turma, contando com a parceria do coordenador local, que foi o responsável pelo monitoramento do cumprimento do plano de trabalho.

Os monitores também cumpriram importante papel no processo burocrático para gerar as condições necessárias para o estágio. Eles orientaram o preenchimento de formulários, acompanharam o trabalho do educador e resolveram localmente problemas que aconteceram nas turmas sob sua responsabilidade.

Um dos pré-requisitos para a conclusão do Curso Magistério do Campo foi a apresentação pelos alunos de um trabalho escrito em forma de memorial, no qual relataram um pouco de sua história de vida, de sua família de sua experiências escolares anteriores e no curso, além de discorrerem um pouco sobre as suas perspectivas futuras após a conclusão. A partir de alguns desses relatos fizemos uma breve análise das expectativas de vida dos jovens antes e no período final do curso, dando ênfase à suas expectativas de vida em relação às comunidades onde viviam, levando em conta a sua nova condição de professores e ao mesmo tempo de membros do sindicato.

Conclusão

Nesse sentido, podemos afirmar que as práticas sociais vivenciadas no ambiente coletivo, aliadas ao acesso à escolaridade, proporcionam um ganho de capital social, a partir do momento em que os alunos estabeleceram relações sociais que ultrapassaram o ambiente familiar. Por sua vez, o aumento do capital cultural proporcionado pelas atividades escolares lhes possibilitou um conjunto de saberes que lhes permitiu assumir determinadas posições nos novos espaços que se abrem para eles nesse momento, na escola enquanto professores mas também no movimento social, nas associações que gerem os assentamentos, etc.

A partir dos elementos apreendidos nas práticas coletivas desenvolvidas durante o curso, os educadores apreenderam elementos que os possibilitaram a agir de forma mais efetiva em suas comunidades, fosse à organização de grupos de jovens, fosse à participação das reuniões da associação, sugerindo temas para discussão ou se propondo, simplesmente, na condição para ajudar. Reforçando de certa forma a cadeia participativa que tem início nas demandas populares por educação que começa nos assentamentos e/ou acampamentos, esses jovens retornaram às áreas em que vivem tendo a possibilidade de ampliar este processo.

Referências

ABREU, M. V. *Formação de educadores: em busca de alternativas*. Veranópolis: ITERRA/UERGS, 2000.

BOCAYUVA, P. C. C.; VEIGA, S. M. *Novo vocabulário político*. São Paulo: Fase, 1992.

FREIRE, P. *Pedagogia do oprimido*. Rio de Janeiro: Paz e Terra, 1987.

FREITAS, L. C. *Crítica da organização do trabalho pedagógico e da didática*. Campinas: Papirus, 1995.

MOLINA, M. C. *Educação do Campo e Pesquisa II: Questão para reflexão*. Brasília: MDA/MEC, 2010.

PIMENTA, S. G. *Estágio e docência*. São Paulo: Cortez, 2007.

PIMENTA, S. G.; SANTOS, M. I. A. *Planejamento 2004. Programa do Sindicato para formação contínua de professores da rede de ensino público estadual de São Paulo, vol. 14, caderno de formação*. São Paulo: APEOESP, 2004.

SILVA, M. L. S. F. *Estágio curricular: contribuição para redimensionamento de sua prática*. Natal: Editora da UFRN, 2005.

SOARES, E. A. L. *Diretrizes operacionais para a Educação Básica nas Escolas do Campo*. Brasília: SECAD/MEC, 2001.

Segunda parte
Territórios da Educação Superior

CAPÍTULO 6

Intencionalidades na formação de Educadores do Campo: reflexões desde a experiência do curso "Pedagogia da Terra da Via Campesina"[1]

Roseli Salete Caldart

O verdadeiro movimento nunca aparece como o concebiam aqueles que o prepararam.
F. Engels, 1857, *apud* KONDER, 1992

Este texto tem como objeto a formação de educadores do campo desenvolvida através de um curso de Pedagogia. Seu projeto político-pedagógico específico o integra a um conjunto de práticas identificadas hoje pelo nome de Pedagogia da Terra. Nossa ferramenta de trabalho foi a leitura de escritos produzidos durante o acontecer da experiência de uma turma em particular: a Turma José Martí; em uma especificidade de desenho organizativo e pedagógico de curso: o da Pedagogia da Terra da Via Campesina. Foram lidas produções da turma, da coordenação do curso e os memoriais de aprendizado, construídos pelos estudantes, na última etapa, além de outros textos de registro e de memória reflexiva do processo formativo vivenciado.

Duas interrogações principais orientaram nossa leitura e escrita, referenciadas em algumas reflexões desta década de construção prática e teórica da Educação do Campo. A primeira interrogação é sobre o perfil de formação do pedagogo da terra, do educador do campo que estamos construindo: quais os traços mais significativamente trabalhados neste curso; que perfil orienta e se projeta desde essa experiência formativa. A segunda interrogação diz respeito às intencionalidades do processo de formação: como se chega a produzir este perfil, valendo-se de quais estratégias pedagógicas, o que implica pensar também os diferentes tempos e espaços de formação de um educador do campo.

---

[1] Este texto tomou por base uma sistematização desta experiência concluída em março de 2007.

O texto segue estruturado em três tópicos. No primeiro, mais breve, apresentamos alguns elementos da constituição e do desenho organizativo do curso que dão conta da materialidade desde a qual foi desenvolvida a experiência formativa da Turma José Martí. No segundo tópico, discutimos o perfil do pedagogo da terra desde a reflexão dessa prática. E, no terceiro, tratamos das intencionalidades apontadas como fundamentais na perspectiva da formação assumida.

Sobre o curso, a turma e a construção do processo

A experiência de formação de educadores do campo que nos serve aqui de referência se constituiu institucionalmente como uma "turma especial" de um curso de graduação em Pedagogia da Universidade Estadual do Rio Grande do Sul (UERGS), aprovado e reconhecido pelo Conselho Estadual de Educação, sob o título de Pedagogia – Anos Iniciais do Ensino Fundamental: Crianças, Jovens e Adultos. Esta turma especial foi realizada através de um convênio entre o Instituto Técnico de Capacitação e Pesquisa da Reforma Agrária (Iterra) e a UERGS, com o apoio do Programa Nacional de Educação na Reforma Agrária (PRONERA/INCRA), no período de março de 2002 a setembro de 2005.[2]

A realização pela UERGS de turmas especiais de graduação para estudantes vinculados a Movimentos Sociais foi acordada entre as organizações da Via Campesina Brasil (Movimento dos Trabalhadores Rurais Sem Terra [MST], Movimento dos Atingidos por Barragens [MAB], Movimento dos Pequenos Agricultores [MPA], Movimento das Mulheres Camponesas [MMC] Pastoral da Juventude Rural [PJR] e Movimento dos Trabalhadores Desempregados [MTD])[3] e a primeira reitoria da universidade, durante o processo de sua criação, entre 2001 e 2002. O Iterra, vinculado ao trabalho de formação de educadores para os assentamentos de Reforma Agrária do MST desde 1995, foi a instituição educacional escolhida pelos Movimentos Sociais para formalizar a parceria com a UERGS na realização do curso de Pedagogia.

Essa constituição originária deu ao curso um segundo "nome próprio": ele foi tratado pelos seus principais sujeitos como "Pedagogia da Terra", para indicar uma continuidade em relação ao conjunto de cursos que, desde 1998, em diferentes lugares, com diferentes sujeitos, no início principalmente os educadores e as educadoras Sem-Terra, que vêm se construindo como uma identidade de formação. Também foi aos poucos identificado como Pedagogia da Terra da Via Campesina para afirmar uma novidade dessa experiência em particular, que foi

---

[2] Deste mesmo convênio, houve uma segunda turma, iniciada em 2003 e concluída em junho de 2007.
[3] O MTD não integra a Via Campesina, mas participou desta e de outras de suas iniciativas.

a da participação de diferentes organizações camponesas na construção de um processo formativo desta natureza.

O currículo do curso de Pedagogia da Universidade foi adequado para uma organização em oito etapas intensivas, com tempos e espaços alternados entre universidade (Tempo Escola, em torno de 50 dias letivos) e locais de trabalho/ militância dos estudantes (Tempo Comunidade, em torno de 90 dias). O Tempo Escola do curso aconteceu em Veranópolis, Rio Grande do Sul, compartilhando o espaço físico e pedagógico do Instituto de Educação Josué de Castro (IEJC), escola de educação básica de nível médio e de educação profissional vinculada ao Iterra.

A primeira turma de estudantes desse curso, também a primeira a iniciar o curso na UERGS, decidiu já na primeira etapa que queria ser chamada de Turma José Martí, em homenagem a esse pensador revolucionário latino-americano. Seus integrantes tiveram algumas características comuns. As principais talvez sejam duas: a de que todas as pessoas tiveram em sua base de formação processos produtivos próprios do campo e a de que foram indicadas para o curso pela sua participação nas organizações e Movimentos Sociais que constituíram esta parceria.

Concluíram o processo do curso 45 estudantes (10 homens e 35 mulheres) originários de comunidades rurais dos Estados do Rio Grande do Sul, Santa Catarina, Paraná e São Paulo. Quando começaram o curso, sua média de idade era de 22 anos, incluindo pessoas de 17 a 40 anos, com tempos de envolvimento nos Movimentos Sociais também diferentes: de menos de um mês até pouco mais de 15 anos.

Educadores, educadoras e docentes que trabalharam nas turmas especiais deste convênio foram originários de diferentes instituições. O Iterra participou da escolha dos docentes a cada etapa, e isto significou a possibilidade de incluir educadores da rede nacional de intelectuais vinculados ao debate dos Movimentos Sociais e da Educação do Campo.

O projeto político-pedagógico do curso para esta turma teve a marca da construção processual, exatamente pelas circunstâncias objetivas das parcerias e da forma de implantação da própria Universidade. O Iterra participou das discussões que serviram de base para a elaboração do projeto do curso regular de Pedagogia da UERGS. A especificidade do projeto político-pedagógico do curso como Pedagogia da Terra da Via Campesina foi compreendida e desenhada através da intencionalidade no planejamento de cada etapa.

Sobre o perfil do Pedagogo da Terra, do Educador do Campo

Nas discussões originárias do curso de Pedagogia da UERGS, a questão principal foi a do lugar de atuação do pedagogo: prepará-lo para atuar em que espaços educativos. O entendimento que predominou foi o de formar um pedagogo capaz de atuar tanto nos espaços escolares como em outros espaços de educação, incluindo aqueles específicos da dinâmica de formação dos Movimentos Sociais. Ou seja, participando do forte debate sobre o curso que havia na época, defendemos a posição de formar o pedagogo como um profissional da educação, entendida como formação humana, e isto pensando inclusive no objetivo de alargar sua atuação na escola.

Começamos a construção da "arquitetura" específica da Pedagogia da Terra orientados por essa discussão inicial e por algumas interrogações que são próprias de seus sujeitos coletivos: o que leva Movimentos Sociais Camponeses a colocar alguns de seus integrantes em um curso de Pedagogia? O que esperam de sua formação? Que concepção de educação esses Movimentos vem produzindo em suas práticas de luta social e organização coletiva que podem ajudar a explicar a especificidade identitária da Pedagogia da Terra e ajudar no avanço da Educação do Campo?

O desenho prático deste perfil foi feito, ao longo das etapas, através das decisões pedagógicas tomadas e das intencionalidades construídas no diálogo com as organizações, com a Universidade e com a turma de estudantes. Da reflexão que acompanhou essa construção é possível identificar algumas concepções-mestras desenvolvidas a seguir.

1ª) O objeto central da formação/profissionalização do pedagogo é a condução de processos pedagógicos. É nessa arte e ciência que ele se prepara para atuar. E em processos pedagógicos entendidos como processos de formação do ser humano, em suas múltiplas dimensões, que acontecem desde uma intencionalidade e vinculados a um projeto de sociedade, de humanidade.

Mas o que mesmo significa "conduzir processos de formação humana"? O que são processos? Quais são estes processos e o que quer dizer este "conduzir" em nosso horizonte, que é o da emancipação social e humana? Qual a especificidade, do ponto de vista educativo, dos processos formadores próprios da produção da vida no campo? Dos processos formativos vivenciados pela participação dos sujeitos em Movimentos Sociais? Do processo educativo próprio da escola? De uma escola do campo? E que aprendizados essa condução pedagógica exige/produz?

Há dois elementos de compreensão que são fundamentais para constituir este objeto de formação: um deles diz respeito à ideia de processo como "sentido primeiro da pedagogia"; entendendo que "a formação do ser humano se torna possível ao longo do tempo, ao longo de um processo educativo". É ela que leva a então se interrogar: mas como se educa, como se transforma um ser humano? (ARROYO, 2004, p. 226).

A outra compreensão necessária se refere à palavra *conduzir*, entendida não como a ação de uma pessoa que tenta conformar o destino formativo da outra, mas sim como intencionalidade e diretividade na atuação coletiva sobre as circunstâncias objetivas em que determinado processo educativo acontece e permite a cada pessoa fazer escolhas que vão desenhando sua ação/formação/transformação.

2ª) Um pedagogo da terra se orienta por uma visão alargada de Educação, de Pedagogia. Essa visão o vincula aos processos de formação do ser humano e permite ao pedagogo alargar também sua tarefa, seu horizonte de trabalho, suas perguntas, complexificando e tornando ainda mais fascinante o desafio de sua formação.

Nosso curso trabalhou pela compreensão de que processos intencionais de educação/formação das pessoas podem acontecer em diferentes lugares sociais, diferentes situações, diferentes tempos da vida. Implicam um mesmo desafio, que é o de transformação do ser humano ou sua formação mais plena, mas têm especificidades, nas "pedagogias", nos métodos, nas didáticas próprias a cada sujeito, aos tempos de formação, à materialidade de cada situação.

Buscamos ser contraponto a dois reducionismos, produtos da visão moderna/liberal que tem predominado nos meios educacionais e na visão sobre formação de educadores: o de que educação é igual a escola e de que escola é igual a ensino, sendo a dimensão da "instrução" a única para a qual efetivamente se precisa preparar o educador, e de preferência de uma forma apenas instrumental.

Esses reducionismos são na realidade armadilhas, construções sociais com objetivos políticos perversos. O capitalismo se sustenta através de um projeto educacional/cultural que vai muito além da escola e da dimensão da instrução, ou mesmo do conhecimento (MÉSZÁROS, 2005). E é este projeto maior que a sociedade não coloca em discussão, quando determina que os profissionais da educação somente se preocupem e se ocupem consciente e coletivamente (quando, por exemplo, se encontram para atividades de formação) de conteúdos e métodos de ensino, e de recorte apenas cognitivo.

Nos Movimentos Sociais, já há um acúmulo teórico sobre esta visão mais alargada de educação, produzido talvez pela força das experiências formadoras vivenciadas por estes sujeitos na dinâmica de sua organização. Embora lutem pelo direito à escola e valorizem muito a especificidade do processo educativo que pode acontecer através dela, aos movimentos parece mais difícil conceber a escola como o lugar supremo de educação ou o único para o qual parece justo formar profissionais. Não é isso que vivem em sua realidade. Não foi a escola que lhes garantiu o protagonismo social que conquistaram. Não é esta a inspiração que trazem da Pedagogia do Oprimido e não é esta a *Pedagogia do Movimento que buscam construir.*

Por isso a Educação do Campo, vinculada aos Movimentos Sociais, ao mesmo tempo em que tem a escola como objeto central de sua luta por políticas públicas, tensiona essa concepção "escolacentrista", que absolutiza o papel da educação escolar ou toma a escola como referência exclusiva para pensar qualquer processo educativo. A centralidade da reflexão pedagógica da Educação do Campo está na dimensão educativa da práxis social, retomando a reflexão sobre a força formadora do trabalho, da cultura, da luta social, como matrizes educativas do ser humano e que não podem deixar de ser intencionalizadas como práticas pedagógicas em um projeto educacional que se pretenda *emancipatório* e, por isso mesmo, *omnilateral.*

Mas a materialidade potencialmente formadora destas práticas sociais não tem como ser reproduzida/vivenciada integralmente na escola. A escola precisa integrar-se a uma totalidade formadora mais ampla, vinculando seus processos de socialização, de apropriação/produção de conhecimento, de formação ética, a outras práticas educativas.

Da mesma forma, a luta dos Movimentos Sociais pela democratização do acesso ao conhecimento, às ciências, às tecnologias tem importância estratégica na formação dos sujeitos capazes de construir alternativas para um projeto mais justo e sensato de desenvolvimento de campo e de país. Mas esta luta é, pela sua própria natureza, também uma crítica à absolutização de algumas formas de conhecimento e de ciência ou à desvinculação da materialidade e das contradições de sua construção histórico-social.

Este não é um debate específico da Educação do Campo. É um dos grandes debates do nosso tempo, motivado pela superficialidade de concepções a que estes reducionismos estão levando e ao consequente "empobrecimento da vida social", pela própria insignificância que a reflexão sobre as grandes questões passa a ter nela (VALLE, 2006). E ainda que este seja um debate crucial para a teoria pedagógica, para as práticas de educação (aliás, talvez por isso mesmo), do ponto de vista da ordem social dominante, ele precisa continuar fora do horizonte de formação dos educadores, embora na prática o oriente.

Esses reducionismos que predominam na sociedade também estão muito arraigados entre nós, na universidade e nos próprios Movimentos Sociais. No caso do nosso curso, este tipo de discussão foi recorrente e a construção prática do perfil do pedagogo dela desdobrada foi por isso mesmo repleta de tensões, que afinal foram avaliadas como muito importantes para que educandos e educadores fossem compreendendo e firmando concepções de educação, de pedagogia.

3ª) Um pedagogo da terra atua em diferentes espaços, circunstâncias e tipos de processos educativos. Em nossos cursos é comum a presença de pessoas que trabalham em diferentes espaços de formação. E os Movimentos Sociais esperam que um curso como esse possa preparar sujeitos capazes de coordenar processos de formação, mas também de desencadeá-los, ainda que em situações desfavoráveis ou não organizadas com este objetivo principal. Por isso estes mesmos estudantes estão sendo formados também para ser militantes de organizações coletivas comprometidas com projetos de transformação social.

Isso quer dizer que se espera de um pedagogo da terra que esteja capacitado a organizar e intencionalizar processos de formação que podem acontecer tanto em uma mobilização de luta social como em atividades de organização de comunidades camponesas; na coordenação pedagógica de um curso de formação de educadores como em uma escola de educação básica; com crianças, jovens, adultos ou com idosos. E, preferencialmente, sabendo como fazer as lutas necessárias para implementar o projeto educativo do Movimento Social, da Educação do Campo.

É preciso, pois, trabalhar com diferentes processos formativos e, ao trabalhar a escola e a docência, dimensioná-las como partes de uma totalidade mais ampla, que não pode ser menos do que a formação *omnilateral* do ser humano.

4ª) Um pedagogo da terra é um profissional preparado para ocupar a escola, transformando-a na perspectiva da Educação do Campo. A escola não é então apenas uma das suas possibilidades de atuação profissional. Ela é um dos focos necessários de sua formação pedagógica, pela importância educativa que a escola tem no período histórico em que vivemos e no tipo de formatação de nossas sociedades. Não é por acaso que as lutas do movimento pela Educação do Campo dão a ela centralidade. A escola a que têm (ou não têm) acesso as famílias trabalhadoras do campo é emblemática do papel que a sociedade capitalista brasileira atual confere ao campo e aos seus sujeitos. A questão é ocupar-se da escola sem absolutizá-la, ou deixar de vê-la em perspectiva.

Mas o que os Movimentos Sociais esperam do pedagogo da terra em relação à escola? Essa é uma questão que também foi bastante discutida pela Turma José Martí. Uma expectativa forte é que saiba atuar para que a Pedagogia do Movimento ocupe/se ocupe da escola, fazendo nela as transformações necessárias, mas desde uma compreensão mais rigorosa sobre a especificidade do processo educativo que pode acontecer através dela e nos diferentes tempos da vida.

Trata-se de algo mais do que estar preparado para a docência, mas que também a inclui. A escola pode ser objeto de atuação do pedagogo da terra "porta adentro" ou "porta afora", mas em ambos os casos a "ocupação" não será bem-sucedida se não incluir em seu movimento quem efetivamente domine os meandros dos processos formativos que ali acontecem.

De qualquer modo, e talvez ainda mais fortemente na realidade do campo, e em sua dinâmica atual, o pedagogo (como todo educador) não pode ser formado apenas para a atuação dentro dos limites internos da escola, e muito menos como um docente, no sentido estrito de ter como objeto o ensino. Primeiro, porque a educação escolar se empobrece muito quando não colocada em perspectiva e na relação com outros processos formadores do ser humano. Em nosso entendimento, não há Educação do Campo sem essa perspectiva. E segundo, porque, na situação atual da agricultura brasileira, se o educador não souber atuar na formação dos camponeses, não souber como trabalhar e participar da organização das comunidades, das famílias, não encontrará mais escolas do Campo em que possa exercitar sua pedagogia.

Os pedagogos da terra são também convocados a se apropriar do debate político-teórico realizado nesta década de construção do movimento por uma Educação do Campo para poderem contribuir nas suas formulações pedagógicas. São chamados a produzir novos conhecimentos sobre a especificidade dos processos formativos dos sujeitos do campo e particularmente dos que participam de movimentos sociais e sobre como a escola pode dialogar com esses processos, sem deixar de cumprir as tarefas educativas que lhe são próprias.

5ª) O pedagogo da terra desenvolve sua atuação e formação como práxis.
Quer dizer, é o educador, a educadora, que aprende a juntar teoria e prática em um mesmo movimento que é de transformação do mundo e autotransformação humana, de modo a poder ajudar a desencadeá-lo nos processos educativos que acompanha.

O conceito de práxis de Leandro Konder, desde Marx, foi inspirador de reflexões importantes para a Turma José Martí, sintetizando uma das perspectivas formativas centrais do curso:

> A práxis é a atividade concreta pela qual os sujeitos humanos se afirmam no mundo, modificando a realidade objetiva e, para poderem alterá-la, transformando-se a si mesmos. É a ação que, para se aprofundar de maneira mais consequente, precisa da reflexão, do autoquestionamento, da teoria; e é a teoria que remete à ação, que enfrenta o desafio de verificar seus acertos e desacertos, cotejando-os com a prática. [...] A práxis é a atividade que, para se tornar mais humana, precisa ser realizada por um sujeito mais livre e mais consciente. Quer dizer: é a atividade que precisa da teoria (1992, p.115-116).

Mas não se entende teoria aqui como teoricismo ou como conhecimento apenas em sua dimensão cognitiva. A reflexão teórica que integra o movimento da práxis diz respeito à capacidade de interpretação/análise crítica e tomada de posição diante da realidade. É o conhecimento que se constrói também como uma escolha ética que fundamenta e organiza o pensamento produzido desde o agir humano. Da mesma forma que as práticas identificadas como formadoras não se referem ao ativismo, mas às práticas sociais que efetivamente exigem a transformação das pessoas, integrando processos de produzir e de transformar o mundo; processos que podem envolver múltiplas dimensões e diferentes materialidades.

A perspectiva da práxis é um desafio formativo fundante da intencionalidade do tipo de processo pedagógico de que aqui se trata. No curso buscamos trabalhá-la tanto nas relações estabelecidas durante o Tempo Escola, como na dinâmica das relações sociais constitutivas do Tempo Comunidade, nas estratégias de inserção de educandos e educandas nas organizações, nas práticas educativas e no desafio específico de ir formulando neste movimento as questões para o seu aprofundamento de estudos.

A partir deste princípio, foi possível para a turma desenhar/ler alguns traços considerados fundamentais no perfil do pedagogo da terra e que juntam teoria e prática: capacidade organizativa, atuação política, convicções sobre o que é educar e como se educa; capacidade de leitura científica crítica da realidade; capacidade de síntese para integrar diferentes conhecimentos e articular vivências educativas; agilidade e discernimento na tomada de decisões e na sua implementação; parâmetros coletivos para posicionamentos pessoais; valores e visão de mundo que exijam o exercício sistemático de interrogar-se e de refletir sobre os processos em que está inserido.

Esses elementos de concepção sobre o perfil do pedagogo produzido no curso de Pedagogia da Terra da Via Campesina são e não são específicos do pedagogo da terra e mesmo do conjunto dos educadores do campo. E nos parece que é esta perspectiva de Educação do Campo que inclui e tensiona o movimento entre o particular e o universal, a que devemos assumir nesta reflexão.

Sobre as intencionalidades na Formação de Educadores

Desenha-se um perfil de formação porque se acredita que a construção do ser humano pela educação é uma tarefa intencional. A questão passa a ser então sobre que intencionalidades garantem este projeto, ou pelo menos reforçam as expectativas que temos em relação aos resultados da formação.

Ter intencionalidades em um processo de formação é já uma primeira intencionalidade e aquela que não pode deixar de ser aprendida por quem está sendo preparado para a condução de processos educativos. Considerar que a educação das pessoas é um processo quer dizer que ela acontece em um movimento dialético que envolve tempos, transformações, contradições, historicidade a ser compreendida e trabalhada. Considerar que é um processo intencional quer dizer que há um trabalho pedagógico planejado, feito no propósito das transformações e dos traços humanos que elas vão desenhando. E, mais amplamente, que há como pensar e agir para tornar mais plena a formação humana.

Há quem considere isto autoritário: como podemos querer pensar a priori o que vai acontecer com o outro em sua formação? Mas o ato educativo é possível sem alguma projeção de perfil e a diretividade que lhe corresponde? Entendemos que não. A direção pode não ser consciente, pode não ser explicitada; pode não ser emancipatória, pode ser autoritária; não é absoluta, é histórica. Mas defender que educadores não sejam diretivos significa pedir que alguns abram mão de educar para que outros assumam a tarefa. Em nosso tempo, isso quer dizer para que outros "entes" do ambiente social hegemonizado pelo capital se encarreguem disso (indústria cultural, por exemplo), buscando formar pessoas subservientes à sua lógica: ativas no consumo e passivas diante das principais questões da vida em sociedade e no planeta.

Saber disso não tira a tensão real que acompanha qualquer processo educativo, especialmente os que se pretendem emancipatórios. Queremos formar sujeitos criadores do novo, construtores do futuro, mas fazemos isso pela interiorização da cultura, dos valores, da história já construída, "conformando" as novas gerações aos parâmetros sociais e humanos (contraditórios) já existentes. Ou seja, o ser humano produtor do novo se forma na própria tensão entre conformação e inconformação social; entre estabilidade e instabilidade; entre inserir-se no mundo que aí está e participar de sua transformação.

E é assim, tanto pensando na educação tanto acesso do novo ser humano ao patrimônio histórico da humanidade quanto na particularidade de situações formativas. Para formar um militante, o Movimento Social precisa conformá-lo à sua cultura política e organizativa, precisa que incorpore os conhecimentos, os valores, o jeito de ser dessa organização coletiva, já construído antes da sua entrada. Mas faz isso com o objetivo de preparar a pessoa para dar conta dos novos desafios, das transformações necessárias para que o Movimento responda às questões de seu tempo histórico, o que não conseguirá sem algumas subversões de sua própria ordem. O dilema é que de fato um processo pode anular o outro, ainda que o objetivo não seja esse; o "conformar" pode educar pessoas 'conformadas ao atual estado de coisas' e o "inconformar" pode educar pessoas que se contraponham a qualquer forma de organização coletiva.

Mas não nos parece que escapar desse dilema seja tentar eliminar a tensão ou deixar de intencionalizar processos. Pelo contrário, significa trabalhar a intencionalidade pedagógica tendo esta tensão como referência.

Nesta perspectiva, há já uma intencionalidade que pode fazer muita diferença: é possível organizar processos educativos que vão construindo o protagonismo dos educandos na condução de sua própria formação. E isso se consegue mais facilmente quando se *desindividualiza* o processo; ou seja, não se trata de um indivíduo conduzir outro indivíduo (o que é pretensioso e geralmente acaba se tornando autoritário), mas de um sujeito coletivo fazer a autocondução do processo formativo das pessoas que o integram. E nesta mesma intencionalidade está a criação de ferramentas capazes de materializar a democratização da condução pedagógica.

Em nossas experiências de cursos de formação, uma estratégia pedagógica fundamental nesta direção é o processo de construção de uma *coletividade educadora*, e duas ferramentas importantes para isso têm sido o *Projeto Metodológico* (PROMET) de cada etapa e uma estrutura orgânica de *Acompanhamento Político-Pedagógico* de cada turma.

Projeto Metodológico é o nome dado a uma forma de elaborar o planejamento específico de cada etapa, registrando as decisões pedagógicas tomadas. No documento que o materializa constam justamente as intencionalidades do processo, considerando um determinado recorte de tempo, o Projeto Político-Pedagógico do curso (no que já estiver formulado previamente), e uma leitura cuidadosa da situação atual da turma (olhando para o conjunto de seus membros) e da realidade mais ampla em que o curso e seus sujeitos coletivos se inserem.

A elaboração do PROMET é atribuição dos educadores, mas sua estratégia pedagógica implica o envolvimento progressivo dos educandos nesta tarefa. O documento é discutido com toda a turma, nos primeiros dias do Tempo Escola de cada etapa, e envolve decisões também para o Tempo Comunidade. Pode ser retificado, transformado. Mas, no que for sendo aprovado pelo conjunto dos envolvidos, terá que ser implementado.[4] Ajustes podem ser feitos no andar da etapa, sempre que o processo exigir, mas não podem ser arbitrários e precisam ser discutidos pela coletividade de educandos e de educadores.

A organização do Acompanhamento Político-Pedagógico, por sua vez, pode ser feita em diferentes níveis, envolvendo várias pessoas e considerando diferentes dimensões da formação. Também é uma atribuição dos educadores que aos poucos vai envolvendo os educandos. Na forma pedagógica que desenhamos no Iterra, este conjunto é coordenado por um coletivo constituído especificamente para esta tarefa.

Acompanhar é orientar e fazer junto com os educandos seu processo de formação. É ajudar na compreensão de que sempre há escolhas a serem feitas e

---

[4] No Iterra costumamos brincar fazendo um jogo de linguagem: o que se PROMET(e) se cumpre!

que é preciso aprender a decidir sobre caminhos a seguir, mas também a construir, coletivamente, por conta própria. O acompanhamento tem como objeto de sua atuação o PROMET e a construção de uma leitura coletiva do processo formativo que está sendo vivenciado pelos educandos, seja como coletividade, seja como indivíduo, e para além do movimento planejado. Esta leitura diz respeito às relações sociais que vão se estabelecendo no processo, visando torná-las mais plenamente educativas, na direção do projeto de ser humano que serve de referência ao curso.

Utilizadas com sua intenção originária, estas ferramentas contribuem com a capacitação dos pedagogos, especialmente para que aprendam a intencionalizar processos, dando-se conta das tensões e contradições que o trabalho de formação do ser humano envolve. E também podem ajudar a mostrar-lhes que essas ações não prescindem de uma postura fundamental (ética, pedagógica, política) daquelas pessoas que estão na condição ou na tarefa de educadores: a de não pretender ter o controle total do processo de educação, seja por negar a historicidade do próprio perfil da formação esperada (sempre projeção de tendências do presente, ou do movimento da realidade atual), seja por considerar que tudo o que acontece fora do que foi anteriormente pensado é um desvio educativo, algo a ser eliminado. Não é assim. Não pode ser assim.

A grande sabedoria da condução de um processo pedagógico, e para a qual também se pode ser educado, é assumir como guia o movimento real do processo, buscando fazer uma adequada interpretação de seu espiral de avanços e retrocessos, de contradições, de conflitos; de movimentos às vezes lentos e progressivos, às vezes acelerados e abruptos. Há um movimento pensado (as intencionalidades) que produz um movimento real de transformação da realidade, das pessoas, que quase nunca é igual ao movimento pensado e que deve produzir um novo movimento pensado para continuidade do processo e assim sucessivamente, mas nunca sem muitos "saltos e sobressaltos", exatamente porque o desafio assumido é o de emancipar as pessoas de qualquer subserviência, inclusive aos processos pensados para educá-las.

No exercício feito para este texto, trata-se agora de identificar algumas intencionalidades importantes que integraram o movimento pedagógico realizado na formação da Turma José Martí, Pedagogia da Terra da Via Campesina, a partir do uso das ferramentas gerais anteriormente indicadas, abstraindo para uma reflexão mais geral sobre o movimento da formação de educadores.

1ª) Preparar para a condução de processos pedagógicos através da vivência refletida do seu processo formativo no curso. Porque esta pode ser uma experiência processual comum ao grupo, ainda que diferenciada para cada pessoa, que pode ser lida e analisada coletivamente. Em nossa Pedagogia da Terra, essa foi a intencionalidade-mestra, que fundamentou e articulou as demais. Este próprio texto é um de seus produtos e se pretende também uma de suas ferramentas. Ela implica dois movimentos articulados: (a) uma seleção cuidadosa das intencionalidades desdobradas, de modo que as vivências no curso, ou a propósito dele, sejam suficientemente complexas para servir de objeto de capacitação para a condução de processos pedagógicos; (b) uma intencionalidade específica para que estas vivências tornem-se objeto de reflexão teórica rigorosa e sistemática, com um método pensado para isso.

Na Turma José Martí, uma das ferramentas básicas trabalhadas para garantir a reflexão sobre o processo formativo foi o seu registro (pessoal e coletivo), para construção de uma memória destas vivências e sua retomada sistemática, em diálogo com os estudos, e especialmente os de teoria pedagógica, que iam sendo feitos. Esta ferramenta foi composta por diferentes "peças" ou atividades: do tempo diário e um caderno específico para cada pessoa ir registrando as vivências do cotidiano do curso e começar a pensar sobre elas, até uma produção de texto geralmente chamada de "síntese dos aprendizados da etapa", feita no final de cada Tempo Escola, passando pelo diário de campo escrito durante o Tempo Comunidade. No plano coletivo, o movimento foi do registro dos acontecimentos que iam compondo a "Memória da Turma" de cada etapa à escrita de sua história no final do curso, passando pelos seminários de discussão dos textos produzidos ou sobre as "situações fortes" e as "crises" do processo da turma ou da coletividade da escola em que a turma estava inserida.

Neste movimento pedagógico, há apropriação e produção de conhecimentos, de valores, de posturas, de jeito de agir; há confirmação ou mudança de convicções, de concepções. E há um aprendizado fundamental para a formação de pedagogos, ou de educadores, que é o da postura e da prática da própria reflexão: do pensar sobre o que está acontecendo e lhes acontecendo, de pensar sobre o que estão pensando e sobre por que estão pensando assim e já pensaram de outro jeito. Entendendo que é possível refletir sem parar de agir: a reflexão é posterior a uma ação particular, mas é parte de uma prática mais ampla. E a prática não para, para que se possa pensar sobre ela; o movimento da realidade não se interrompe, para que se possa entendê-lo. É preciso aprender a "tomar distância", sem ter que sair do lugar; é preciso "parar para pensar", ou para sentir, ou para contemplar a ação, mas sem necessariamente ter que "parar de agir".

2ª) Trabalhar diferentes dimensões da formação humana em uma perspectiva omnilateral. Porque um curso, para ser uma experiência formativa, terá que se constituir como um lugar de formação que seja o máximo possível integral. E isso deve ser assim porque é à construção humana como totalidade que cada pessoa tem direito, a cada tempo de sua vida e nos diferentes espaços educativos em que se encontre e, neste caso, porque é para saber intencionalizá-la nesta perspectiva que está sendo preparada.

Mas como materializar esta intencionalidade em um curso universitário? Em nosso formato de curso, produzido pelas circunstâncias específicas de acesso dos educadores do campo à Universidade (etapas, alternância, constituição de turmas...), isso parece mais fácil, pelo menos do ponto de vista da materialidade necessária para que aconteça. A convivência em tempo integral, durante o período presencial do curso, traz para dentro dos seus tempos e espaços a *vida real*, necessariamente multidimensional, tendo-se ou não intencionalidade para seus diferentes *movimentos*. A questão que se coloca neste caso é se vamos tomá-la como parte (que é todo) do processo formativo do curso ou não. Se vamos apenas admitir que esta vida esteja pulsando entre nós e "deixá-la acontecer", ou se vamos buscar intencionalizá-la em uma mesma totalidade formadora, e desde um mesmo projeto de ser humano.

Na Pedagogia da Terra da Via Campesina a decisão foi tentar trabalhar com a totalidade, para poder desdobrar sua intencionalidade-mestra: preparar para a condução de processos pedagógicos pela vivência refletida do seu processo formativo no curso. Para isso foi preciso firmar uma convicção prévia entre os educadores, as educadoras, de modo que pudesse aos poucos ser também uma convicção dos educandos, das educandas, que é na verdade um contraponto ao mais usual em cursos universitários: nosso curso não se esgota em sua "base curricular" formal, por melhor que ela seja. E a formação profissional do pedagogo da terra não passa somente pelos tempos de estudo, embora estes devam mediar todo o processo, dada a natureza da formação em questão. Em nossa linguagem, isso quer dizer que *o projeto metodológico da etapa precisa ser um plano de formação*.

Mas há um grande desafio nesta dinâmica: a busca da *omnilateralidade* é necessariamente tensa, nunca linear e nem completa, porque a cada período se desenham novas dimensões para o processo, e os tempos permanecem os mesmos; porque o movimento da realidade vai produzindo ênfases, emergentes ou necessárias; porque nem sempre as situações se completam na formação das diferentes dimensões: às vezes até se contradizem. Por isso a perspectiva de totalidade não é um horizonte dado, mas um desafio de cada dia, cada etapa, cada experiência; e não do curso em si mesmo, mas sim de uma totalidade formadora muito mais ampla, que é a práxis social onde os educandos se inserem. Trabalhar com estas tensões e os conflitos que delas emergem no dia a dia de um processo concreto é, sem dúvida, um aprendizado importante na formação do educador.

3ª) Organizar o trabalho pedagógico em torno de atividades-processo que exijam a produção de obras. Porque atividades e obras objetivam ou materializam as intencionalidades e o movimento formativo real. São uma forma privilegiada de garantir maior articulação entre as dimensões da formação, de concretizar sua dimensão processual e de provocar a necessidade do estudo, acelerando o exercício da práxis.

A atividade, neste sentido, não é qualquer ação, nem deve ser confundida com o artifício didático de algumas "pedagogias ativas" ou na oposição à apropriação de conteúdos teóricos. Atividade aqui se associa ao próprio conceito de trabalho da filosofia da práxis: é pela atividade que se forma o ser humano; nos mesmos processos que produzimos nossa existência social, nos produzimos como humanos.

Em um processo educativo, as atividades que têm peso formador maior são aquelas que se constituem como um conjunto articulado de ações desenvolvidas para responder a determinadas necessidades percebidas ou provocadas nas pessoas, ações cujos motivos (sempre se precisa de um motivo para agir) estão vinculados aos próprios objetos da atividade, potencializando a aprendizagem que pode ser construída através delas.

E estamos chamando aqui de "atividades-processo" (quase uma redundância no sentido de atividade aqui trabalhado) aquelas que se desenvolvem em um tempo maior, decompondo-se em vários conjuntos de ações. Em um curso quer dizer que são atividades que acontecem ao longo de várias etapas, incluindo a dimensão de fases, metas e produtos diferenciados a cada tempo.

A força das obras está na objetivação do processo vivenciado. Como elas são externas aos sujeitos, passam a ter existência própria, ou seja, elas "falam" por si mesmas e por isso expõem seus produtores. Se a mística da abertura de uma conferência nacional de Educação do Campo "não toca os participantes", de nada adianta aos seus realizadores tentar explicar o que queriam ter feito ou por que não o fizeram; seria inútil até para si mesmos. De igual modo acontece quando um trabalho monográfico chega inconcluso na etapa em que deveria estar sendo apresentado à banca. Ou o contrário. O objeto toma força de processo porque não permite subterfúgios, escancara. Sempre há explicações a dar sobre tudo o que acontece ou não acontece, mas elas não mudam a imagem do espelho porque não têm a materialidade do que ele mostra. E isso permite às pessoas indagar sobre o que lhes está acontecendo e pode levá-las a tomar o processo de formação em suas mãos.

Compreender isso nos abre novas possibilidades para pensar o próprio acompanhamento pedagógico, ou a intencionalização do processo formativo, justamente a principal tarefa para a qual pensamos estar formando nossos pedagogos. A ideia não é nova, a de conhecer o que a pessoa pensa, ou até como ela é, muito mais pela expressão do seu fazer, do que pelo que ela diz ou mesmo pelos seus comportamentos. Mas nem tão novo é o entendimento de como esta revelação acontece ou o que acontece com a pessoa neste processo e que implicações há para a pedagogia, ainda tão presa a uma tradição "verbalista" e de "conversão pela palavra".

4ª) Alargar pela prática o conceito de estudo considerando-o como ferramenta do exercício da práxis. Porque este alargamento é fundamental para garantir uma maior articulação entre as diferentes dimensões da formação humana e também a potencialidade pedagógica das atividades-processo de diferentes naturezas ou materialidades.

Isso se relaciona à busca de superação da dicotomia entre educação e ensino e implica também alargar a própria concepção de conhecimento. Do mesmo modo que a "sala de aula" pode ser um espaço que ajuda na reflexão sobre a totalidade do processo formativo, e nisso pode haver produção de conhecimento, é possível estudar em outros tempos e espaços da escola ou do curso. Além disso, é necessário que o chamado "tempo aula" não se constitua apenas de "aulas". E que as aulas possam ser redimensionadas ("aulas podem ser mais do que aulas") para que incluam em sua dinâmica "entregas teóricas" exigidas pelo (ou que visem provocar) envolvimento ativo dos educandos nas diferentes situações formadoras que estão à sua disposição.

Em um processo formativo, o estudo diz respeito ao trabalho pedagógico relacionado à dimensão do conhecimento que visa à formação. Em nossa experiência conseguimos identificar pelo menos três tipos de atividades de estudo que podem integrar este conceito mais amplo: aquelas atividades específicas de apropriação e produção teórica, que trabalham com conceitos, categorias, método de análise, de pensamento e que envolvem processos de ensino, pesquisa, leitura e interpretação de textos, posicionamentos teóricos ou elaborações próprias; aquelas atividades que são voltadas à construção de habilidades e que seguem a lógica da capacitação (fazer para saber), que podem ser desde as necessárias para o primeiro tipo de estudo (ler e escrever, por exemplo) até as específicas do perfil profissional pretendido pelo curso, passando por tantas outras escolhidas por serem consideradas importantes no contexto de atuação destes educadores. E há também aquelas atividades de estudo cujo foco é a reflexão ou a produção de conhecimentos sobre as vivências da pessoa ou da coletividade, nos diferentes tempos e espaços de formação oportunizados ou intencionalizados pelo curso.

Essa diferenciação é apenas um recurso analítico. Não se considera nem se pretende que estas atividades aconteçam de forma separada ou fragmentada, mas nos parece importante distingui-las para que se compreenda que não existe apenas uma forma de estudo, embora exista uma especificidade ou uma intencionalidade específica no ato de estudar. Isso implica afirmar que também existem diferentes formas de conhecimento e de sua apropriação e produção.

Quando essas diferentes atividades de estudo acontecem em um mesmo processo formativo, e de modo articulado, ainda que tenham sua centralidade no conhecimento, acabam produzindo aprendizados também no campo dos valores, da postura, do modo de agir, de pensar, de sentir. Potencializam o exercício da práxis porque acabam tocando em algo que é básico para o seu movimento e, portanto, objetivo de qualquer processo formativo de perspectiva *omnilateral*: a *visão de mundo* que cada pessoa já tem ao chegar ao curso (ainda que não tenha consciência dela) e que pode reconstruir, transformar, reafirmar, no processo mesmo de compreender a realidade que passa a vivenciar e de se expor para transformá-la, autotransformando-se.

As sínteses poderão ser mais profundas se os estudos teóricos tiverem esta mesma perspectiva ou integrarem o projeto formativo. E também se esses estudos forem articulados a práticas onde esta visão de mundo vá sendo politicamente confrontada, ou seja, onde fique claro que não basta estudar para saber, mas sim para melhor intervir em uma realidade que precisa ser transformada.

Integra esta intencionalidade também uma definição de estratégias de estudo que levem ao aprendizado da elaboração própria, visando formar um pedagogo/educador que não seja apenas "consumidor" ou "reprodutor" de conhecimentos, mas sim um sujeito capaz de produzir conhecimento novo, de elaboração científica, teórica, de criação artística, e de criar métodos de intervenção na realidade ou de fazer o diálogo entre teoria e prática. A exigência não pode ser menor para quem pretende se inserir em processos educativos emancipatórios. Mas para isso é preciso aprender a pensar ou a apropriar-se e recriar métodos de pensamento, o que requer uma intencionalidade específica em relação ao que e como estudar.

Pensando na experiência desenvolvida com a Turma José Martí, é possível afirmar algumas estratégias diferenciadas (às vezes com lógicas distintas), que, articuladas em uma mesma intencionalidade, podem contribuir no desafio da emancipação intelectual dos estudantes.

Uma primeira estratégia é a exigência sistemática, e desde o início do curso, de posicionamentos orais ou escritos sobre diferentes questões ou temas da realidade. O texto escrito ajuda na organização das ideias e, como indicamos antes, torna-se um daqueles registros materiais (obras) que permanecem "fora de nós" e nos permitem "pensar sobre o que pensamos" no momento de fazê-los.

Uma segunda estratégia é buscar construir a "sala de aula" como um lugar de aprender, onde se combinem diferentes formas de trabalho pedagógico compartilhadas entre educandos e educadores, entre professores e estudantes: aulas que tragam aportes teóricos e metodológicos consistentes, preparadas por professores que conseguem dar exemplo de "elaboração teórica própria" e de diálogo com diferentes formas de conhecimento;[5] exercícios individuais e em grupos de pesquisa bibliográfica, de interpretação de um texto ou de uma aula, de reescrita de textos que exija algum tipo de formulação interpretativa própria, seguidos de socialização e de debates entre os estudantes, com ou sem a mediação docente.

Combinada a esta estratégia anterior, há uma estratégia específica em relação ao "aprender a estudar por conta própria", especialmente pela garantia de um tempo diário de leitura e anotações de estudo, não necessariamente vinculado às aulas de cada período, mas organizado a partir de um plano de leituras ou de estudos e motivado por exigências do conjunto de atividades-processo do curso.

Por último, a pesquisa, certamente uma estratégia fundamental no aprendizado da elaboração própria e que, em cursos como os nossos, pode ter a potencialidade formadora de uma atividade-processo, ajudando especialmente na construção de uma postura interrogativa diante da realidade, e de um método (rigoroso) de pensamento capaz de juntar teoria e prática. A pesquisa tem esta força quando trabalhada ao mesmo tempo como ferramenta de apropriação/elaboração científica e como dimensão do processo formativo.

Na Turma José Martí, a pesquisa foi trabalhada como atividade processual que buscou fazer um exercício prático real de produção de conhecimento científico voltado para desafios de intervenção social, identificados junto com as organizações sociais de origem dos estudantes e em diálogo com as ferramentas culturais e o acúmulo de conhecimentos já produzidos pela sua própria dinâmica coletiva. Esta produção foi pensada para acontecer combinada com objetivos de uma formação científica preocupada com certos traços importantes do perfil de pedagogo da terra, entre os quais o de se desafiar a interpretar uma realidade desde o método do materialismo histórico-dialético.

Na pesquisa a elaboração própria não significa criar "do nada", por pura inspiração. É "livre pensar", mas não só. O caminho de produção da ciência passa pela reconstrução/apropriação de outros conhecimentos ou informações já disponíveis. Não há criação teórica consistente que possa prescindir do acesso ao conhecimento anteriormente produzido. Porque aprender a dialogar com as teorias existentes é condição da elaboração teórica própria. E é importante neste processo distinguir a atitude/tarefa de "descoberta" do que já foi criado e a de

---

[5] Ao mesmo tempo em que é pedagogicamente importante descentrar o processo educativo das aulas, entendidas no sentido estrito de momento do "discurso didático", é preciso aprender sobre a importância de "boas aulas" e da postura dialógica que se exige de educandos e educadores para que possam potencializá-las como parte do processo formativo.

"criação cientifica" nova, superando tanto posturas elitistas quanto de banalização dos processos de produção do conhecimento.

É por isso que aquela estratégia de exigir posicionamentos próprios desde o começo do curso foi colocada como primeira, porque é preciso intencionalidade para se atingir equilíbrio: a exigência de rigorosidade e de diálogo com o conhecimento já produzido não pode gerar uma espécie de "bloqueio intelectual" muito comum em cursos universitários, qual seja, não se pode dizer a própria palavra enquanto não se dominar tudo que já se pensou ou escreveu sobre o tema. E também somente se pode propor intervenções na realidade depois de chegar a uma criação teórica original. Isso é teoricismo, tão estreito e danoso quanto o ativismo.

As questões da vida real exigem um diálogo permanente entre teoria e prática; tão profundo e inteligente quanto se consiga fazer a cada momento. E um diálogo/confronto que não se restringe ao âmbito da pesquisa (nem da ciência), sendo objetivo e construção do processo formativo como um todo, mas para o qual a pesquisa pode ser ferramenta importante.

5ª) Buscar construir no cotidiano do curso parâmetros éticos de uma convivência humana e socialmente justa. Porque a formação ética pode fazer grande diferença no "destino" social destes educadores: para o que vão continuar fazendo consigo mesmos e com aqueles que buscarem educar. E valores se formam, se firmam ou se retificam fundamentalmente no exercício da convivência ou das diferentes *relações humanas* e nos *comportamentos individuais e coletivos* que acabam revelando os resultados produzidos pelas nossas intencionalidades formativas, no que se refere ao jeito de ser das pessoas. E este modo de ser é construído fundamentalmente nas relações sociais que constituem a materialidade de um processo educativo.

Em nossa experiência, a forma pedagógica da escola e a dinâmica pensada para o curso permitiram/exigiram trabalhar com uma das concepções básicas da construção destes parâmetros, que diz respeito ao entendimento da relação indivíduo-coletivo ou, mais amplamente, da relação indivíduo-sociedade. Esta relação está no centro de muitas tensões vivenciadas no cotidiano de processos formativos que têm uma perspectiva de totalidade e que recolocam a referência de projetos coletivos.

Vivemos em um tempo e um tipo de sociedade que tem no "culto ao indivíduo" e sua contraposição a qualquer forma de coletividade e à própria sociedade, supostamente responsáveis pela não realização da "liberdade individual plena", um dos seus produtos históricos. O capitalismo tornou possível e necessário criar a ilusão de que a liberdade é "naturalmente" individual e a privacidade um valor supremo, para poder absolutizar uma ordem social que, pelo "avanço vitorioso das forças produtivas", é capaz de tornar o ser humano cada vez mais independente, mas que, por opor as pessoas entre si, e desumanizar as relações de trabalho (necessariamente sociais), é incapaz de torná-las efetivamente livres (MÉSZÁROS, 2006, p. 236).

Se nosso objetivo é preparar sujeitos para a superação do tipo de estrutura social e de mentalidade que gera essa tendência, é preciso intencionalizar o contraponto, que se fundamenta na denúncia de como é falsa a oposição entre indivíduo e sociedade e de como é possível uma nova síntese histórica: nem individualismo, nem coletivismo, mas, na expressão de Marx, a formação do "indivíduo social".

No processo formativo da Turma José Martí, bem como no conjunto das práticas educativas que acontecem no espaço onde seu curso foi realizado, as circunstâncias da convivência em tempo integral, a diversidade dos sujeitos envolvidos e o trabalho de acompanhamento pedagógico que deu ênfase às relações sociais tornaram as tensões entre interesses individuais e coletivos uma questão de formação.

O processo de avaliação do curso, que incluía a dimensão da *participação nos processos de trabalho*, a *vivência social* e o exercício coletivo de *crítica e autocrítica* a cada etapa, foi ferramenta importante para garantir um tempo coletivo para esta reflexão. Da mesma forma, a dinâmica que aos poucos foi sendo instituída pelos núcleos de base, para que as pessoas pudessem assumir-se como educadoras entre si, permitiu abordar essas questões de diferentes ângulos e envolvendo diferentes tipos de relações humanas.

Nosso objetivo formativo é o de construir relações sociais que sejam pautadas pela solidariedade e preocupação com os problemas do outro, pelo companheirismo, pelo respeito e compreensão mútua, pela disponibilidade pessoal para garantir o bem-estar do coletivo, pela honestidade e fidelidade nas relações, pelo senso de igualdade, de justiça, de beleza, pelo afinamento das emoções, pelo cultivo do bom humor (este último sempre um bom tempero no convívio de qualquer coletivo). Esses são parâmetros de relações e também de uma forma de afetividade que pode ajudar no desenvolvimento pleno das pessoas, do indivíduo social.

E uma questão que sempre retorna, quando se discutem referenciais para uma convivência humanizada, é a do necessário "respeito às diferenças", entre pessoas, grupos, gerações, etnias, raças, gênero, culturas. Na formação de educadores, e particularmente educadores do campo, esta é, sem dúvida, uma questão relevante, uma vez que sabem bem como há discriminações feitas em nome de determinados padrões de cultura, de conhecimento, de trabalho e de como se concretizam reafirmando desigualdades históricas sofridas pelo povo que vive no campo: econômicas, sociais, culturais, educacionais. Por isso o desafio de ser educado para não reproduzir essas discriminações na relação com seus educandos, mas aprendendo a reconhecer diferenças ou particularidades de pessoas, de grupos, de relações sociais, sem absolutizá-las nem deixar de buscar a igualdade e a justiça; sem deixar de acreditar em um projeto coletivo ou de trabalhar pela unidade de sua classe.

Este nos parece um parâmetro especialmente importante hoje, porque uma das expressões do "culto ao indivíduo" tem sido a absolutização da diferença ou do chamado "direito à diferença", tirando-a de sua própria historicidade. A diferença não pode ser considerada um valor em si, vinculado à lógica da falsa "autonomia individual" e descolado da vida real a que se refira. Seu valor está vinculado à "reciprocidade social" (MÉSZÁROS, 2006), não pode justificar privilégios nem desagregação da coletividade ou obstáculo para seu florescimento. Temos "direito" a "ser diferentes" sempre que esta diferença nos remeta a direitos coletivos e a um horizonte emancipatório.

Nem a diferenciação nem a padronização de comportamentos, de características ou de ideias são nosso objetivo em um processo formativo. O que buscamos, novamente, é o equilíbrio próprio a uma convivência humana e socialmente justa.

6ª) Fazer do curso uma ferramenta de enraizamento da Educação do Campo. Como prática social e como concepção de campo e modo de pensar a educação de seus sujeitos. Porque, sendo esta experiência de formação de educadores "fruto" da construção prática e teórica da Educação do Campo, também pode se tornar sua "raiz", à medida que forme os sujeitos continuadores de seu projeto originário. No curso que fizemos, foi uma "intencionalidade-tempero" que esteve presente no conjunto das estratégias pedagógicas e na reflexão do perfil de formação do pedagogo da terra.

Mas como um curso universitário pode ajudar a enraizar a Educação do Campo? A Turma José Martí, que continua a nos servir como referência nesta reflexão, nasceu desafiada a participar da construção do movimento "por uma Educação do Campo". Esse foi um dos traços fortes da identidade comum trabalhada pelo curso entre as organizações que o constituíram.

A cada etapa do curso, havia um momento específico para a chamada "análise de conjuntura" da Educação do Campo, que focalizava avanços e retrocessos tanto na dimensão de luta por políticas públicas como do enraizamento das ações e concepções educativas em cada organização ou Movimento Social. Foi durante este curso e pela mobilização dos estudantes que as organizações da Via Campesina passaram a participar mais do debate da Educação do Campo e de sua articulação em cada Estado ou região. Em certo momento, o colegiado de coordenação do curso passou a se constituir em fórum de debate da Via Campesina sobre esta questão.

Também foram feitos alguns ajustes nas ementas de componentes curriculares para garantir estudos específicos sobre a realidade do campo e algumas questões particulares trazidas pelas diferentes organizações: juventude, gênero, controle social da produção e do uso da energia... Na mesma estratégia foram reforçados conteúdos de formação geral que pudessem ajudar a consolidar a visão de mundo que fundamenta o projeto político-pedagógico da Educação do Campo.

Aos poucos a intencionalidade principal deste processo foi sendo melhor compreendida: são os sujeitos e as práticas sociais em que estão envolvidos, à medida que efetivamente reconhecidas no diálogo pedagógico, que exigem o tratamento da especificidade, bem mais do que programas ou conteúdos de ensino podem ou devem garantir. Quanto mais complexas e coletivas as práticas de Educação do Campo em que se inserem educandos e educandas, e isso quer dizer ir além das práticas particulares de cada organização ou Movimento Social, mais elas se tornam objeto do curso. Por isso, se essa inserção não puder ser condição de entrada, deve ser intencionalidade do processo, desafio que deve ser transformado em estratégia pedagógica de cada Tempo Comunidade, integrando o exercício da práxis.

Da mesma forma, garantir e intencionalizar este diálogo, que é político, pedagógico e epistemológico, pode ajudar efetivamente a provocar a emergência dos sujeitos (pessoas e coletivos) na condução do seu processo formativo. Ele integra o movimento permanente, e às vezes contraditório, entre o particular e o universal, na produção do conhecimento, na construção do ferramental teórico de análise da realidade e na consolidação de valores próprios às novas relações sociais pretendidas.

Um curso em si mesmo não tem a força material necessária ao enraizamento de uma prática social como a Educação do Campo, mas o projeto formativo que o produz e se produz a partir dele pode compor o processo de "territorialização" desta prática. Parafraseando Bernardo Mançano Fernandes, talvez seja possível afirmar que a Pedagogia da Terra da Via Campesina se constitui como um "território imaterial" que procura contribuir com a formação dos "territórios materiais" da Educação do Campo, o que quer dizer com a produção do campo como um espaço de vida plena e de uma educação comprometida com esta vida e seus sujeitos.[6]

---

[6] Segundo FERNANDES (2006, p. 29), "territórios são espaços geográficos e políticos, onde os sujeitos sociais executam seus projetos de vida para o desenvolvimento. Os sujeitos sociais organizam-se

A concepção de Educação do Campo que se busca enraizar através deste processo de formação de educadores é aquela que retoma sua materialidade de origem: um projeto educacional vinculado às lutas sociais camponesas, de natureza anticapitalista e voltado à construção de um novo projeto de nação, de sociedade, de campo. Projeto que pressiona por políticas públicas que garantam de fato a universalização do acesso às diferentes formas de educação, mas que tensiona a visão liberal de pedagogia, supostamente "universal", e se integra ao desafio de construção de uma práxis de educação unitária da classe trabalhadora.

Nossa tarefa de formação de educadores continua e é grandiosa. Esperamos que prática e reflexão expressas neste texto possam ser lidas como um dos movimentos do trabalho coletivo que ela exige.

Bibliografia

ARROYO, M. G. *Imagens quebradas: trajetórias e tempos de alunos e mestres*. Petrópolis: Vozes, 2004.

CALDART, R. S. Teses sobre a pedagogia do movimento. 2005. Inédito.

CALDART, R. S.; PALUDO, C.; DOLL, J. (Orgs.). *Como se formam os sujeitos do campo? Idosos, adultos, jovens, crianças e educadores*. Brasília: PRONERA/NEAD, 2006.

FERNANDES, B. M. Os campos da pesquisa em Educação do Campo: espaço e território como categorias essenciais. In: MOLINA, M. C. (Org.). *Educação do Campo e pesquisa: questões para reflexão*. Brasília: MDA, 2006. p. 27-39.

FREIRE, P. *Pedagogia do oprimido*. 32. ed. Rio de Janeiro: Paz e Terra, 1987.

KONDER, L. *O futuro da filosofia da práxis: o pensamento de Marx no século XXI*. 2. ed. Rio de Janeiro: Paz e Terra, 1992.

MÉSZÁROS, I. *A educação para além do capital*. São Paulo: Boitempo, 2005.

MÉSZÁROS, I. *A teoria da alienação em Marx*. São Paulo: Boitempo, 2006.

MOLINA, M. C.; JESUS, S. M. S. A. (Orgs.). *Contribuições para a construção de um projeto de Educação do Campo*. Brasília: Articulação Nacional por uma Educação do Campo, 2004. (Por Uma Educação do Campo, 5).

VALLE, L. Educação. In: ESCOLA POLITÉCNICA DE SAÚDE JOAQUIM VENÂNCIO (Org.). *Dicionário da Educação Profissional em Saúde*. Rio de Janeiro: EPSJV, 2006. p. 99-106.

---

por meios das relações de classe para desenvolver seus territórios. No campo, os territórios do campesinato e do agronegócio são organizados de formas distintas, a partir de diferentes classes e relações sociais". "O território é uma fração do espaço geográfico e/ou de outros espaços materiais ou imateriais. [...] o território imaterial é também um espaço político, abstrato. Sua configuração como território refere-se às dimensões de poder e controle social que lhes são inerentes" (p. 33).

Documentos consultados

1. Construção da Memória da Turma José Martí. Registros do processo. Veranópolis, maio de 2003 a novembro de 2005.

2. Instituto de Educação Josué de Castro: características gerais da organização escolar e do método pedagógico. Documento que integra a sistematização do processo pedagógico do Iterra/IEJC. Veranópolis, outubro de 2006.

3. Memoriais de Aprendizado dos estudantes da Turma José Martí. Veranópolis, setembro de 2005.

4. Memória do Processo de Pesquisa na Turma José Martí. Texto elaborado em janeiro de 2006.

5. Memória da Turma José Martí. Veranópolis, setembro de 2005.

6. Projeto Metodológico de cada etapa do curso. Veranópolis, março de 2002 a setembro de 2005.

7. Projeto Curso Pedagogia Anos Iniciais do Ensino Fundamental: Crianças, Jovens e Adultos. UERGS, 2001 e 2004.

CAPÍTULO 7
Direito ao Direito: uma experiência de luta pela efetividade da promessa constitucional do direito de acesso universal à Educação

José do Carmo Alves Siqueira

Introdução. Esta experiência é assim, desde o começo

Foi num dia claro e azul de maio de 2005, quando, convidado, participei de uma reunião com os setores de Educação e de Direitos Humanos do Movimento dos Trabalhadores Rurais Sem Terra (MST), no Centro Pastoral Dom Fernando Gomes dos Santos, em Goiânia. O Prof. Alexandre Aguiar dos Santos, então coordenador da Extensão, a Turma C, do Curso de Direito que a Faculdade de Direito da Universidade Federal de Goiás (UFG), oferecia na Cidade de Goiás, antecipou-me que a ideia era criar um curso de graduação em Direitos Humanos direcionado a integrantes de Movimentos Sociais do Campo. Meu entusiasmo por essa proposta não estava formado, aliás, não conseguia encontrar uma boa razão para essa possibilidade.

Na reunião, após ouvir algumas manifestações, perguntei "mas e por que não o curso de Direito?". Ao que o Juvelino Strozake respondeu, com o entusiasmo que estava me faltando para a proposta anterior: "É isso que nós queremos!". Nascia então, ali, um grande desafio, mas confesso que, naquele momento, não imaginava que estavam por vir tantas e tão fortes reações contrárias, verdadeiras mobilizações e atitudes contundentes negadoras do direito de acesso à Educação.[1]

---

[1] A iniciativa teve, no dia da comemoração da Independência do Brasil, contundente, debochado e desinformado ataque em editorial do jornal O *Estado de São Paulo*, 7 de setembro de 2007, intitulado "Bacharéis Sem-Terra", no qual afirmou: "O que não tem sentido algum – e chega a ser aberrante – é a ideia de montar-se um curso de Direito exclusivo para os sem-terra, como o implantado pela Universidade Federal de Goiás (UFG), cujo ingresso depende de documento emitido pelo Instituto Nacional de Colonização e Reforma Agrária (Incra), comprovando que o pretendente a bacharel em ciências jurídicas e sociais tem direito a concorrer àquela vaga em curso superior só por ser um sem-terra. Quer dizer, parece que a ideia é que no futuro se tenha advogados, promotores e magistrados de origem exclusiva dos assentamentos. E, se a ideia 'pegar', acabaremos tendo "cotas" de emessetistas em todas as universidades do País".

Ainda em conversas preliminares, na forma de sondagens e prospecções com dirigentes e outros professores da Faculdade de Direito da UFG, evidenciava-se um problema real e enorme a ser transposto: a falta de docentes para que a universidade pudesse oferecer o curso. Diante desse problema, no dia 18 de agosto de 2005, em audiência com o setor de Documentação do MST, acompanhada por mim, o então secretário de Educação Superior do Ministério da Educação, Prof. Nelson Maculan Filho, perguntou-me o que era necessário para que a demanda de um curso como esse fosse atendida, e eu, com a ajuda de Edgar Kolling, respondi – "vinte professores!", pedido que foi assumido como compromisso pelo secretário do MEC.

A partir de então, a Via Campesina[2] trouxe a demanda para dentro da Faculdade de Direito da UFG, cujo diretor, o Prof. Benedito Ferreira Marques, remeteu o assunto ao Conselho Diretor dessa unidade acadêmica e o incluiu na pauta de suas reuniões.

Acompanhada da promessa, pelo MEC, de solucionar o problema da falta de professores, a proposta dos Movimentos Sociais do Campo entrou pela porta da Faculdade de Direito da UFG, sendo que era preciso percorrer um longo caminho no interior da própria Universidade. É o exercício da pedagogia do processo como meio de conquistar e de afirmar o direito de acesso à educação.

Essa pioneira iniciativa de luta pela conquista do *direito ao Direito* tinha que ser de caráter nacional, porque as resistências teriam as mesmas dimensão e força.[3] E assim foi tratada.

O Brasil e o seu contexto histórico de decisões tardias

É óbvio que ao tratar, aqui, do Brasil, estou me referindo aos seus governos, especialmente, aqueles marcadamente dominados pelas elites econômicas e

---

[2] A Via Campesina, no Brasil, é integrada por organizações dos Movimentos Sociais e entidades constituídas, como: Movimento dos Trabalhadores Rurais Sem Terra (MST), Movimento dos Pequenos Agricultores (MPA), Movimento dos Atingidos por Barragens (MAB), Movimento de Mulheres Camponesas (MMC), Federação dos Estudantes de Agronomia do Brasil (FEAB); Comissão Pastoral da Terra (CPT), Pastoral da Juventude Rural (PJR), Associação Brasileira dos Estudantes de Engenharia Florestal (ABEEF), Conselho Indigenista Missionário (CIMI), Movimento de Pescadores e Pescadoras Artesanais.

[3] Mesmo após o arquivamento do Inquérito Civil Público, Procedimento Administrativo n. 1.18.000.008340/2006-92, instaurado pelo Ministério Público Federal (MPF), foi ajuizada, por outro integrante do próprio MPF, Ação Civil Pública – Processo n. 2008.35.00.013973 (0013916-34.2008.4.01.3500), que tramitou na 9ª Vara Federal, da Seção Judiciária Federal – Estado de Goiás, com pedido de "determinar a suspensão do curso de graduação de Direito para os beneficiários da reforma agrária e seus filhos, por ilegalidade da Portaria Conjunta INCRA/P/INCRA/SR (04) GO/UFG n. 9 de 17.08.2007", que foi deferido pelo juiz singular e está em grau de apelação perante o TRF1, onde obteve decisão de suspensão de segurança.

políticas que sempre fizeram do Estado uma espécie de longa manus de seus interesses explicitamente privados.

Cito três decisões propositalmente tardias em relação a macro problemas como a escravidão, a concentração da terra e a não oferta de educação para todos. São problemas de uma magnitude tal que, uma vez enfrentados e, adequadamente, solucionados, gerariam impactos para enormes contingentes do povo brasileiro. E já é preciso advertir que há um descompasso entre as decisões (que são atos políticos formais) e suas efetivações (que devem traduzir as decisões em direitos materiais ou imateriais, como é o caso da educação).

Primeiro problema, o Brasil foi o último país do continente americano a abolir a escravidão, como ato político formal, e um dos últimos do mundo a tomar essa medida, à exceção de alguns países da África que a mantiveram até o século XX. E o mais nocivo é que, como mecanismo de prevenção à abolição, o Brasil aprovou a Lei n. 601, de 18 de setembro de 1850, conhecida como a Lei de Terras, na qual se estabeleceu que só se poderia adquirir terras devolutas, exclusivamente, por meio da compra (cf. art. 1º). Quem buscasse obter terras por meio da posse, seria penalizado, criminal e civilmente, por dano (cf. art. 2º).[4] E, também, não houve indenização aos alforriados ou "desescravizados", por tudo o que fizeram e construíram no país. Com aquela lei, escravizou-se a terra, antes de se libertarem os escravos.

Muito provavelmente, se não tivesse sido editada a Lei de Terras de 1850, a necessidade de Reforma Agrária no Brasil poderia ser bem menor. O fato é que a falta de uma verdadeira e profunda Reforma Agrária,[5] até os dias atuais, permite a expansão do segundo problema, a concentração da terra na formação de latifún-

---

[4] Lei n. 601, de 18 de setembro de 1850, que "Dispõe sobre as terras devolutas no Império, e acerca das que são possuídas por titulo de sesmaria sem preenchimento das condições legais, bem como por simples titulo de posse mansa e pacifica; e determina que, medidas e demarcadas as primeiras, sejam elas cedidas a titulo oneroso, assim para empresas particulares, como para o estabelecimento de colonias de nacionaes e de extrangeiros, autorizado o Governo a promover a colonisação extrangeira na forma que se declara D. Pedro II, por Graça de Deus e Unanime Acclamação dos Povos, Imperador Constitucional e Defensor Perpetuo do Brasil: Fazemos saber a todos os Nossos Subditos, que a Assembléa Geral Decretou, e Nós queremos a Lei seguinte:
Art. 1º Ficam prohibidas as acquisições de terras devolutas por outro titulo que não seja o de compra. Exceptuam-se as terras situadas nos limites do Imperio com paizes estrangeiros em uma zona de 10 leguas, as quaes poderão ser concedidas gratuitamente.
Art. 2º Os que se apossarem de terras devolutas ou de alheias, e nellas derribarem mattos ou lhes puzerem fogo, serão obrigados a despejo, com perda de bemfeitorias, e de mais soffrerão a pena de dous a seis mezes do prisão e multa de 100$, além da satisfação do damno causado. Esta pena, porém, não terá logar nos actos possessorios entre heróes confinantes".

[5] É bastante abrangente o conceito de Reforma Agrária Integral, contido no art. 6º, da Carta de Punta del Este.

dios, de um lado, e de minifúndios, de outro, conforme revelam dados do Censo Agropecuário de 2006, do Instituto Brasileiro de Geografia e Estatística (IBGE).[6]

O terceiro grande problema é o da não priorização da educação, que, embora feita na forma de promessa, com forte destaque na própria Constituição Federal de 1988, não foi, ainda, traduzida em medida política efetiva, o que significaria a destinação de recursos financeiros para sua universalização, em todos os níveis.[7] Daí, as consequências perversas do não investimento em educação, o analfabetismo, o analfabetismo funcional e o baixo índice de jovens matriculados na educação superior.

Segundo a Pesquisa Nacional por Amostra de Domicílios (PNAD) (2009), do IBGE, a taxa de analfabetismo, entre as pessoas com idade igual ou superior a 15 anos, foi de 9,7% da população, alcançando um total de 14,1 milhões de habitantes. E o analfabetismo funcional incidente sobre pessoas da mesma faixa etária, aquelas com menos de quatro anos de estudos, segundo o IBGE, ficou em 20,3%, ou seja, de cada cinco brasileiros, um é analfabeto funcional.

No que se refere à educação superior, o Plano Nacional de Educação, aprovado pela Lei n. 10.172, de 9 de janeiro de 2001, para os dez anos que se seguiram, fixou, dentre seus "Objetivos e Metas", o de número 1: "Prover, até o final da década, a oferta de educação superior para, pelo menos, 30% da faixa etária de 18 a 24 anos". A década acabou e o percentual atingido não alcançou a metade da meta, ainda está em 14%.

O curso de Direito, de acordo com os números do MEC/Instituto Nacional de Estudos e Pesquisas Educacionais Anísio Teixeira (INEP), colhidos no Censo da Educação Superior do ano de 2009, abriga 10,9% (651.730 estudantes) do total de matrículas na graduação, nas modalidades presencial e a distância, ficando abaixo apenas do curso de Administração, que possui 18,5% das matrículas (1.102.579 acadêmicos).[8]

---

[6] De acordo com os dados do último Censo Agropecuário do Brasil, IBGE/2006, o Índice de Gini de concentração de terras está em 0,854 (quanto mais próximo de 1, maior é a concentração). Estabelecimentos rurais com áreas superiores a mil hectares representam 0,91% do número de proprietários e concentram acima de 43% das terras agricultáveis. De outro lado, os estabelecimentos rurais com áreas menores de dez hectares preenchem menos de 2,7% das terras agricultáveis. São os extremos do latifúndio e do minifúndio, cujas erradicações de ambos devem ser as metas de uma Política de Reforma Agrária.

[7] De acordo com o MEC, o Brasil deveria investir 4,8% do seu Produto Interno Bruto (PIB), no ano de 2010, em educação, o que está bem abaixo do percentual mínimo de 6% recomendado pela Organização das Nações Unidas, para os países em desenvolvimento (Fonte: Portal do MEC, acesso em 06/11/2007).

[8] Conferir MEC/INEP – Resumo Técnico do Censo da Educação Superior 2009, Tabela 4, p. 14, disponível no Portal do MEC, acesso em 06/11/2007.

Então, a demora temporal, agravada pelos modos como foram tratados os problemas da escravidão, da concentração da terra e da não oportunidade de acesso à educação, produziu um quadro de exclusões, de um lado, e de elitizações, de outro, que, hoje, não combinam nem mesmo com o que a Constituição Federal de 1988 apregoa como objetivos fundamentais do Brasil:

> Art. 3º . Constituem objetivos fundamentais da República Federativa do Brasil:
> I – construir uma sociedade livre, justa e solidária;
> II – garantir o desenvolvimento nacional;
> III – erradicar a pobreza e a marginalização e reduzir as desigualdades sociais e regionais;
> IV – promover o bem de todos, sem preconceitos de origem, raça, sexo, cor, idade e quaisquer outras formas de discriminação.

Vou desafiar a Constituição: cabe, sim, uma forma de discriminação. A *discriminação positiva*. A discriminação para afirmar. A discriminação para produzir dignidade. A discriminação que faz nascer a cidadania que a mesma Constituição apresenta como um dos fundamentos da República Federativa do Brasil (CF, art. 1º, inciso II).

Compreendendo o contexto jurídico-político da promessa e a legitimidade (e até a legalidade) da demanda pelo direito ao Direito

A conclusão está logo no início: é preciso realizar as promessas da Constituição, pois ninguém vive de promessas.

O Estado de Direito é uma conquista da luta pela democracia. O contexto da Assembleia Constituinte de 1988, de ruptura com o regime militar de exceção, exigiu mais do que a possibilidade de se desenhar o Brasil apenas como *Estado de Direito*. Foi necessário afirmar que se constituía, a partir daquele momento, em um *Estado Democrático de Direito*,[9] adotando como seus fundamentos a *cidadania e a dignidade da pessoa humana*, entre outros (CF, art. 1º, II e III).

Essa foi uma decisão político-jurídica que deve presidir as relações sociais e as ações das pessoas (físicas), da sociedade e do Poder Público, incluídas, aí, as Universidades. Aqui, comporta analisar e apresentar uma conclusão acerca da legitimidade e da legalidade de uma universidade pública criar um curso

---

[9] Com a ressalva, bem oportuna e contundente, de que o Direito é a externalização mais explícita da angústia de ser, simultaneamente, afirmação de garantias e fator de limites (as proibições) e, por isso, há pessoas que vivem para construir os muros jurídicos que separam a possibilidade de que os direitos sejam para todos.

para um segmento específico da sociedade, para categorias sociais, inclusive, reconhecidas por leis brasileiras.[10]

Para enfrentar melhor a questão, é essencial compreender bem a própria Universidade, suas origens e conceito, seu papel e suas garantias. A *universitas* teve sua origem como o lugar especial do conhecimento, dos saberes e da cultura da humanidade. Universidade é uma ideia que se cristalizou num conceito reconhecido para dentro e para fora de seu ambiente. Há um senso comum mínimo acerca do conceito de universidade: é onde se desenvolvem a educação e a formação superior, como se pode inferir do disposto no art. 51, da Lei de Diretrizes e Bases da Educação Nacional (LDB) (Lei n. 9.394/1996). A Universidade é enfocada como uma credencial, um selo a ser atribuído a uma instituição dedicada à educação superior, no seu conceito mais amplo que vincula a Universidade ao "princípio de indissociabilidade entre ensino, pesquisa e extensão" (CF, art. 207, *caput*). Isso representa muito mais, abre um horizonte ilimitado (a não ser pela ética), para a universidade em relação ao conhecimento e ao saber. É necessário que ela saia de si e vá ao encontro dos problemas brasileiros, assim como deva chamar ou receber dentro de si as realidades brasileiras e, a partir da compreensão de seus fenômenos mais variados, possa desenvolver sua missão de formar profissionais para o mundo de hoje, bem no sentido da afirmação de Darcy Ribeiro (1986, p. 5) "O Brasil não pode passar sem uma universidade que tenha o inteiro domínio do saber humano e que o cultive não como um ato de fruição erudita ou de vaidade acadêmica, mas com o objetivo de, montada nesse saber, pensar o Brasil como problema".

A Carta Política (expressão da ideia do *Contrato Social* de Rousseau) brasileira dotou as universidades de "autonomia didático-científica, administrativa e de gestão financeira e patrimonial" (CF, art. 207, *caput*). A autonomia e a independência, portanto, integram a essência do conceito de universidade. É inimaginável a ideia de uma Universidade tutelada em seu mister de produzir, sistematizar e difundir os conhecimentos. Em sintonia com a Constituição Federal, a LDB bem define universidade:

> Art. 52. As universidades são instituições pluridisciplinares de formação de quadros profissionais de nível superior, de pesquisa, de extensão e de domínio e cultivo do saber humano, que se caracterizam por:

---

[10] Beneficiário da Reforma Agrária, como espécie de agricultor familiar, é categoria social reconhecida pelas Lei n. 4.504, de 30 de novembro de 1964, que "Dispõe sobre o Estatuto da Terra, e dá outras providências", e a Lei n. 8.629, de 25 de fevereiro de 1993, que "Dispõe sobre a regulamentação dos dispositivos constitucionais relativos à reforma agrária, previstos no Capítulo III, Título VII, da Constituição Federal". Já a Lei n. 11.326, de 24 de julho de 2006, que "Estabelece as diretrizes para a formulação da Política Nacional da Agricultura Familiar e Empreendimentos Familiares Rurais", é a que reconhece a categoria (gênero) de Agricultor Familiar (tradicional).

I – produção intelectual institucionalizada mediante o estudo sistemático dos temas e problemas mais relevantes, tanto do ponto de vista científico e cultural quanto regional e nacional.

E, no bojo do conceito de universidade, a própria lei educacional em referência estende a sua caracterização ao fixar as suas atribuições:

> Art. 53. No exercício de sua autonomia, são asseguradas às universidades, sem prejuízo de outras, as seguintes atribuições:
> I – criar, organizar e extinguir, em sua sede, cursos e programas de educação superior previstos nesta Lei, obedecendo às normas gerais da União e, quando for o caso, do respectivo sistema de ensino;
> II – fixar os currículos dos seus cursos e programas, observadas as diretrizes gerais pertinentes;
> III – estabelecer planos, programas e projetos de pesquisa científica, produção artística e atividades de extensão;
> IV – fixar o número de vagas de acordo com a capacidade institucional e as exigências do seu meio (Grifos nossos).

O parágrafo único, do mesmo art. 53, da LDB, ressalta o caminho para a efetivação da promessa de garantia do princípio da "autonomia didático-científica das universidades", indicando que aos seus "colegiados de ensino e pesquisa" é que cabe a tomada de decisões, respeitados os "recursos orçamentários disponíveis" (um dos maiores fatores mais invocados para a limitação/vedação do direito), sobre: "I – criação, expansão, modificação e extinção de cursos; II – ampliação e diminuição de vagas; III – elaboração da programação dos cursos".

Portanto, a legitimidade e também a legalidade de uma universidade criar um curso para um segmento específico da sociedade remetem à própria Constituição Federal que afirma e protege o direito social à educação (art. 6º) e a define como "direito de todos e dever do Estado", e visa "ao pleno desenvolvimento da pessoa, seu preparo para o exercício da cidadania e sua qualificação para o trabalho" (CF, art. 205).

Todavia, como política pública capaz de realizar a cidadania, a educação ainda é um direito altamente seletivo, sobretudo, quanto à educação superior pública e gratuita, sendo bastante agravado o problema para determinados cursos de graduação, como Direito, Medicina, Engenharias e outros.

A falta de oportunidade de cursos superiores para a população do campo, em especial a que se engajou nos Movimentos Sociais de luta pela terra, acarreta enormes dificuldades para a própria consolidação da política de Reforma Agrária. Daí, a necessidade de serem implementados programas e projetos, pelo Poder Público, que atuem na diminuição desses entraves, como são os casos do Programa de Educação no Campo, desenvolvido pelo Ministério da Educação (MEC), e do Programa Nacional de Educação na Reforma Agrária (PRONERA),[11] este institucionalmente vinculado ao Instituto Nacional de Colonização e Reforma Agrária (INCRA).

É o caso de afirmar que a decisão de oferecer um curso de graduação dirigido a determinadas categorias sociais, neste caso, a beneficiários de Projetos de Assentamentos da Reforma Agrária e a agricultores familiares tradicionais, está alicerçada no princípio natural e constitucionalizado da igualdade na lei e, inclusive, perante a lei (CF, art. 5º, *caput*).

Trata-se de medida a ser realizada no âmbito das denominadas ações afirmativas, tão em voga entre as demandas sociais históricas na sociedade brasileira e na possibilidade de sua efetivação pelo Poder Público. Naturalmente, a seleção de uma turma especial que objetiva graduar jovens e adultos dessas categorias teve que se dar mediante certame classificatório, na forma de vestibular, sendo os desiguais tratados desigualmente, para não se fazer de conta que se está promovendo o acesso à educação superior.

Formar profissionais com perfil adequado para atuação jurídica junto aos Movimentos Sociais do campo parece ser um objetivo acertado dessa formação acadêmica que nasceu com a marca de uma política de inclusão e de afirmação social, com indicadores de aferição qualitativa e quantitativa de resultados a serem alcançados. Suas matrizes curriculares são as mesmas seguidas pela Faculdade de Direito em suas turmas regulares.

Como premissa, desde a sua proposta e, evidentemente, na sua fase de concretização, este desafio de oferecer uma Turma Especial de graduação para as categorias específicas do campo realiza o princípio da igualdade. Numa apressada apreciação da matéria, poder-se-ia considerar paradoxal enxergar igualdade numa iniciativa com foco na distinção e na excepcionalidade. Porém, repita-se, esta é uma ação de índole realizadora da promessa constitucional de que "Todos são iguais perante a lei, sem distinção de qualquer natureza, garantindo-se aos brasileiros e aos estrangeiros residentes no País a inviolabilidade do direito à vida, à liberdade, à igualdade, à segurança e à propriedade" (CF, art. 5º, *caput*).

Neste caso, de fato, é preciso superar a interpretação de que a igualdade só se verifica ao se exigir a submissão de todos a um concurso vestibular para ingresso num curso de graduação. A igualdade não está, absolutamente, fechada na obrigação da porta única, e aparentemente *erga omnes*, do exame vestibular.

---

[11] Cabe frisar que o PRONERA, bem como o Programa Nacional de Apoio à Agricultura Familiar (PRONAF), são dois dos poucos bons exemplos de políticas públicas que foram institucionalizadas a partir da formulação e da pressão pela efetividade que vieram "de baixo para cima".

A igualdade está aberta na oportunidade, igualmente aberta, de poder exercitar o direito à educação em todos os níveis, inclusive, a superior, e nos mais variados cursos existentes nas universidades brasileiras, sem exceção.

Portanto, o direito à igualdade e o direito à educação devem passar a ser concretude na vida das pessoas historicamente marginalizadas dessas promessas constitucionais, para saírem da categoria de meras expectadoras do direito. Esta iniciativa se propôs a combater a "desigualdade moral ou política", segundo a concepção de Rousseau, que além desta admite, também, a espécie de desigualdade "natural ou física" entre as pessoas.

Para Rousseau, na sua obra "Discurso sobre a origem da desigualdade entre os homens", citado por José Afonso da Silva (1999, p. 215), a "desigualdade moral ou política" é assim denominada

> [...] porque depende de uma espécie de convenção, e é estabelecida, ou ao menos autorizada, pelo consentimento dos homens, consistindo nos diferentes privilégios que uns gozam em detrimento dos outros, como ser mais ricos, mais nobres, mais poderosos.

Fechar-se a demandas como esta ou deixar de tomar iniciativas dessa natureza impõe à Universidade excluir-se da realidade do campo, muito falada e pouco conhecida, afastando-a de sua missão de ser o lugar especial dos saberes científicos e populares, da cultura e dos problemas do Brasil. E, assim, perpetuam o desconhecimento e os preconceitos e não as garantias.

Felizmente, já é uma realidade em várias universidades brasileiras a criação e a oferta de cursos a turmas especiais, não apenas para assentados, mas ao conjunto da população rural que é depositária da confiança de que o Estado Democrático de Direito brasileiro consegue realizar as promessas constitucionais, combinadas com projetos e programas oficiais de Educação do Campo, desenvolvidos pelo MEC, e de Educação na Reforma Agrária, vinculado ao INCRA.

É fácil concordar com Darcy Ribeiro (1986, p. 18): "Toda ideia é provisória, toda ideia tem que ser posta em causa, questionada. Tudo é discutível, sobretudo numa universidade". O que não se pode mais permitir é continuar olhando o Brasil como casa grande e senzala.

A pioneira experiência

A decisão da UFG, de criar e de ofertar 60 vagas para constituir uma turma especial de graduação em Direito, para as categorias de beneficiários da Reforma Agrária e de agricultores familiares tradicionais, foi precedida de um razoavelmente longo processo de debate interno, desde o Conselho Diretor da Faculdade de Direito, passando pela Câmara de Graduação, pelo Conselho de

Ensino, Pesquisa, Extensão e Cultura (CEPEC), até o Conselho Universitário (CONSUNI), que é a instância máxima deliberativa da UFG. Este processo de deliberação começou em maio de 2005 e foi concluído em setembro de 2006, com a aprovação da Resolução CONSUNI n. 18/2006, de 15 de setembro de 2006, que:

> Cria a Turma Especial do curso de graduação em Direito para Beneficiários da Reforma Agrária, na cidade de Goiás, atendendo ao convênio com o Programa Nacional de Educação nas Áreas da Reforma Agrária – PRONERA/Instituto Nacional de Colonização e Reforma Agrária – INCRA, estendendo-se aos cidadãos beneficiados pela Política Nacional de Agricultura Familiar e Empreendimentos Familiares Rurais (Lei n. 11.326 de 24/07/2006).

Todo pioneirismo sofre resistências, gera conflitos. O conflito é natural num ambiente que se pretende democrático. A maior dificuldade, por incrível que pareça, é as pessoas que se opuseram a esta iniciativa se convencerem de que o "Direito posto", na expressão do professor Eros Roberto Grau, na mesma forma que nasce *erga omnes* (contra todos), deve ser em proveito de todos, também.

Um serviço público de qualidade, como tem sido o oferecido nos cursos de graduação e de pós-graduação da UFG, deve ter seu acesso democratizado. Esta experiência é mais um ato na grande construção da democratização do acesso à educação em todos os seus níveis. Esta iniciativa só surgiu, agora, porque as condições e o ambiente acadêmico-político ou político-acadêmico foram revelados agora.

É uma realização inserida num longo processo de conquista. É algo pequeno, mas é histórico e de forte significado simbólico. Talvez por isso a atuação de um representante do Ministério Público Federal que se utiliza de um instrumento do Direito (a ação judicial) para negar direitos.

O objetivo essencial do curso é formar bacharéis em Direito, de um modo que o estudante conclua sua graduação preparado para se habilitar para uma das muitas possibilidades de exercício profissional que se abrem para quem busca esta formação superior. A preocupação da Faculdade de Direito da UFG é oferecer uma formação jurídica sólida e humanista para um futuro profissional sintonizado com os problemas brasileiros locais e nacionais.

Esta é uma experiência concreta de política afirmativa,[12] de inclusão, que segue uma dinâmica um pouco diferente da maioria dos cursos superiores destinados a trabalhadores rurais, que funcionam de acordo com os princípios da Pedagogia da Alternância. Os estudantes têm aulas durante um período intensivo de até 90 dias e depois retornam para seu local de origem. O regime de integra-

---

[12] Sobre a concepção e a análise crítica do instrumento da ação afirmativa, nos Estados Unidos, ver: DWORKIN, 2005, capítulos 11 e 12, p. 543-607.

lização da matriz curricular é integral, num calendário acadêmico totalmente presencial, porém, em períodos um pouco mais concentrados que os seguidos pelas turmas regulares. Nesse sentido, as aulas (presenciais) ocorrem nos meses de março a maio (ou abril a junho), no primeiro semestre, e de agosto a outubro (ou setembro a dezembro), no segundo semestre de cada ano letivo, num total de cinco anos ou dez semestres.

Não houve mudança no currículo do curso, porque, se houvesse, seria um curso novo, e não se trata disso. Isto se deve a uma decisão tomada no processo de diálogo entre a Faculdade de Direito da UFG com os Movimentos Sociais do campo. Na fase inicial das conversas mantidas com os Movimentos Sociais, foi possível firmar que a demanda era de um curso de Direito regular, conforme definido no seu Projeto Político-Pedagógico, com sua matriz curricular do curso da FD/UFG, que oferta duas turmas em Goiânia e uma na Cidade de Goiás, com 60 vagas cada, perfazendo um total de 180 vagas por ano.

Então é a mesma a Matriz Curricular que é desenvolvida para a turma especial, cujo curso iniciou-se no dia 17 de agosto de 2007, coincidentemente, na semana comemorativa dos 109 anos da criação do curso de Direito no Estado de Goiás (13 de agosto de 1898), com a aula inaugural proferida pelo professor da Faculdade de Direito da USP e então Ministro do Supremo Tribunal Federal, Eros Roberto Grau.

A decisão da UFG de ofertar o curso a uma Turma Especial integrada por assentados da Reforma Agrária e agricultores familiares tradicionais do Brasil foi uma iniciativa que tem como fundamento realizar uma das tantas promessas que o Estado brasileiro fez ao seu Povo: dar efetividade ao direito à educação, precisamente, no nível superior e num curso de muita importância para a vida em sociedade, como é o de Direito.

Foram mais de 630 pessoas inscritas para o processo seletivo especial, sendo que não houve divulgação além da do próprio site da UFG. Dos aprovados, 48 eram oriundos de assentamentos (hoje, são 45) e 12 agricultores familiares tradicionais.

Exclusão social e direito de acesso à universidade

Parto de um grande problema: a exclusão social, e de uma possibilidade, que denomino oportunidade, de enfrentar e de superar esse problema, pelo acesso à Universidade (como meio de profissionalização e de acesso ao trabalho), embora adote o pressuposto de que nada é absoluto (menos ainda no Mundo do Direito) e, portanto, o acesso à Universidade (e/ou ao trabalho), por si só, não tem o poder de resolver o problema da exclusão social. Nesse sentido, é possível concluir que o acesso à Universidade (e/ou ao trabalho), por si só, não realiza o ideal de inclusão social.

Educador e verdadeiro *cidadão do mundo*, Paulo Freire (1981, p. 79, grifos do autor), consagrou a máxima de que: "Ninguém educa ninguém, ninguém se educa a si mesmo, os *homens* se educam entre si, mediatizados pelo *mundo*". Parafraseando-o, afirmo que ninguém *inclui* ninguém ou ninguém "desexclui" ninguém. E isto é um fundamento deste meu discurso. Poderia dizê-lo de outro modo: ninguém emancipa ninguém. Pode até alforriar, mas não significa emancipar.

A finalidade deste texto é abordar uma experiência concreta e pioneira, ao menos para a Educação Jurídica, de acesso à Universidade. E acesso na condição de estudante. Esclareço isso porque, de fato e também, ter acesso à Universidade, por si só, não significa um valor, uma conquista.

Afinal, trata-se de acesso a qual Universidade? Esta universidade oferece algo que representa um marco importante no processo de combate à exclusão social? Afinal, diferentemente da ação de ocupar terras, com a finalidade de pressionar e exigir, do Poder Público, o cumprimento e a realização da promessa constitucional da Reforma Agrária,[13] ocupar a Universidade exige o estabelecimento de relações com quem já está na Universidade – a sua comunidade acadêmica – e com outros que vão ingressando na dinâmica de uma instituição de passagem para a categoria dos estudantes.

A apropriação da Universidade pelos Movimentos Sociais, como decorrência natural da luta e da conquista da efetividade do direito de acesso à educação sem restrições ou limites de níveis ou de área do conhecimento, é próprio de um ambiente democrático.

Mas o conceito, o ideal, o jeito de ser e de fazer a Universidade não é nada consensual. Além disso, a Universidade é o ambiente de muitas angústias. Na origem, a universidade foi concebida como um *espaço da excelência*, e, aqui, existe um recorte bem definido: excelência é para poucos. Foi pensada e estruturada para uma alta elite. Mais tarde, é que houve um processo que se denominou de *massificação da universidade*. Então, instaurou-se o problema da ruptura do ideal de excelência, de qualidade suprema da Educação Superior. Em suma, não se pode mais exigir elevado nível de qualificação num contexto de massificação da Universidade.[14]

---

[13] Ver minha dissertação de mestrado *Reforma Agrária: ocupação, invasão e ilícito penal* (UFG, 2003).

[14] A "universidade de elite" e a "universidade de massa" estão discutidas por Umberto Eco, na sua obra *Como se faz uma tese* (2009, p. XIII). Ele escreveu esse livro como exercício de enfrentamento do fenômeno da universidade de massa, especialmente, com o claro objetivo de oferecer orientações "a

E vejam bem que a identificação do processo de *massificação da universidade* é bem diferente do que se busca como movimentos sociais: *a popularização da Universidade*.

Acesso à Universidade como uma porta para a inclusão social

É necessário problematizar o conceito ou um conceito de inclusão, com muitas perguntas e algumas respostas. O que pode ser aceito como inclusão? Parece que estamos partindo de certo consenso sobre o lugar da inclusão. Todavia, é preciso perguntar: busca-se a inclusão onde? Afinal, parte-se da ideia de que exista um espaço ou um território (físico e material) ao qual se pretende incluir alguém que esteja de fora deste, digamos, "lugar".

Mas será que há um desejo único de que todos querem e devem ser incluídos no mesmo espaço? Será que só se pode existir o ser que esteja dentro, incluído, neste universo?

A inclusão, neste caso em debate, aqui, viabilizada por ações afirmativas numa Universidade, em um de seus cursos de graduação, é possível ser medida por quais indicadores? O ingresso? O ingresso mais a permanência? O ingresso mais a permanência mais a conclusão? A conclusão mais a etapa seguinte que vai se traduzir, então, na profissionalização, tanto na inserção e atuação no setor privado quanto no setor público? No caso do Direito, com êxito no Exame de Ordem[15] para o exercício da advocacia ou, então, em algum concurso público, para as carreiras da magistratura, Ministério Público, procuradorias, defensorias, delegado de polícia?

A inclusão é uma resultante de fatores da universidade e de quem busca a sua inclusão como sujeito ativo. Não há como considerar a existência distinta de um sujeito ativo e de outro passivo da inclusão. É preferível acreditar que só possam existir sujeitos ativos (e não passivos) nestes processos de inclusão, pessoas físicas e instituições que queiram mesmo praticar a inclusão.

Palavras de conclusão

Acesso à Universidade realiza o direito à educação. Direito à educação é expressiva promessa da República Federativa do Brasil firmada na Constituição.

---

estudantes de todas as classes, saídos dos mais diversos tipos de cursos secundários" e que se deparam com a exigência de produzir um Trabalho de Curso como condição parcial para se graduarem.

[15] As sessões de entrega de Carteira de Advogado, pelas Seccionais da Ordem dos Advogados do Brasil, são altamente concorridas, com participações de parentes e amigos do novo profissional. Pode-se reputar como motivo para isso o grau de dificuldade imposto no Exame de Ordem.

A Carta Magna não faz discriminações de nível de escolaridade nem de área do curso de graduação para prometer o direito de acesso à educação, universalmente.

Definitivamente, por si só o acesso à universidade não é uma solução para o problema da exclusão social. Acesso à Universidade é uma oportunidade significativa no enfrentamento da exclusão social que pode ser exercida, individualmente, no caso de alguém que busca, puramente, a ascensão social. Mas a luta dos movimentos sociais, muito maior do que a mera ascensão social, individual e individualista, é pela conquista de transformações sociais.

Ademais, realizada a meta do acesso à Universidade, outros obstáculos aparecem e precisam ser superados. O primeiro é o da permanência até a conclusão do curso escolhido. Após a formatura, os obstáculos, por exemplo o Exame de Ordem ou algum concurso público (meritocrático), são barreiras para se concluir o ciclo da inclusão social: a inserção no mundo do trabalho, com dignidade.

Em harmonia entre os princípios da igualdade e da autonomia universitária, a oferta da Turma Especial de Graduação em Direito para beneficiários da Reforma Agrária e Agricultores Familiares Tradicionais enquadra-se no rol de medidas efetivas que realizam a política de ações afirmativas. A importância do direito ao Direito (como processo de educação) reside no fato de ser histórico e efetivo.

Referências

DWORKIN, R. *A virtude soberana: a teoria e a prática da igualdade*. Tradução de Jussara Simões. São Paulo: Martins Fontes, 2005.

ECO, U. *Como se faz uma tese*. Tradução de Gilson Cesar Cardoso de Souza. 22. ed. São Paulo: Perspectiva, 2009.

FREIRE, P. *Pedagogia do oprimido*. 9. ed. Rio de Janeiro: Paz e Terra, 1981.

RIBEIRO, D. *Universidade para quê?* Brasília: Editora UnB, 1986.

SILVA, J. A. *Curso de direito constitucional positivo*. 16. ed. São Paulo: Malheiros, 1999.

CAPÍTULO 8
Parceria na formação de professores do campo: uma avaliação do Programa de Educação do Campo da Universidade Federal do Espírito Santo[1]

Erineu Foerste
Gerda Margit Schütz-Foerste

Introdução

O acesso do filho do trabalhador à escola é uma prática historicamente negada. A falta de escolas, a frágil formação docente, precárias instalações, baixa qualidade e a falta de políticas públicas de educação de qualidade para todos são algumas questões que acompanham a história da educação deste país, quando falamos da educação do trabalhador. Sabemos que ao longo dos 500 anos de exploração da terra e de seus trabalhadores, muitos foram os enfrentamentos, por vezes sangrentos, que buscavam transformar esta realidade. Mesmo com as lutas de movimentos sociais como o Movimento dos Trabalhadores Rurais Sem Terra (MST), Movimento dos Pequenos Agricultores (MPA), entre outros, neste início de século XXI, a escola campesina não é ainda uma conquista plena.

A educação do campo constitui-se como prática educativa de humanização, conforme discutido por Paulo Freire (1974; 1996). Dá-se centralidade às lutas do homem do campo, como sujeito de direitos, no processo de humanização da terra e das pessoas no mundo. Em especial, neste momento específico de reordenamento do capitalismo internacional, volta-se à superação do quadro de perverso abandono e precariedade histórica da educação escolar em contextos campesinos. A educação do campo produz-se como construção coletiva e se concretiza no esforço de aproximação de saberes da terra com saberes acadêmicos. Trata-se de

---

[1] A produção deste texto foi possível graças à colaboração do Grupo de Pesquisa do CNPq Parceria na Educação do Campo, da Universidade Federal do Espírito Santo; das respectivas equipes das seguintes secretarias municipais de Educação do interior do Estado do Espírito Santo: Laranja da Terra, Vila Pavão, Santa Maria de Jetibá, Domingos Martins e Marechal Floriano; do diálogo com os movimentos sociais.

uma prática dialógica e trabalho colaborativo permanente. Entende-se assim por "educação do campo" a práxis que articula a relação dos sujeitos coletivos com a terra de modo que a prática educativa campesina constitui-se como formação que cultiva cada um e a todos, sem dicotomizar a relação sujeito-mundo do trabalho.

Partindo do exposto, o presente artigo analisa, a partir de uma abordagem qualitativa, práticas educativas (LÜDKE; ANDRÉ, 1983; FLICK, 2010; BOHNSACK; 2003; FICHTNER, 2003) desenvolvidas através da Universidade Federal do Espírito Santo (UFES), com o Programa Educação do Campo. O projeto Formação Continuada de Professores do Campo: Interculturalidade e Campesinato em Processos Educativos, realizado a partir de 2005, em colaboração com lideranças de três municípios[2] (Domingos Martins, Laranja da Terra e Vila Pavão), Secretaria de Estado de Educação do Espírito Santo e movimentos sociais, fundamenta-se no conceito de parceria como princípio necessário na busca de possibilidades de superação das condições dadas.

Sobre parceria na educação do campo

A prática da parceria na formação de professores encontra um terreno favorável para se difundir enquanto uma política pública, considerando-se as grandes transformações econômicas e políticas na virada do milênio. A necessidade de se repensarem as bases que servem de sustentáculo ao processo de formação docente é um dos pontos bastante consensuais.

Mais recentemente, tanto nos órgãos da administração pública como entre o professorado e no meio acadêmico, parceria é usada como uma prática emergente de colaboração, cooperação, partilha de compromissos e responsabilidades, etc. Nem sempre esses atores sociais e institucionais estão compreendendo essa prática da mesma forma.

A diversidade de termos e significados associados à parceria deve ser considerada um aspecto relevante, merecendo maiores cuidados, face às questões de poder envolvidas na problemática. Os embates estabelecidos entre o governo e o professorado a partir das reformas oficiais de caráter neoliberal estão mostrando um dado que não deveria ser desprezado: de quanto mais clareza terminológica e conceptual dispuserem os profissionais do ensino, a academia e movimentos sociais, tanto mais aumenta sua capacidade de argumentar e negociar com os órgãos da administração educacional, hoje tomados por uma necessidade voraz de realizar reformas nos campos de sua atuação, em especial no da educação.

---

[2] Nestes municípios há presença predominante de comunidades pomeranas, com base econômica na agricultura familiar.

Estudos mostram que práticas de parceria na formação de profissionais do ensino básico estão carregadas de funções decisivas na implementação de políticas oficiais em educação, nem sempre garantindo os direitos dos educadores nas suas lutas por um maior reconhecimento e valorização social dos docentes.

Esta prática social apresenta uma configuração complexa marcada por contradições, cujas contribuições para o debate pela reformulação dos cursos de licenciatura e formação de professores de modo geral na universidade não podem ser desconsideradas hoje. Assim, nosso Grupo de Pesquisa do CNPq Parceria e Educação do Campo, coloca como objetivos centrais levantar e analisar produções acadêmicas sobre a problemática em discussão, com o desafio de estimular a construção de linhas de pesquisas no processo de formação inicial e continuada de professores que investiguem em nosso país questões relacionadas a essa tão desafiadora e atual temática. Também já acumulamos discussões que reportam aos processos de pesquisa sobre a problemática em tela no contexto brasileiro nos anos 50 e 60, quando foram implementados os primeiros programas interinstitucionais na formação de profissionais para o ensino. Investigamos uma das experiências mais desenvolvidas e bem-sucedidas de parceria na formação de professores para a educação básica ao longo das últimas décadas (LÜDKE; FOERSTE; 2003; FOERSTE; 2005).

Tomado este referencial teórico-prático enquanto objeto de estudo, é possível afirmar que a colaboração entre profissionais da educação básica, das equipes da academia e movimentos sociais envolvidos com os processos de socialização profissional de professores caracteriza-se como uma das alternativas concretas para fazer face ao movimento por uma maior valorização do trabalho docente, favorecendo a construção da sua autonomia e identidade profissional, com vistas à consolidação da construção coletiva de uma escola pública de qualidade para todos. A parceria tem ajudado nas lutas pela organização de espaços coletivos de interlocução do magistério, buscando reduzir barreiras entre pesquisadores da educação, professorado do ensino básico e sociedade em geral, sobretudo com setores de resistência ao projeto hegemônico de desenvolvimento do capitalismo internacional. Ao mesmo tempo a parceria tem contribuído para validar a ação reflexiva no trabalho docente, enquanto uma prática desenvolvida de forma partilhada entre escola básica, universidade e movimentos sociais. Todavia há que se considerar uma tendência internacional de apropriação por parte do poder público do discurso da profissionalização do ensino para legitimar reformas educacionais que nem sempre estão resultando numa efetiva valorização do trabalho docente e fortalecimento da escola pública.

Do ponto de vista do debate acadêmico, as abordagens tradicionais na formação inicial e continuada, com hipertrofia do saber acadêmico, sobejamente discutidas e criticadas no meio educacional brasileiro, parecem estar abrindo algumas brechas com experiências concretas de parceria, cedendo lugar para inovações colaborativas, negociadas coletivamente. O crescente reconhecimento de uma epistemologia assentada sobre pressupostos da prática profissional, pouco prestigiada em cursos de licenciatura ao longo do tempo, é o aspecto mais enfatizado nesse movimento emergente. Há aqui uma dimensão que se destaca: o professor vai aos poucos sendo compreendido e compreende-se como sujeito de sua formação, na condição de interlocutor qualificado da universidade na formação de profissionais do ensino e na produção de conhecimento educacional. Até então, quando acontecia de a academia se aproximar das escolas, observava-se que nesse movimento ela era mobilizada para dar respostas a problemas concretos do cotidiano escolar, geralmente por meio de "pacotes acadêmicos". Essa perspectiva tradicional de integração da academia com a escola básica era movida antes com o objetivo de *resolver problemas para o professor* do que para valorizar processos reflexivos em colaboração, a partir das experiências docentes, enfim, dos saberes do profissional do ensino, construídos na prática profissional. Essa discussão toma especial relevo quando se direciona para a educação do campo.

Um novo *profissionalismo docente* ou construção coletiva de uma *cultura profissional do professor* como sujeito de sua profissão, marcados pela cooperação, solidariedade e diálogo nas diferenças (gênero, raça, religião, etc.), entre os profissionais do ensino, leva à necessidade de um engajamento cada vez mais crescente do magistério nas lutas por um maior reconhecimento público de seu trabalho na sociedade (NóVOA, 1995). Trata-se de um outro *ethos profissional* docente. O pensar e fazer na profissão do ensino constituem faces de um complexo processo de socialização profissional. Essa discussão ganha impulso com os debates que se ocupam em pesquisar os saberes da prática pedagógica e suas repercussões no desenvolvimento profissional docente, na construção da identidade profissional do professor, notadamente do professor do campo. Como o trabalho colaborativo entre professores da escola básica, universidade e movimentos sociais do campo podem fortalecer as lutas por educação do campo?

A parceria na formação de professores: uma experiência

Em 2001 a UFES implementou o Curso de Licenciatura Plena em Pedagogia de 1ª a 4ª Séries na Modalidade Aberta e a Distância em treze Centros Regionais de Educação Aberta e a Distância no interior do Estado do Espírito Santo. Num total de três entradas, formaram-se 6.152 professores. O currículo desse curso não atendeu às demandas dos estudantes (professores da Secretaria Estadual de

Educação do Espírito Santo e Secretarias Municipais de Educação). Ocorre que a maioria dos graduandos eram professores que atuavam em escolas de contexto campesino. Todavia, o projeto pedagógico do curso não contemplava discussões acadêmicas e práticas acumuladas sobre a problemática. De certa forma esta constatação demonstra a existência de um paradoxo, visto que a UFES já vinha desenvolvendo o Curso de Pedagogia da Terra (FOERSTE, 2004), que tinha como um dos principais objetivos a formação de educadores do campo para atuarem em assentamentos de reforma agrária.

3.1 – Curso de Aperfeiçoamento de Professores do Campo

No segundo semestre de 2005 a Secretaria Municipal de Educação de Laranja da Terra manifestou preocupação para o Centro de Educação da UFES sobre esta fragilidade. As prefeituras dos municípios de Vila Pavão e de Domingos Martins mostraram interesse em tomar parte da parceria que se iniciava. Em 2008 ingressaram nesse trabalho interinstitucional as Secretarias Municipais de Educação de Marechal Floriano e de Santa Maria de Jetibá. Encaminhamentos decorrentes dessa colaboração entre universidade e aqueles órgãos da administração municipal lançaram desafios para realização de diagnósticos e elaboração de projeto de formação continuada de professores do campo que haviam cursado a referida Licenciatura Plena em Pedagogia.

Assim teve início o projeto piloto de Formação Continuada de Professores do Campo: Interculturalidade e Campesinato em Processo Educativos. Considerando a particularidade das comunidades atendidas por esse projeto, foi dada especial atenção aos saberes campesinos e à dimensão intercultural. Os municípios parceiros têm sua economia organizada a partir da agricultura familiar. Do mesmo modo, buscou-se atender às culturas dos grupos étnicos presentes nos respectivos municípios (quilombolas, pomeranos, italianos, agricultores familiares, etc.).

Partindo de perspectivas interinstitucionais das políticas afirmativas para a inclusão social de grupos étnicos minoritários, há que se investir na formação de formadores para a educação de base de qualidade. A formação inicial e continuada dos professores que atuam em comunidades campesinas não atende satisfatoriamente às especificidades da educação do campo. A construção coletiva de uma educação do campo de qualidade (FOERSTE, 2006) apoia-se em pressupostos que requerem do professorado conhecimentos que favoreçam processos investigativos, de sistematização e análise de dados sobre realidades locais, com vistas à valorização das identidades, culturas e traços sociolinguísticos dos grupos étnicos com os quais interage.

Ocorre que a Lei de Diretrizes e Bases da Educação Brasileira (LDB) nº 9.394/1996 – determina a obrigatoriedade da formação superior específica para atuar em magistério (educação básica). O referido curso de Licenciatura em Pedagogia possibilitou a um expressivo número de professores dos municípios capixabas formar-se na Universidade pública, em nível de graduação. Contudo, por força de lei, era preciso atender às demandas dos profissionais de ensino por formação continuada em nível de pós-graduação.

O curso de graduação de fato representou importante avanço no processo de profissionalização do magistério em terras capixabas, com impactos destacados nos contextos locais, sobretudo na região Norte do Estado, onde o Índice de Desenvolvimento Humano (IDH) e o Índice de Desenvolvimento da Educação Básica (IDEB) são muito baixos. Ressalta-se que, em 50 anos de história da única universidade pública neste Estado, esta constituiu-se como iniciativa ousada que possibilitou uma efetiva interiorização e descentralização dos programas de formação do magistério. *O currículo prescrito* da licenciatura em questão apresentou perfil generalista, não favorecendo ao professor dimensionar, a partir de seu contexto e trabalho, questões relacionadas ao modo de produção, cultura, etnia e bilinguismo, de forma desejável, para implementação de propostas educativas assentadas em pressupostos de sustentabilidade. O processo de socialização docente pressupõe práticas colaborativas (FOERSTE; LÜDKE, 2004; FOERSTE, 2005), a partir das quais se estabelecem trocas de saberes entre segmentos institucionais diversos interessados no resgate da profissão docente. A colaboração é compreendida como parceria entre Universidade, Secretarias de Educação (Estadual e Municipais), organizações da sociedade civil (sindicatos, movimentos sociais), impulsionando a formação inicial e continuada do magistério.

A problemática investigada no Projeto de Formação Continuada de Professores do Campo definiu-se a partir de demandas de formação de professores para atuar em contexto campesino, que tem especificidades étnicas, culturais, bilinguismo e o modo de produção como balizadores de uma proposta de educação de qualidade. Os objetivos da formação focavam a pesquisa, visto que buscavam diagnosticar demandas de formação continuada junto a professores do campo em municípios do interior do ES. A formação possibilitou elaboração de material educativo que apresentou uma síntese do aporte teórico-prático que fundamenta discussões acerca da interculturalidade e educação do campo, voltado ao contexto capixaba. As temáticas discutidas envolveram três grandes eixos, a saber: Educação do campo; Interculturalidade e Interdisciplinaridade; e Projeto Político e Pedagógico da Educação do Campo.

Em 2008 este projeto piloto foi transformado em Programa de Educação do Campo/UFES, tendo já formado, em nível de aperfeiçoamento, cerca de 500 profissionais do ensino. Contou com a colaboração de formadores da UFES e Secretarias Municipais de Educação dos municípios parceiros. Consolidaram-se coordenações de educação do campo nos respectivos municípios. A participação de pós-graduando do Programa de Pós-Graduação em Educação do Centro de Educação/UFES constitui importante contribuição. Todos os textos do material didático foram revisados por colaboradores, compilados posteriormente[3] e formatados graficamente,[4] resultando no "Caderno I de Formação de Professores do Campo"[5] e "Caderno II de Formação de Professores do Campo". O material foi editado pela Editora do PPGE em parceria com Gráfica Universitária da UFES.

Desde as primeiras fases do desenvolvimento do projeto, foram realizados encontros no Centro de Educação/UFES para estudos, planejamento e avaliação dos trabalhos desenvolvidos. Professores da Universidade, alunos de graduação e pós-graduação tomaram parte com interesse nesses encontros. Vale ressaltar a presença da Secretaria de Estado de Educação (SEDU), com contribuições significativas nos debates e encaminhamentos.

Os parceiros municipais e a SEDU destacam que este projeto de formação continuada de professores do campo apresenta importantes impactos no âmbito da educação campesina. Os trabalhos coletivos dos docentes é um aspecto relevante, uma vez que se constituíram grupos de estudos para encontros programados na Universidade e nos contextos locais, o que vem favorecendo reflexões com vistas à construção do projeto pedagógico de cada escola. Os professores reconhecem que os debates suscitados a partir do material de formação do curso sobre as especificidades curriculares na educação do campo são relevantes. É preciso que sejam consideradas pelos professores que trabalham em contextos campesinos, na medida em que se busca estimular discussões nas comunidades locais para implementar ações afirmativas de sustentabilidade de base agroecológica.

Realizaram-se seminários em Vitória e nas respectivas comunidades, entre os quais destaca-se I Seminário: Interculturalidade e Campesinato em Processos Educativos, ocorrido no dia 24 de agosto de 2007, no Centro de Educação/UFES, com a presença de cursistas de todos os municípios parceiros e convidados observadores de outros municípios, potenciais parceiros interessados em tomar parte do programa.

---

[3] Foram organizadores dos cadernos o Prof. Dr. Erineu Foerste/DLCE/UFES, o Prof. Dr. Gerda Margit Schütz-Foerste/DLCE/UFES e Andreia Chiari Lins (mestranda/PPGE/UFES).

[4] O projeto gráfico foi realizado por Andreia Chiari Lins (mestranda/PPGE/UFES).

[5] Os textos do Caderno I foram agrupados em duas partes e nos anexos. A primeira parte é composta pelos textos do Módulo I, e a segunda parte pelos textos do Módulo II. Os anexos agruparam os textos que compunham os respectivos anexos dos Módulos I e II.

3.2 – Curso de Especialização em Educação do Campo: Interculturalidade e Campesinato em Processos Educativos

No ano de 2009 foi iniciado o Curso de Especialização Lato Senso em Educação do Campo: Interculturalidade e Campesinato em Processos Educativos, em parceria com a Secretaria de Educação Continuada, Alfabetização, Diversidade e Inclusão do Ministério da Educação (SECADI/MEC), do sistema Universidade Aberta do Brasil (UAB) (total de 10 polos UAB/ES, a saber: Afonso Cláudio, Aracruz, Domingos Martins, Mantenóplis, Nova Venécia, Piúma, Santa Leopoldina, Santa Teresa, São Mateus e Vargem Alta). Foi ofertado pelo Programa de Pós-Graduação em Educação do Centro de Educação da Universidade Federal do Espírito Santo (PPGE/CE/UFES), para 350 professores do campo. Envolveu cerca de 30 professores da Universidade, 10 tutores EAD e 20 tutores presenciais.

Os cursistas da especialização foram em grande parte ex-alunos do curso de Pedagogia EAD, ofertado pela UFES a partir de 2001, através do Núcleo de Educação Aberta e a Distância (NEAD/UFES) e/ou tomaram parte da formação continuada de professores do campo, iniciada em 2005.

Com a colaboração de pesquisadores da UFES e de universidades de diferentes Estados e regiões brasileiras, foram produzidos cinco cadernos impressos de estudos, também disponibilizados em CD-ROM. Tomaram-se como eixos articuladores questões sobre povos, territórios, saberes da terra, movimentos sociais e sustentabilidade. O material foi consolidado pelo Comitê Editorial da SECADI, composto por representantes da Universidade Federal do Paraná, da Universidade Federal do Mato Grosso do Sul, da Universidade Federal de Alagoas, da Universidade Federal do Espírito Santo, da Universidade Estadual do Maranhão, da Universidade de Montes Claros e do Instituto Federal do Pará. Foi criada a página de internet http://www.ce.ufes.br/educacaodocampo, onde estão disponibilizados, para consulta e *download,* os cadernos de estudo, bem como outros materiais: legislação, eventos, filmes, reportagens, indicações de endereços, webconferências, fotografias dos polos/escolas/comunidades locais, relatórios, publicações de interesse da educação do campo etc.

Periodicamente foram realizados seminários regionais para discussão de temas relacionados aos eixos do estudo. As trocas de experiências passaram a representar importante soma na construção de novas perspectivas de Educação do Campo. Sobretudo, quando a realidade das escolas campesinas capixabas tem produzido experiências singulares na solução de problemas, as trocas passam a significar fator de multiplicação, ampliando grandemente o alcance das conquistas antes restritas a pequeno grupo. Isso se deve principalmente ao fato de as Secretarias Municipais de Educação parceiras do Programa de Educação do Campo/UFES terem implementado coordenadorias locais de educação do campo com participação da universidade e movimentos sociais, objetivando a construção coletiva do projeto político e pedagógico da educação do campo.

Os encontros para troca de experiências e de estudo possibilitaram a quebra de preconceitos, como no caso da aproximação de professores de classes multisseriadas, monitores de escolas família, professores de escolas agrotécnicas, professores de comunidades indígenas, professores de comunidades quilombolas, professores de comunidades pomeranas, professores de escolas de assentamento do MST, entre outros.

Em novembro de 2010, os grupos de formação continuada participaram do II Seminário de Educação do Campo, no Teatro Universitário da UFES. Apresentaram resultados de seus projetos de intervenção relacionados aos eixos temáticos (educação do campo, interculturalidade, interdisciplinaridade, etc.), sendo avaliados por banca examinadora. Esse seminário representou a culminância de dinâmico e intenso trabalho nos polos e respectivos grupos de estudo nas secretarias municipais de Educação. Esses encontros foram considerados como importante fator de mobilização política dos professores do campo. Envolveram pesquisadores e estudantes de graduação e pós-graduação da universidade, formadores nos polos, equipes coordenadoras das secretarias municipais de Educação e da Secretaria de Estado de Educação do Espírito Santo, professores do campo de modo geral e lideranças de movimentos sociais. Os parceiros reconhecem que este tipo de trabalho interinstitucional fortalece práticas e laços de cooperação entre Prefeituras, Estado, Movimentos Sociais, Universidade e, sobretudo, escolas de Ensino Básico.

Equipes pedagógicas das respectivas secretarias municipais de educação, especialmente os professores do campo que tomaram parte do Programa de Educação do Campo/UFES (cursos de aperfeiçoamento e curso de especialização), avaliaram os trabalhos desenvolvidos.

A parceria na formação continuada de professores, notadamente no curso de Especialização em Educação do Campo, representa importante avanço na construção de propostas alternativas de qualificação dos profissionais da educação do campo. Possibilita superar perspectivas homogeneizadoras dos currículos de formação, ao mesmo tempo em que coloca em questão práticas de credenciamento que ao longo do tempo delegaram ao indivíduo a sua qualificação profissional e permitiram a comercialização indiscriminada de certificados. Especialmente, este tema recoloca no debate as questões da formação docente como política pública. Conforme Alvarado Prada (2010, p. 7),

> A formação continuada é mais que horas marcadas no calendário escolar. É um tempo de todos os tempos institucionais, inserido em todas as atividades da

escola, com momentos específicos, mas não isolados do cotidiano escolar, nos quais o coletivo se constitui como tal em um processo de aprendizagem mediante o confronto de conhecimentos derivados das experiências com os conhecimentos universalmente sistematizados. É mais que uma soma de horas de formação fragmentada em ações sem sequência. É um projeto que, no mínimo, ultrapassa o previsto no ano anterior e continua no seguinte. É mais que a soma de pontos ou créditos adquiridos em cursos ou outros eventos por presença de x horas. É a realização de projetos que, ao longo dos anos, acompanham o desenvolvimento institucional da escola, definindo sua história na qual se vislumbram objetivos a curto, médio e longo prazos.

A prática colaborativa interinstitucional na qualificação docente exige o diálogo na construção de polícias públicas de formação. Sobretudo, inclui na proposta as reivindicações da comunidade escolar, dos contextos em que serão desenvolvidas, dos sindicatos e segmentos organizados da sociedade, dos órgãos gestores e das políticas públicas implicadas no processo. Este projeto, desenvolvido pela Universidade Federal do Espírito Santo, permite-nos identificar a complexa articulação necessária para a construção da proposta, as tarefas atribuídas aos sujeitos e as dificuldades na superação das práticas historicamente presentificadas. Permite-nos afirmar que a consolidação da prática de pesquisa e da formação continuada na perspectiva interinstitucional não só favorece o processo de socialização profissional docente como também fortalece a construção coletiva da escola pública de qualidade para todos.

Uma avaliação do Programa Educação do Campo/UFES

O programa atende até o momento em média a 48 do total de 78 municípios capixabas. A realidade é campesina e, na sua grande maioria, os professores consideram-se profissionais do ensino no campo. Cerca de 30% dos professores residem no campo e trabalham em escolas localizadas na assim chamada zona rural, conforme critérios do Instituto Brasileiro de Geografia e Estatística (IBGE). Os grupos de estudos no âmbito do *Programa de Educação do Campo/UFES* destacam que, no caso do estado do Espírito Santo, praticamente somente a região metropolitana de Vitória não apresenta um processo produtivo tipicamente campesino. Consideram então que o desafio da construção da escola do campo, no caso desse Estado, diz respeito a todos os municípios. Os professores em processo de formação continuada residem em diferentes espaços (sede do município, distritos, córregos, etc.), mas todos se apresentam como sujeitos campesinos. Do total de 350 cursistas, a pesquisa abrangeu, por amostragem, 133 professores em questionário disponibilizado online. Contabilizaram-se apenas as questões efetivamente respondidas.

- 32% Na sede do município
- 39% Em distrito/comunidade
- 29% Em propriedade rural

Figura 1: Onde reside o professor do campo

Na formação participam em maior parte mulheres de aproximadamente 20 a 40 anos, conforme verificamos no gráfico e tabela que seguem.

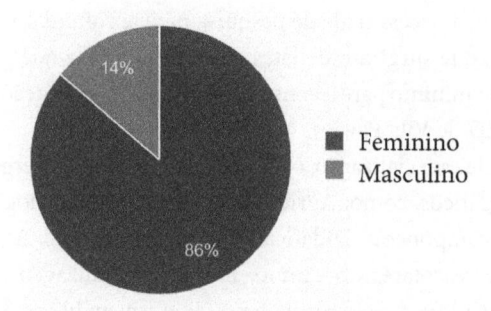

- 86% Feminino
- 14% Masculino

Figura 2: Professores do campo: Questões de gênero

Na avaliação encaminhada pelos grupos, destacamos a importância do curso no resgate da autoestima e na socialização profissional dos professores, conforme este relato: "Acreditamos que esse Projeto foi de grande valia para o desenvolvimento intelectual de nós, professores. Enfatizamos que esta afirmação baseia-se nos assuntos que foram contextualizados nas diversas reuniões que tivemos com o objetivo de concluir esse curso de Formação Continuada".

Tabela 1:

Faixa etária dos professores do campo		
De 20 a 30 anos	40	28%
De 31 a 40 anos	61	43%
De 41 a 50 anos	29	20%
De 51 a 60 anos	3	2%

Por se tratar em boa parte de formação de professores contratados pelas secretarias municipais de Educação, sendo muitos dos formadores membros das equipes locais das Secretarias Municipais de Educação, os docentes-cursistas aderiram inicialmente de maneira explícita ao curso para obter certificação pela universidade e consequente progressão profissional. Contudo, as discussões diferenciadas, propostas a partir de temas especialmente relacionados ao modo de produção campesino e questões sobre interculturalidade, sustentabilidade e agroecologia, redimensionaram as expectativas e o debate, visto terem relação com a realidade em que atuam. Na avaliação dos gestores municipais esta questão é assim analisada: "De início os cursistas perceberam que muitos de nossos docentes faziam o curso somente como forma de se obter mais um certificado, que simplesmente serviria para enobrecimento de sua carreira profissional. No entanto, com o desenrolar do curso, verificamos que muitos docentes verdadeiramente se interessaram pelos assuntos discutidos e, consequentemente, esse interesse motivou a necessidade de pesquisa para aprofundamento teórico e prático. Foi, então, que surgiram debates e discussões para que pudéssemos chegar a um consenso mínimo para a construção do PPP da educação do campo" (Avaliação da SEMED de Vila Pavão).

Durante o curso de especialização, o debate foi ampliado e emergiram temas de trabalhos monográficos, como: Agricultura familiar, agroecologia e sustentabilidade, Famílias camponesas, Didática, Educação ambiental, Agroecologia, Processos educativos escolares do campo, Ensino-aprendizagem, Currículo, educação inclusiva, Culturas, Saberes da terra, Políticas públicas da educação do campo, Pedagogia da Alternância, Infância e educação do campo, Luventude campesina, Educação de Jovens e Adultos, Territórios, Movimentos sociais entre outros. Os trabalhos foram socializados em seminários locais e em seminário realizado na Universidade Federal do Espírito Santo, em Vitória, em dezembro de 2010. Foram constituídas bancas examinadoras com três membros. Os cursistas foram agrupados conforme a temática da pesquisa desenvolvida. Produziram-se resumos publicados em anais, pôsteres e artigos.

Experiências inovadoras foram compartilhadas entre as Secretarias Municipais de Educação e equipes da Universidade. Como um dos exemplos, destaca-se a criação dos Centros Municipais de Educação Agroecológica de Vila Pavão, situados em três regiões estratégicas de produção da agricultura familiar (Praça Rica, Córrego do Quinze e Todos os Santos). No início de 2009 foi criado o Departamento de Educação do Campo na Secretaria Municipal de Vila Pavão. Em Domingos Martins, além do fortalecimento da coordenadoria da educação do campo, foram inicialmente organizados três polos de formação continuada de professores do campo (nos distritos de Ponto Alto, Aracê e Biriricas), dada a grande procura por formação continuada por parte dos professores. Laranja da Terra e Santa Maria de Jetibá reeditaram o curso de aperfeiçoamento de 180 horas, estendendo a formação para a totalidade dos professores da rede municipal. As secretarias municipais de Educação promoveram discussões e muitas implementaram coordenações específicas de educação do campo.

As discussões sobre educação do campo são urgentes, visto que os professores acumularam saberes a partir das práticas e necessitam socializar suas problemáticas, na busca de aprofundamento teórico e prático. As práticas colaborativas a partir do trabalho interinstitucional mostraram a importância da construção coletiva de propostas viáveis a problemas enfrentados pelos professores do campo, em diferentes contextos regionais do Espírito Santo. Expuseram a fragilidade da formação inicial das equipes de profissionais do ensino e formalizaram demandas de formação continuada. O *Programa de Educação do Campo/UFES*, sobretudo, fortaleceu a necessidade da busca pela qualificação docente voltada à realidade campesina.

Os professores querem e reivindicam formação de qualidade que respeite saberes locais, ao mesmo tempo que viabilizem políticas públicas de valorização da profissão docente, especialmente, rompendo com estereótipos e preconceitos que marginalizam culturas, identidades e saberes do homem do campo. O trabalho interinstitucional favoreceu problematização e possível quebra de perspectivas educacionais etnocêntricos e excludentes, quando professores que atuam em comunidades pomeranas em específico (Domingos Martins, Vila Pavão, Laranja da Terra, Santa Maria de Jetibá) desafiaram-se a construir projetos políticos e pedagógicos de educação intercultural em contextos campesinos diferenciados. Trata-se de uma prática pedagógica que se deixa desafiar pela descoberta dos saberes da terra, da educação do campo como práxis de humanização da terra e dos sujeitos históricos. A educação como *poiesis*, conforme já discutimos em outro lugar (FOERSTE, 2008), problematiza o currículo na sua base como conhecimento universal, que nega os chamados saberes não sistematizados pela ciência.

Conclusão

A partir das ações desenvolvidas pelo Programa de Educação do Campo/UFES, houve oportunidade para discutir aspectos das lutas dos trabalhadores do campo como sujeitos de direito. Aprofundaram-se abordagens sobre povos, territórios, sustentabilidade, saberes da terra, culturas e identidades campesinas, movimentos sociais.

"Nas comunidades campesinas também se identificam dogmas, mitos, tabus e ideologias. Alguns já foram problematizados; outros persistem como verdades absolutas. Nesse sentido, acreditamos que o maior tabu que essa formação continuada através da parceria interinstitucional aniquilou foi o preconceito contra os trabalhadores sem-terra e outros movimentos sociais campesinos. Pois, anteriormente eles eram vistos como baderneiros, assassinos, entre outros adjetivos pejorativos. Tivemos oportunidade para derrubar a ideologia de que a educação da cidade é melhor que a educação em contextos campesinos. Ora, vimos que é realmente possível termos uma educação de qualidade no campo, e esta educação do campo precisa ser peculiar, precisa valorizar o que o campo tem de melhor, e precisa, principalmente, mostrar que é possível, sim, viver no campo, viver do campo e ter orgulho disso" (Depoimento de Educador do Campo Cursista de Laranja da Terra).

O Centro de Educação da Universidade Federal do Espírito Santo consolidou trabalhos colaborativos interinstitucionais de pesquisa, extensão e ensino ao tematizar a problemática da educação em contextos campesinos. Essa perspectiva de produção acadêmica favoreceu a criação do Programa de Educação do Campo/UFES, que hoje oferece cursos de extensão e pós-graduação na formação continuada de professores que atuam na educação do campo, e conta com engajamento de professores pesquisadores da universidade, alunos de graduação e de pós-graduação e profissionais do ensino em geral interessados na educação do campo. A parceria favorece a indissociabilidade da formação inicial e continuada de professores.

Na fala de um educador do campo, cursista de Domingos Martins, "inicialmente a dificuldade maior era de mudar a ideia de que a educação do campo não era inferior, mas era uma proposta de ensino construída coletivamente, a partir das culturas e saberes da terra. Ela é válida e de suma importância para a realidade dos sujeitos que vivem no campo".

Um limite a ser vencido é o baixo acesso a direitos sociais das pessoas que vivem no campo, entre os quais se destaca a educação pública de qualidade para todos. Faltam políticas no sentido de apoiar aos agricultores que vivem no campo e do campo. Políticas que aumentem a produção da agricultura familiar, garantindo sua sustentabilidade. Há que se implementar ações no sentido de garantir infraestrutura ao homem do campo para impulsionar o processo produtivo agroecológico e comercialização da produção.

É válido destacar que a Lei Orgânica Municipal de Laranja da Terra, aprovada em 1990, garante, em seu artigo 158, que pelo menos 10% dos recursos financeiros do município deveriam ser aplicados na agricultura familiar. No ano posterior, no entanto, o referido artigo foi modificado, sendo que o percentual a ser aplicado no setor passou a ser de acordo com a vontade do poder executivo, isto é, de 1% a 10% do total da arrecadação. Essa alteração representa perda de direito já conquistado anteriormente. É nesse contexto que se realizam embates nesse município, em particular por uma educação do campo diferenciada.

A fragilidade das políticas públicas em relação à carreira dos profissionais do ensino é considerada uma questão problemática, que dificulta o trabalho docente na educação do campo. Não são feitos concursos públicos há muitos anos. Isso significa na prática que o contrato de trabalho dos professores se dá em caráter precário, não garantindo estabilidade profissional. A cada novo ano o vínculo com o município se encerra. Os docentes iniciam o ano não sabendo ao certo se o contrato será renovado. Na verdade as escolas acabam também não consolidando projetos políticos e pedagógicos, uma vez que as equipes de trabalhadores do ensino nas escolas são praticamente renovadas anualmente. Como construir uma escola pública de qualidade para todos se os professores não contam com estabilidade em suas carreiras?

Avaliações preliminares da parceria na formação continuada de professores do campo constataram que as metas vêm sendo alcançadas com êxito. Os trabalhos estão sendo desenvolvidos de forma a possibilitar práticas colaborativas na perspectiva interinstitucional, com trocas significativas de saberes entre as escolas, a academia e movimentos sociais. Trata-se de prática dialógica (BAKHTIN, 1991), construída na diferença.

Considerando a particularidade e complexidade que envolve o presente programa (sobretudo com adesão crescente de secretarias municipais e movimentos sociais) e o exíguo espaço de tempo, para se desenvolver trabalho tão abrangente e multifacetado, compreendemos que as metas vêm sendo alcançadas com êxito, objetivando o fortalecimento do processo de profissionalização docente e construção de projetos diferenciados de educação do campo em contextos campesinos específicos, em diferentes regiões do Estado do Espírito Santo.

Bibliografia

BAKHTIN, M. *Marxismo e filosofia da linguagem*. São Paulo: Hucitec, 1991.

BOHNSACK, R. *Rekonstruktive Sozialforschung: Einführung in qualitative Methoden*. Berlin: Opladen, 2003.

FICHTNER, B. (Hrsg.). *Kinder und Jugendliche im Blick qualitativer Forschung: Kulturhistorische Schule, Phänomenologie und Etnographien Brasilien und Deutschland*. Oberhausen: Athena, 2003.

FLICK, U. *Qualitative Sozialforschung: eine Einführung*. Hamburg: Rowohlt, 2010.

FOERSTE, E. Discussões acerca do projeto político de educação do campo. In: FOERSTE, E.; SCHÜTZ-FOERSTE, G. M.; SCHNEIDER, M. L. D. (Orgs.). *Por uma educação do campo*. Vitória; Brasília: UFES/PRONERA, 2008.

FOERSTE, E. *Parceria na formação de professores*. São Paulo: Cortez, 2005.

FOERSTE, E. et al. *Pedagogia da terra: uma avaliação da experiência da Universidade Federal do Espírito Santo*. Vitória; Brasília: PPGE-UFES; PRONERA-INCRA, 2004. 93 p. Relatório.

FOERSTE, E.; LÜDKE, M. Avaliando experiências concretas de parceria na formação de professores. *Avaliação: Revista de Avaliação Institucional da Educação Superior (RAIES)*, v. 8, n. 4, p. 163-182, dez. 2003.

FOERSTE, E.; SCHÜTZ-FOERSTE, G. M. Qualitative Sozialforschung über die Bildung auf dem Land in Brasilien. In: BINATIONAL CONFERENCE ON SUBJECT CONSTITUTION AND INCLUSION, 2011, Siegen; Vitória; São Paulo. *Internationale Perspektiven der Subjektentwicklungs-und Inklusionforschung*. Frankfurt: Universität Siegen, 2011. p. 1-13.

FREIRE, P. *Pedagogia da autonomia: saberes necessários à prática educativa*. São Paulo: Paz e Terra, 1996.

FREIRE, P. *Pedagogia do oprimido*. Rio de Janeiro: Paz e Terra, 1974.

LÜDKE, M.; ANDRÉ, M. E. D. A. *Pesquisa em educação: abordagens qualitativas*. São Paulo: EPU, 1986.

NÓVOA, A. Formação de professores e profissão docente. In: NÓVOA, A. (Coord.). *Os professores e a sua formação*. Lisboa: Publicações Dom Quixote; Instituto de Inovação Educacional, 1995. p. 14-31.

PRADA, L. E. P. Dever e direito à formação continuada de professores. 2010. Disponível em: <http://www.uniube.br/propep/mestrado/revista/vol07/16/ponto_de_vista.pdf>. Acesso em: 13 maio 2011.

Capítulo 9
Alternância no Ensino Superior: o Campo e a Universidade como territórios de formação de Educadores do Campo

Deyse Morgana das Neves Correia
Maria do Socorro Xavier Batista

Introdução

Neste texto[1] são feitas reflexões sobre a Pedagogia da Alternância a partir da experiência do curso de Licenciatura em Pedagogia do Programa Nacional de Educação na Reforma Agrária (PRONERA), realizado pela Universidade Federal da Paraíba (UFPB) com a participação da Comissão Pastoral da Terra (CPT). Nos debruçaremos sobre uma leitura da prática dessa estratégia pedagógica no curso, partindo de uma descrição analítica da organização dos tempos-escola e tempos-comunidade, evidenciando as dificuldades e os estreitamentos de ordem político-pedagógica e as riquezas encontradas no relacionamento entre os diferentes sujeitos, práticas e saberes do campo e da universidade. Por fim, buscaremos identificar e analisar, a partir dos sujeitos do curso e de suas comunidades, as repercussões da formação em alternância para o desenvolvimento das áreas de reforma agrária e de seus sujeitos.

A Pedagogia da Alternância representa uma proposta teórico-metodológica inscrita no tempo e no espaço da caminhada pela construção da Educação do Campo. É uma pedagogia que tem sua gênese nas necessidades das populações camponesas, por isso é organicamente vinculada ao campo, à cultura e à situação social das famílias camponesas, especialmente nas Escolas Famílias Agrícolas

---

[1] Este texto é resultado das reflexões realizadas no âmbito da pesquisa "A educação superior no Brasil (2000-2008): uma análise interdisciplinar das políticas para o desenvolvimento do campo brasileiro", financiado pelo edital no 001/2008 – CAPES/INEP/SECAD, e da dissertação *Educação do Campo e alternância no Curso de Licenciatura em Pedagogia PRONERA/UFPB: encontro de teorias e práticas de educação popular*, realizada por Deyse Morgana das Neves Correia (mestre pelo Programa de Pós-Graduação em Educação da UFPB) e orientada por Maria do Socorro Xavier Batista (professora doutora da UFPB).

(EFAs) e nas Casas Familiares Rurais (CFRs). No que tange aos seus princípios e suas orientações metodológicas, à sua origem e aos seus desdobramentos na atualidade, identificamos as proximidades, o diálogo com a concepção de Educação do Campo, com dimensões teóricas e práticas da educação popular e seu o desenvolvimento integral dos sujeitos e do território do campo. Nesse sentido, a alternância tem sido usada como estratégia metodológica nos programas destinados à formação dos sujeitos do campo como no PRONERA, PROCAMPO,[2] ProJovem Campo – Saberes da Terra.[3]

Seguindo nessa direção, a alternância vem se configurando como uma alternativa pedagógica que inspira metodologicamente diversas experiências na educação básica, profissional e superior direcionadas às populações camponesas. Desta feita, a formação em alternância é uma estratégia metodológica sugerida nos cursos do PRONERA e experienciada de maneira peculiar no Ensino Superior, o que traremos neste texto a partir de um olhar sobre a experiência do Curso de Licenciatura em Pedagogia PRONERA/UFPB.

Formação em alternância: seus princípios e sua territorialização na Educação do Campo

A alternância se caracteriza pela predominância da relação teoria e prática e pela diversificação de territórios que possibilitam a produção e a socialização dos conhecimentos e saberes dos processos educativos a partir de sua organização didática que sucede tempos-espaços escolares e tempos-espaços na comunidade. A sequência de tempos-escola e tempos-comunidade compreende a reciprocidade

---

[2] O Programa de Apoio à Formação Superior em Licenciatura em Educação do Campo (PROCAMPO) é uma iniciativa do Ministério da Educação, por intermédio da Secretaria de Educação Continuada, Alfabetização, Diversidade e Inclusão (SECADI), em cumprimento às suas atribuições de responder pela formulação de políticas públicas de combate às desvantagens educacionais históricas sofridas pelas populações rurais e valorização da diversidade nas políticas educacionais. O objetivo do programa é apoiar a implementação de cursos regulares de Licenciatura em Educação do Campo nas instituições públicas de ensino superior de todo o país, voltados especificamente para a formação de educadores para a docência nos anos finais do ensino fundamental e ensino médio nas escolas rurais.

[3] O ProJovem Campo – Saberes da Terra constitui-se num programa nacional de educação de jovens agricultores(as) familiares, implementado pelo Ministério da Educação por meio da SECADI e da Secretaria de Educação Profissional e Tecnológica (SETEC), numa ação integrada com o Ministério do Desenvolvimento Agrário, por meio da Secretaria da Agricultura Familiar (SAF) e da Secretaria de Desenvolvimento Territorial (SDT), do Trabalho e Emprego por meio da Secretaria de Políticas Públicas de Emprego (SPPE) e da Secretaria Nacional de Economia Solidária (SENAES), o Ministério do Meio Ambiente por meio da Secretaria de Biodiversidade e Floresta (SBF), o Ministério do Desenvolvimento e Combate à Fome e a Secretaria Nacional de Juventude (SNJ) vinculada à Presidência da República.

integrada entre ação e reflexão e possibilita explorar, na cultura do campo, na organização do trabalho e da política e no relacionamento com os sujeitos, as práticas e os saberes do campo, conhecimentos diferenciados e complementares à formação estritamente escolar. A Pedagogia da Alternância favorece a agregação da diversidade pela promoção de interações recíprocas entre contextos distintos que, no diálogo, se completam.

O território aqui utilizado se fundamenta em Haesbaert (2007) e Fernandes (2009), que entendem que esse conceito assume dimensões múltiplas tais como espaciais, políticas, culturais e, por isso, se configura como material e imaterial. As proposições dos movimentos sociais sobre educação, constituindo o paradigma da Educação do Campo, configuram-se como território imaterial,[4] pois são discursos e representações ancoradas na experiência camponesa, na necessidade de afirmação dos modos de vida, da cultura e da produção que pretendem ver configuradas na formação dos camponeses e implementadas nas políticas educacionais.

A territorialização da Pedagogia da Alternância em diversos centros educativos no país somou esforços para a consolidação dessa concepção pedagógica, o que fica evidente ao compreender que a alternância vem oferecendo subsídios para outra via de formação, ressignificando processos pedagógicos, tanto para professores quanto para estudantes e comunidades rurais. Por seus pressupostos, componentes, finalidades e dispositivos pedagógicos, a alternância se traduz na longa caminhada pela construção da Educação do Campo e pelo reconhecimento institucional de uma educação apropriada à realidade camponesa.

A alternância tem no campo a sua origem e a sua cultura predominante. Essa sua marca foi criando a sua identidade enquanto proposta de educação direcionada aos sujeitos camponeses. Apresenta como finalidades a educação escolar e profissional associadas e o desenvolvimento econômico, ambiental e humano do campo (CALVÓ, 2005). O método pedagógico de alternância de

---

[4] O território imaterial está presente em todas as ordens de territórios. O território imaterial está relacionado com o controle, o domínio sobre o processo de construção do conhecimento e suas interpretações. Portanto, inclui teoria, conceito, método, metodologia, ideologia, etc. O processo de construção do conhecimento é, também, uma disputa territorial que acontece no desenvolvimento dos paradigmas ou correntes teóricas. Determinar uma interpretação ou outra, ou várias, convencer, persuadir, induzir, dirigir fazem parte da intencionalidade na elaboração conceitual. Estou me referindo ao mundo das ideias em que forma, limite, referência, convencimento, conteúdo, área, domínio, extensão, dimensão, entre outras diversas, são noções necessárias para compreendermos que o pensamento também é produtor de relações de poder. A produção material não se realiza por si só, mas na relação direta com a produção imaterial. Igualmente, a produção imaterial só tem sentido na realização e compreensão da produção imaterial. Essas produções são construídas nas formações socioespaciais e socioterritoriais. Os territórios materiais são produzidos por territórios imateriais (FERNANDES, 2009).

tempos e espaços de aprendizagem é característica fundamental da Pedagogia da Alternância, mas, como afirma Gimonet (2007, p. 120), não basta "suceder-se tempos de trabalho prático e tempos de escola, sem nenhuma relação entre si, para que exista uma formação alternada".

A alternância pedagógica significa mais que um método, mais que uma soma de atividades práticas e teóricas num único conjunto, se configura como uma concepção teórica e metodológica com referências no âmbito da natureza dos processos de aprendizagem que apresenta uma conexão e interação inerentes entre os tempos e espaços de formação, com um trabalho reflexivo sobre a prática. Cavalcante (2009, p. 5-6) salienta que a Pedagogia da Alternância.

> [...] está para além do "vai e vem temporal" dos seus alunos. Junto com a alternância das semanas, existe uma sintonia política pautada nos princípios nobres da participação e valorização do diálogo dos saberes... não adiantaria o ir e vir, se fosse apenas um sistema de recados e transmissões de conhecimentos extensionistas... a Pedagogia da Alternância [...] precisa ser, antes de mais nada, uma ramificação da Educação Popular, essa educação pautada no diálogo dos mundos com acolhimento e respeito. É no universo da Educação Popular que ela mergulha sua educação formalizada, mas não corrompida pela verticalização e supremacia dos conhecimentos e saberes.

O trânsito alternado por espaços e tempos de aprendizagem que possuem especificidades e lógicas diferentes confere aos estudantes uma síntese dos conjuntos em interação em termos de objetivos, finalidades, conhecimentos, saberes, linguagens, culturas. Begnami (2003) ressalta a alternância como um processo contínuo de aprendizagem e formação na descontinuidade de atividades e na sequência integrada de espaços e tempos. A formação, portanto, se manifesta para além do espaço escolar e, dessa forma, a experiência se torna um lugar com estatuto de aprendizagem e produção de saberes, em que o sujeito assume o caráter de protagonista, apropriando-se individualmente do seu processo de formação.

A organização em Tempo Escola e Tempo Comunidade supõe uma articulação entre tempos e espaços de formação que cadenciem com coerência, unidade e integração o meio social da experiência, a instituição educacional da formalização e dos saberes teóricos e formais e o meio da ação, da experimentação. "A Pedagogia da Alternância implica, em permanência, uma dupla transferência: saberes empíricos e experiências da vida para os saberes teóricos dos programas escolas e reciprocamente" (GIMONET, 2007, p. 136).

O Tempo Comunidade permite a apreensão, a análise, o questionamento, a observação, a atividade prática, a troca, a expressão a partir da vivência dos componentes da vida no campo nos seus aspectos educacionais, econômicos, sociais e humanos. É o momento em que os educandos realizam atividades de problematização e investigação da sua realidade, de registros de experiências, de práticas que permitem a troca de conhecimento nos vários aspectos. É o tempo em que se transferem os saberes acadêmicos, técnicos, tecnológicos, científicos para a vida no campo, perfazendo saberes em ação que resultam da articulação entre saberes práticos e saberes teóricos. Logo, é o espaço-tempo em que o educando reflexivamente relaciona, confronta e pratica os seus aprendizados.

O Tempo Escola se configura como o período dos programas acadêmicos, do ensino, das longas horas de estudo em sala de aulas. É o momento de refletir e promover o diálogo entre a realidade do campo e os conhecimentos científicos. É o momento de aprender e construir saberes, mas também é um tempo de convívio com os outros, no seio de uma estrutura educativa onde se partilham os deveres, as refeições, os lazeres, as atividades organizativas. É o espaço-tempo no qual os educandos participam de inúmeros aprendizados, se auto-organizam, avaliam o processo e participam do planejamento das atividades, vivenciam e aprofundam valores, enfim, sistematizam e aprofundam a compreensão conceitual, teórico-prático, dos temas e problemas em estudo. Nas palavras de Gimonet (2007, p. 140):

> Ele é um tempo-espaço de encruzilhadas e de encontros, de trocas e de confrontos, de análise e de síntese, de organização e de regulação dos processos de alternância, mas também, de personalização e de socialização. É o lugar onde vai acontecer o esclarecimento e a superação da prática e da experiência, onde vão se desenrolar novas aprendizagens, produção de saberes mais amplos para a prática pedagógica ao mesmo tempo cooperativa e personalista. É também o palco de uma vida social no meio de um grupo de vida.

A sucessão de Tempos Escola e Tempos Comunidade não pode ser vista de forma binária e simplista, uma vez que relaciona intrinsecamente a vida cotidiana do campo com seu contexto específico e o meio de vida escolar. A formação em alternância não se dá pela sequência estanque dos espaços-tempos, da prática e da teoria, da ação e da reflexão, do cotidiano e da educação, mas pelo relacionamento inerente entre as entidades (família, comunidade, instituição educacional), os sujeitos (camponeses, estudantes, professores), a natureza dos saberes e aprendizagens trabalhadas (empíricos, populares, práticos, experienciais, teóricos, abstratos, conceituais) e os processos (ação-reflexão, pesquisa-ação-formação, problematização, conceituação) (GIMONET, 2007).

A alternância implica, portanto, uma situação de aprendizagem atuante, na qual lógicas e saberes diferentes trabalham complementarmente os sentidos, o intelecto, o afetivo, o relacional. Permite uma melhor integração e interação entre escola e família e comunidade, estudo e trabalho, conceitos teóricos e cotidiano experiencial das vivências e convivências. Dessa forma, comporta processos vivificadores dos currículos escolares amortecidos pelos modelos de educação tradicional (BOFF, 2010).

Nessa perspectiva, os estudantes encontram e vivem entidades diferentes, cada uma com suas especificidades, seus saberes, seu saber-fazer, seu saber-ser, sua linguagem, sua cultura, seus sujeitos. Ao articular o encontro e a vivência desses diferentes saberes, tempos e espaços, a alternância se coloca na fronteira, lugar de ruptura, de relações, de complexidades; de dialética do dentro e do fora, do aberto e do fechado, do aqui e do acolá, onde se degustam os opostos e os contrários que trabalham complementarmente os sentidos, o intelecto, o afetivo, o relacional, o irracional (GIMONET, 2007).

Como analisa Boaventura de Sousa Santos (2009), residir na fronteira implica uma forma privilegiada de criação do novo. Escolhemos do tradicional o que desejamos reter e o que desejamos esquecer ou modificar; vivenciamos fracas hierarquias e, por sua vez uma pluralidade de poderes e uma fluidez nas relações; construímos nossa identidade nas diferenças. Assim, ao residir na fronteira, a alternância entra nesse jogo de complexidades, de passagens, de rupturas e de relações.

As relações múltiplas entre a diversidade de espaços, tempos, sujeitos co-formadores, saberes e processos deslocam a Pedagogia da Alternância da clássica triangulação ensino-saber-aluno, da unicidade dos saberes dos livros e do docente na escola. Colocam em jogo os saberes da vida familiar, social e profissional, segundo as dimensões da experiência. Dessa forma, a Pedagogia da Alternância supõe desfazer-se de esquemas clássicos do ensino para dar vida a um sistema pedagógico novo.

> Novo porque derruba os muros da escola para utilizar saberes e os suportes de aprendizagem da vida. Novo porque o alternante não é mais um aluno na escola que consome passivamente saberes de um programa, mas um ator sócio-profissional que constrói sua formação (GIMONET, 2007, p. 99).

A Pedagogia da Alternância propõe a formação integral do jovem camponês por meio de uma abordagem metodológica que prima pela autonomia dos sujeitos, enfatizando especialmente o aspecto profissional e intelectual. Sugere um trabalho pedagógico fundamentado nas experiências concretas dos educandos, considerando a cultural camponesa como ponto de partida. Segundo Sommerman (*apud* FÔNSECA; MEDEIROS, 2006), a Pedagogia da Alternância enfatiza o respeito à figura do campo e a urgência de cultivar os conhecimentos do sujeito do campo. Nessa perspectiva, caminha de mãos dadas com a cultura camponesa, pois não é possível cultivar o campo e seus sujeitos sem respeitar as suas raízes, a cultura na qual estão inscritos.

A realidade da vida do estudante se constitui, pois, como a complexidade da formação em alternância, que prioriza a experiência sobre o conteúdo programático. Dessa forma, a Pedagogia da Alternância representa um caminho permanente entre a vida e a educação, proporcionando informações que partem do concreto para o abstrato, do prático para o teórico, do contexto sociopolítico, econômico e cultural local para o global. Boff (2010, p. 10), destaca que, na alternância,

> o local e o global se co-implicam. Contudo, o chão em que temos nossos pés apoiados é referência para olharmos os horizontes do mundo. E ambos, o local em que os pés se apoiam e horizontes, precisam ser problematizados e reflexionados nos processos educativos.

A partir da inter-relação e da integração dos tempos e espaços de formação e aprendizagem teóricos e práticos, pressupõe-se que o estudante conheça, relacione e integre os elementos de sua cultura ao conhecimento técnico-científico. A aprendizagem em alternância proporciona, portanto, uma diversidade de situações, possibilidades e tipos de experiências, de informações, de saberes e de conhecimentos que se produzem, se encontram e se utilizam.

A proposta da alternância busca, nesse sentido, a formação integral dos educandos, na perspectiva de que eles venham a se tornar sujeitos participativos e conscientes do processo histórico, competentes no exercício de seu papel perante a comunidade, incluindo uma apropriação reflexiva, participativa, crítica e criativa dos conhecimentos produzidos e adquiridos no processo educacional. Desse modo, reforça-se o entendimento de que a formação em alternância traz um caráter essencialmente criativo, não apenas porque assim se torna mais interessante ou inovadora para os educandos mas porque se caracteriza como uma educação libertadora (FREIRE, 1983) que se insere na dinâmica da cultura local, na qual o sujeito é visto como agente do processo educativo.

> A concepção freireana vê a educação como parte integrante da cultura local, por isso é possível reconhecer a proximidade entre tal concepção e a Pedagogia da Alternância. Não se trata de uma educação submissa, já que visa capacitar o homem a formar uma consciência crítica, intelectual, técnica e profissional em seu contexto de origem. Uma formação voltada para o desenvolvimento humano, social, econômico, cultural, ecológico e que tome como referência todas as crenças e saberes valorizados pela comunidade, contradizendo o que se evidencia, na maioria das vezes, ser uma educação que se pratica nas escolas urbanas destinada à preparação dos jovens para o mercado de trabalho (DIAS, 2006, p. 130).

O trabalho baseado na realidade do campo proposto na Pedagogia da Alternância não significa apenas a adoção de um método para se trabalhar nas instituições, mas uma opção política, um compromisso de transformação do meio e da sociedade. Isso requer do educando mais do que uma simples observação do ambiente, mas uma implicação de sua parte para agir onde se encontra. Nesse sentido, a formação em alternância busca escolarizar e auxiliar os estudantes a formularem hipóteses com base em sua realidade a partir de uma educação formal e crítica, criando condições para que se desenvolvam de modo permanente, intervindo no seu meio, construindo formas alternativas que levem à solução das questões-problema da comunidade, mediante a utilização de conhecimentos científicos em diálogo com o contexto.

> Nesse sentido, desenvolve uma formação embasada na construção coletiva de estudos técnicos e sociais, que têm como finalidade articular tempo e espaço com conhecimentos e experiências específicos, aproveitando e formalizando os saberes sobre o campo de forma crítica, além de possibilitar aos jovens a formação para o trabalho e o exercício da cidadania (JESUS, 2006, p. 61).

Desse modo, educar e formar na Pedagogia da Alternância significa associar o desenvolvimento econômico, ambiental e humano, de forma que não se limita à escolarização, mas se inscreve num contexto e carrega em si uma dimensão de cidadania e de solidariedade local e global. O desenvolvimento integrado dos estudantes se manifesta, portanto, atrelado a uma proposta de desenvolvimento sustentável do campo, pois, apesar de construir um movimento de caráter interno, está inserido numa realidade mais ampla e complexa com a qual interage e da qual recebe pressões e influências.

Assim, a Pedagogia da Alternância se configura como um compromisso com a melhoria na qualidade de vida do campo, sem se alienar dos valores histórico-culturais. Ela propõe o enfrentamento das dificuldades da vida e do trabalho do camponês: a ausência de instrumentos que lhes deem autonomia e independência na terra. Trabalha pelos direitos e pela dignidade do homem do campo a partir de uma nova forma de ensinar sujeitos que, ao longo do processo histórico, tiveram negada a sua identidade. Propõe a produção do conhecimento a partir da construção sólida de conceitos que partem da realidade e do cotidiano da população do campo, juntando-se a ele o conhecimento produzido pela ciência.

A partir dessa perspectiva buscamos a compreensão da prática da alternância na experiência do curso de Licenciatura em Pedagogia PRONERA/UFPB. Para tanto, descreveremos, a seguir, a dinâmica organizacional dos tempos-escola e tempos-comunidade realizados no curso, apontando os aprendizados e as dificuldades na realização dessa estratégia pedagógica e destacando, segundo a visão dos estudantes e de suas comunidades, as repercussões dessa formação em alternância para o desenvolvimento das áreas de reforma agrária e de seus sujeitos.

A Alternância no Curso de Licenciatura em Pedagogia PRONERA/UFPB: uma análise do Tempo Escola e do Tempo Comunidade

O Curso de Licenciatura em Pedagogia PRONERA/UFPB, voltado para a formação de educadores da Reforma Agrária na Paraíba e ancorado nos princípios da Educação do Campo, assume a Pedagogia da Alternância em sua proposta metodológica. Diante das características da alternância discutidas anteriormente, nos questionamos sobre os limites e as possibilidades de realizá-la no âmbito da universidade e sobre suas repercussões para o desenvolvimento dos assentamentos e de seus sujeitos.

Sem dúvida alguma, podemos afirmar que a alternância é o elemento diferencial dos cursos superiores do PRONERA. Sua dinâmica organizacional em tempos alternados de estudos na universidade e nas comunidades da Reforma Agrária possibilita, por um lado, as condições estruturais para a formação dos estudantes camponeses, que dificilmente poderiam se deslocar de suas regiões todos os dias para frequentar um curso em ritmo regular na universidade. Por outro lado, suas exigências metodológicas permitem uma aproximação e uma ligação inerentes e contínuas da formação com a realidade dos estudantes, inclusive quando há a distância física com o campo, que fica para trás com a ida para a universidade.

Muitos são os entraves e inúmeros são os avanços na prática da alternância nos cursos superiores. E os entraves se situam exatamente na possibilidade dos avanços. É na tentativa de fazer o diferente que os cursos superiores do PRONERA encontram resistências burocrático-institucionais na relação com instâncias da universidade e dificuldades socioculturais na relação com os sujeitos envolvidos direta ou indiretamente com os cursos.

Diante disso, podemos afirmar que esse movimento alternante entre instituição educacional e comunidade está longe de encontrar seu lugar no espaço educativo universitário. A estrutura universitária é tradicional, fragmentada, separa teoria e prática, saber-fazer e saber teórico, habilidade manual e ensino transmitido pelos professores que detêm o saber. As velhas divisões entre aqueles que têm a missão de repassar o saber acadêmico e aqueles que põem em prática não desapareceram. A educação tradicional permanece fechada em si mesma, muitas vezes cortada da vida, porque os baluartes da cultura cuidam para não se deixarem corromper pelas tradições do povo.

Nessa lógica, o espaço educativo do cotidiano diário nunca é considerado como espaço do saber acadêmico. São espaços de formação que se chocam, se contrariam, se opõem em vez de se unir. Com a alternância tenta-se juntar, alcançar, unificar tudo isso. A alternância supõe uma revolução de mentes e não permite que os donos da ordem administrativa dominem, controlem as estruturas, a não ser de forma aleatória e difícil. Gimonet (2007, p.19) nos chama a atenção que

> A distância é grande entre a ideia ou o conceito e a prática da alternância, e aqueles que a percorrem logo percebem. [...] deixa-se para trás uma pedagogia plana para ingressar numa pedagogia no espaço e no tempo e diversificam-se as instituições, bem como os atores implicados.

Não obstante essas questões, fazendo emergir todas as contradições em sua execução no interior da universidade, o PRONERA assume a alternância como proposta pedagógica de caráter sistemático e político (BRASIL, 2004), abarcando planejamento, efetivação e avaliação do processo educacional por instrumento da pesquisa, da ação e da reflexão e direcionando suas atividades com a intencionalidade pedagógica voltada para a inclusão social e a melhoria das condições de vida nos assentamentos. Desta feita, a adoção da alternância implica a construção de processos educativos em diferentes tempos e espaços; a transversalidade dos conhecimentos contemplando a diversidade do campo; a formação profissional para além dos espaços escolares; a articulação ensino-pesquisa como fundamento para repensar a relação teoria-prática; o desenvolvimento de teorias e práticas que tenham como principal referência o desenvolvimento sustentável do campo.

Tomando a Pedagogia da Alternância por orientação metodológica, o PRONERA pretende oportunizar uma relação dialógica direta entre a universidade e as comunidades do campo, a partir de uma abordagem interdisciplinar do currículo que suscite situações-problema em torno da história e da experiência de vida e de trabalho dos educandos, integrando os conteúdos pedagógicos às necessidades das comunidades e estimulando a participação atuante do estudante. O Curso de Licenciatura em Pedagogia PRONERA/UFPB,

> embasado numa concepção que tem como princípio a indissociabilidade entre teoria e prática, [...] adota uma pedagogia da alternância que se efetiva num currículo que se executa a partir de um Tempo Escola e um Tempo Comunidade em que se propicia o contato direto com a realidade do aluno, o campo, para o pensar, repensar e transformar a realidade (UFPB, 2007).

Nesse sentido, afirmamos a importância das famílias e das comunidades no apoio à participação dos estudantes no curso, incentivando-os, fornecendo as condições materiais para que permaneçam distante durante o Tempo Escola e superando a lacuna que eles deixam em casa e no assentamento. A família e a comunidade são os sustentáculos dos estudantes, suprem sua ausência, contornando possíveis problemas para possibilitar os estudos na universidade, cobrindo as diversas atividades de trabalho cuidando dos animais, dos filhos, das tarefas do dia a dia no roçado.

Embora ausentar-se da vida no campo por um tempo considerável seja elencado pelos estudantes como uma dificuldade premente para a realização do curso, também fica evidente que sem a alternância seria inviável a possibilidade de acesso e permanência desses estudantes na formação superior.

Os cursos dos programas de Educação do Campo pretendem possibilitar a inserção dos estudantes camponeses na universidade, mas essa instituição é elitista e seleciona de acordo com um sistema de pertença hierarquizada. As diferenças de classe, de práticas sociais, de ideologias e de atitudes desses sujeitos são vistas como vetor para uma consequente inclusão combinada com a desigualdade. Daí a disputa por um espaço de territorialização do campo na universidade, para possibilitar que os diferentes sujeitos, conhecimentos, saberes, lógicas de vida e de classe possam ter seu espaço na academia.

A Pedagogia da Alternância traz múltiplas territorialidades de espaços e saberes que se entrecruzam, rompendo as fronteiras de saberes e conhecimentos, de espaços de aprendizagem, de espaços territoriais campo-cidade. Não obstante, é no Tempo Escola que os estudantes e também os professores se deparam com uma das maiores riquezas que a alternância proporciona na universidade: o diálogo entre as diferenças de sujeitos, de práticas, de saberes. A dinâmica do curso é baseada no movimento constante de retomada do campo, de reflexão de seu contexto, de análise de suas problemáticas e de experiências lá vivenciadas. Essa relação do curso com a realidade do campo oportuniza o diálogo entre os saberes científicos e os saberes populares, possibilitando a edificação de um novo saber, emancipatório, impregnado da realidade contextualizada e politizada. Jesus (2004, p.123) assim reflete essa questão:

> Há uma necessidade de relacionarmos como complementares os saberes da tradição e alguns conhecimentos científicos, visto que essa relação de complementaridade está presente na exigência da qualificação de diferentes saberes e formas de organização do conhecimento no campo, que toma como referência a terra de forma complexa e transdisciplinar.

O debate epistemológico entre diferentes formas de conhecimento é possibilitado pelo princípio da incompletude de todos os saberes, baseado na já referida hermenêutica diatópica (SANTOS, 1996). A correlação entre os saberes do campo e os saberes acadêmicos permite explorar na cultura, na organização do trabalho e da política, no relacionamento com o tempo e com o ambiente físico e social do campo, práticas e saberes ocultados e desqualificados na modernidade. Traz em sua epistemologia um caminho para a emergência dos ausentes[5] (SANTOS,

---

[5] Boaventura de Sousa Santos (2008) nos auxilia na leitura dessa realidade, ao afirmar que a experiência social do mundo não se limita à ciência moderna, a qual desacredita alternativas que seguem

2008). Isso porque caminha em contraposição à primazia da monocultura do saber, que produz a não existência dos saberes populares, desqualificando-os ao transformar o conhecimento científico e a ciência moderna como critérios únicos de verdade. Aí podemos encontrar uma riqueza do curso:

> [...] reconhecer que os camponeses têm um saber próprio e que é necessário basear-se nesse saber para buscar melhores alternativas. Apesar de pouco valorizado, esse saber faz parte de um universo cultural indispensável à permanência do camponês na terra (PEREIRA, 2006, p. 97).

O Curso de Licenciatura em Pedagogia PRONERA/UFPB traz para o Tempo Escola as questões e os conhecimentos do campo e de seus sujeitos proporcionando uma aprendizagem em diálogo com o conteúdo programático. Em sua composição e estruturação curricular (UFPB, 2007), o Curso apresenta um rol de disciplinas que permitem essa vinculação entre a aquisição e produção do conhecimento científico e a realidade e a experiência social do campo.

Em meio a conteúdos de natureza essencialmente científica, indispensáveis à formação técnica de professores, o Curso estabelece disciplinas[6] com a cara e o coração do campo, que expressam em suas ementas a contextualização sócio-histórica da luta pela terra, princípios e práticas educativas das formas de organizações coletivas de produção e comercialização do campo, saberes e competências necessárias ao fazer pedagógico na Educação do Campo, os movimentos sociais como espaço educativo na formação da cidadania e concepções de desenvolvimento sustentável e solidário do campo. As falas dos estudantes corroboram essa afirmação:

> Todos os textos, todas as coisas que a gente está vendo lá, a gente tenta sempre ligar à nossa realidade, e os professores ajudam a fazer isso também. [...] A questão dos movimentos sociais que está dentro da gente, a questão da reforma agrária, a questão da educação, tudo faz uma ligação aqui com a nossa realidade. É o que facilita mais o nosso aprendizado. Porque quando a gente estudava aqui no colégio [...], a gente via coisas de outro mundo, e aí como que a gente vai fazer uma ligação com a nossa vida, como que vai despertar o senso crítico [...] se você está vendo uma coisa lá não sei de onde, que não tem uma reflexão, não tem nada (Entrevista no Assentamento APASA, Pitimbu/PB).

> O que a gente vê lá na universidade é muito ligado a nossa cultura local da comunidade. [...] Até agora todas as etapas que a gente passou, nossos trabalhos [...] foram ligados à nossa realidade (Entrevista no Assentamento D. Antônia, Conde/PB).

---

outra lógica. Instiga-nos a tornar visíveis essas formas de saberes, relações sociais e produção desqualificadas.

[6] Fundamentos Sócio-Históricos da Educação do Campo; Educação, Economia Popular Solidária e Práticas Associativas; Realidade Educacional Brasileira do Campo; Educação e Movimentos Sociais; Educação do Campo e Desenvolvimento Autossustentável.

> Eles sempre tentam trazer os assuntos pro campo, sempre estão relacionando. Agora a gente teve o trabalho [...] lá no Tempo Escola visitamos [...] escolas da cidade de João Pessoa, e a professora pediu que a gente relacionasse a escola do campo com a escola da cidade: o que tem na do campo, o que tem na da cidade, as diferenças, o que elas têm em comum. Eles sempre estão relacionando as coisas (Entrevista no Assentamento D. Antônia, Conde/PB).

O Curso de Licenciatura em Pedagogia PRONERA/UFPB, nesse sentido, possibilita transformar as ausências em presenças, ao cruzar diferentes tradições teóricas e metodológicas, diferentes formas de interação entre cultura e conhecimento e entre conhecimento científico e não científico e valoriza as culturas e saberes produzidos como não existentes, ausentes, tornando-os presentes, considerando-os alternativas à monocultura do saber, propiciando que sua credibilidade possa ser discutida e argumentada e que suas relações com as experiências hegemônicas possam ser objeto de disputa política e epistemológica.

A emergência dos saberes, experiências e práticas do campo, o reconhecimento das diferenças da lógica de vida dos sujeitos do campo são formas de possibilitar a valorização dos tratados socialmente como ignorantes, atrasados e inferiores. A consideração dos saberes ausentes na modernidade permite a reflexão sobre os conhecimentos que são postos como legítimos e oportuniza a liberdade das ideias para construir novas formas de interpretar e agir no mundo, ampliando a compreensão das referências na construção de conhecimentos e práticas a partir dos conhecimentos produzidos pelos sujeitos que foram postos à margem pela racionalidade moderna (SANTOS, 2008).

A formação em alternância, portanto, ao fomentar a utilização e a exploração epistemológica de diferentes e, em certa medida, contraditórias subjetividades, culturas e práticas provenientes das lógicas do campo e da universidade, converge para novas formas de resistência, de formulação de alternativas educacionais e de consideração de saberes subalternos na esfera pública da universidade.

O Curso de Licenciatura em Pedagogia PRONERA/UFPB, ao colocar essa proposta metodológica em prática por entre as amarras da estrutura acadêmica, desempenha uma multiculturalidade em ação, prevendo um novo direcionamento epistemológico no currículo do curso, valorizando os saberes da experiência dos assentados da Reforma Agrária.

No entanto, é certo que esse diálogo entre a ciência e os saberes e práticas do campo não acontece no conjunto da realidade do curso. Aventurar-se numa outra lógica de aulas, numa concepção diferente de ensino e de aprendizagem, requer disponibilidade epistemológica, condição essencial para desenvolver o novo. Pereira (2006, p. 95) reforça essa questão ao afirmar que

> Ignorar o saber popular é desconhecer todo o potencial que abrange desde as práticas sociopolíticas, religiosas e culturais até as manifestações mais corriqueiras

de vivências coletivas, pautadas em valores já quase soterrados pelos que se dizem cultos, formados e detentores do saber científico.

Se a prática refletisse rigorosamente as orientações metodológicas do PRONERA contidas no projeto político-pedagógico do curso (UFPB, 2007), a organização das aulas por temas geradores ou eixos temáticos possibilitaria uma relação mais horizontal entre os conhecimentos popular e científico, um diálogo para a construção interdisciplinar de novos conhecimentos. Mas é difícil manter esse dinamismo realizando o Tempo Escola dentro de uma organização em disciplinas preestabelecidas na universidade.

Essa problemática atinge o Tempo Comunidade, quando acontecem casos em que as experiências educativas desenvolvidas nos assentamentos são postas no formato acadêmico, de mera produção de texto. O Tempo Comunidade, característico por possibilitar a problematização e a investigação da realidade do campo e permitir a transferência de saberes acadêmicos, científicos para a vida no campo, corre o risco de se transformar numa reprodução do que se produz na universidade, não se identificando com o elemento prático.

Essa era a proposta inicial do Curso de Licenciatura em Pedagogia PRONERA/UFPB, e se desenvolveu no primeiro ano de execução. O primeiro Tempo Comunidade, no período 2008.1, consistiu na elaboração de um registro da história dos assentamentos, no qual deveriam ser considerados os conteúdos das diversas disciplinas estudadas no período. Essa articulação foi possível a partir de reuniões de planejamento entre os professores, a coordenação do curso e a CPT. No entanto, essa dinâmica de encontros e planejamentos de integração dos professores foi se estreitando e se dispersando no decorrer do curso, tendo em vista a soma de diversos fatores, dentre eles, o atraso no repasse dos recursos, o que resulta em incertezas no que tange à definição dos tempos de funcionamento do curso, a sobrecarga de trabalho dos professores, a resistência de professores que não têm identidade com o curso e ainda o individualismo ou questões de cunho pessoal e político.

Essa dispersão se iniciou logo no Tempo Comunidade do período 2008.2, quando foi proposta a continuidade da atividade de pesquisa iniciada no primeiro Tempo Comunidade, aprofundando a descrição e as análises em desenvolvimento, mas foram acrescentadas atividades individuais de algumas disciplinas que optaram por não se inserir nesse projeto coletivo. Em 2009, segundo ano do curso, o Tempo Comunidade (2009.2) representou bastante esse distanciamento entre as disciplinas e o individualismo como centro da organização das atividades didáticas. Os estudantes cursaram sete disciplinas no Tempo Escola e tiveram como responsabilidade para o Tempo Comunidade sete diferentes atividades para desenvolverem.

A quantidade de atividades a serem realizadas pelos estudantes no Tempo Comunidade, cada uma com seu foco específico, dificulta as reflexões e/ou continuidades na comunidade, o que é agravado por dois fatores. Em primeiro lugar, ao retornarem às suas comunidades, os estudantes retomam suas vidas, seus afazeres corriqueiros no lar, na família, no assentamento, nas associações, os quais, na maioria das vezes, se encontram acumulados tendo em vista a ausência durante o Tempo Escola. Em segundo lugar, com o atraso no início do Tempo Escola, tem-se como consequência um menor período para a realização do Tempo Comunidade, e os estudantes têm poucos dias para cumprir todas as atividades. Em entrevista no Assentamento D. Antônia, Conde/PB, uma estudante retratou esse acontecimento no curso:

> É meio complicado quando temos um pequeno tempo, como foi na etapa passada. Aí complica. [...] Porque são vários trabalhos, já chegou a ser sete trabalhos. É complicado, mas a gente está conseguindo levar.

Tentando contornar esses impasses, especialmente no que se refere ao curto período para a realização do Tempo Comunidade em virtude do atraso no início das aulas, a coordenação aconselhou aos professores, por duas vezes, que não exigissem atividades das disciplinas. Para não prejudicar por completo o funcionamento da alternância, ficou acordado executar uma única atividade, como, por exemplo, articular reuniões com representantes das associações dos assentamentos, secretários de educação, gestores e educadores das escolas dos municípios em que seriam efetivados os estágios dos estudantes, com vistas a propor a promoção de formação continuada em Educação do Campo para os educadores desses municípios.

Não obstante essas dificuldades, o Tempo Comunidade se caracteriza como o momento privilegiado para a relação teoria e prática. O Tempo Escola proporciona essa relação, mas de maneira pouco profunda, utilizando as experiências e práticas dos sujeitos do campo como referência para a discussão teórica. Já o Tempo Comunidade apresenta um caráter específico de intervenção, de experimentação, propicia os "saberes de ação, que resultam da articulação dos saberes práticos e saberes teóricos" (Gimonet, 2007, p. 139).

> A educação se torna na e pela ação coletiva. A compreensão do mundo que nos permite aprender, refletir e agir. [...] Neste sentido a educação é comprometida com a ligação teoria-prática, [...] articulando a conscientização da realidade social às ações de luta pela transformação e produção de uma nova sociedade (NASCIMENTO, 1996, p. 19).

Para tanto, a pesquisa é um princípio educativo na dinâmica do Tempo Comunidade. Investigar e refletir sobre os conhecimentos das pessoas do campo valoriza-as e favorece uma situação de aprendizagem atuante, na qual os educandos produzem o seu saber e a sua formação. Como assegura Gimonet (2007, p. 124), na alternância, "ao invés de produzir sábios, importa promover pesquisadores, pessoas com capacidade de adaptação, detentoras de um espírito aberto e de um modo de pensar complexo".

Esse exercício do Tempo Comunidade leva os estudantes a se envolverem em processos de mudança nos assentamentos, a participarem do desenvolvimento das comunidades numa perspectiva que alie as questões pedagógicas e socio-econômicas à cidadania, à dignidade e à qualidade de vida. Estimula a busca de soluções para os problemas vivenciados, à luz do que foi visto e discutido noTempo Escola. Na fala dos estudantes:

> Pra mim, assim, é diferente a Pedagogia da Alternância porque você vem trabalhar com a realidade da comunidade, vai trazer os problemas da comunidade e vai tentar soluções pra eles, junto com a comunidade também (Entrevista no Assentamento D. Antônia, Conde/PB).

> Você chega e tenta colocar aquelas coisas que você viu, na sua realidade. A questão da produção, a questão do lote, os produtos orgânicos, como que a gente vai fazer isso? [...] tem gente usando agrotóxico, [...] a questão dos atravessadores, ou seja, são mil e uma dificuldades que a gente se sente na responsabilidade de mudar isso. Tentar colocar algo novo, não só na teoria como a gente vê lá não, que é tudo maravilhas, mas trazer pra prática aqui (Entrevista no Assentamento APASA, Pitimbu/PB).

Esse envolvimento dos jovens com a vida no assentamento, com os problemas vivenciados pela comunidade, na busca por melhorias na vida da população, pelo desenvolvimento do assentamento, é uma conquista da comunidade, desejada pelas famílias, pelas lideranças, pelas pessoas que estão direta ou indiretamente envolvidas com a formação desses estudantes. A expectativa é por profissionais oriundos da própria comunidade, que compreendam a realidade porque nela vivem, que saibam dialogar com os moradores, propor melhorias, trabalhar pelo desenvolvimento de toda a comunidade. Segundo as falas do pessoal da comunidade Assentamento Amarela I, São Miguel de Itaipu/PB:

> Às vezes, a pessoa só pensa no curso que fez. [...] fez um curso não foi só para ter trabalho e dinheiro, mas foi também pra [...] saber como fazer a relação com a comunidade. Conquistou demais as comunidades. Filhos de gente humilde, que tiveram oportunidade de estudar e sabem lidar muito bem com o povo. [...] Sabe se relacionar com as pessoas, que sabe atender as pessoas, tem outro nível de quem vem [atuar nas áreas de Reforma Agrária] só pra ganhar dinheiro (Entrevista realizada na comunidade com uma participante da luta pela conquista do Assentamento Amarela I, São Miguel de Itaipu/PB, vereadora e presidente do Sindicato dos Trabalhadores Rurais do município).

O que [...] aprendeu lá, o que estudou era para vir realmente trabalhar com o povo aqui no nosso assentamento. A gente precisava [...] realmente no nosso assentamento. A comunidade estava precisando. [...] Hoje a gente sabe que [...] ajuda muito as comunidades [...]. Vale a pena [...] ficar aqui porque [...] está colaborando com o assentamento e está ajudando as pessoas que mais necessitam (Entrevista realizada na comunidade com uma agricultora, participante da luta pela conquista do Assentamento Amarela I, São Miguel de Itaipu/PB).

Processos de mudança no envolvimento dos estudantes com a comunidade, no que tange à inserção crítica e participativa deles na vida social, produtiva, política, cultural e profissional acontecem de maneira privilegiada no momento do Tempo Comunidade. Os estudantes, ainda durante o processo de formação, têm a oportunidade de atuarem como agentes do desenvolvimento de seus assentamentos, uma vez que as atividades educativas realizadas nesse Tempo Espaço de aprendizagem trazem consequências para a dinâmica dos assentamentos.

Os estudantes passam a considerar-se responsáveis pelo desenvolvimento de suas localidades, buscando as soluções necessárias para a qualidade de vida da população. Assumem a dianteira do desenvolvimento local, empoderados pela capacidade educacional adquirida na formação e estimulados a formular projetos inovadores que intervenham na realidade de forma coerente com o meio em que vivem. Essa ação da juventude como resultado da formação educacional inscreve a educação como uma política de desenvolvimento rural que associa valores funcionais aos jovens, inserindo-os participativamente nessa política (ABROMOVAY, 2005).

No Curso de Licenciatura em Pedagogia PRONERA/UFPB, os estudantes vivenciaram diversos momentos de intervenção e realização nas suas comunidades, nas dimensões educacional, ambiental, social, política. Protagonizando processos educativos de ação, pesquisa e formação ou, simplesmente, de união teoria-prática, os estudantes investigaram a realidade, definiram problemas e se empenharam na construção e execução de projetos que viessem a repercutir positivamente na solução de questões-problema identificadas[7] em suas comunidades.

Um exemplo disso foi o desenvolvimento do projeto de arborização e proteção das águas na comunidade de Amarela I, localizada em São Miguel de Itaipu/PB. Com o desenvolvimento desse projeto no Tempo Comunidade, foi realizado o reflorestamento nas margens do açude que abastece a região, o qual estava danificado pela falta de cuidados. Numa articulação com a Empresa de Assistência

---

[7] Atividade que se desenvolveu durante dois semestres no Curso de Licenciatura em Pedagogia PRONERA/UFPB, a partir das disciplinas Projeto de Pesquisa e Extensão I e II. Essas disciplinas prezavam, em suas ementas e planos de curso, a elaboração e execução de proposta de intervenção integrando ensino, pesquisa e extensão nas diversas práticas educativas.

Técnica e Extensão Rural da Paraíba (EMATER-PB), a Prefeitura Municipal de São Miguel de Itaipu, os agricultores e o grupo de jovens do assentamento mobilizaram, durante um dia inteiro, os moradores da comunidade, os estudantes e os professores das escolas da região num momento de conscientização ambiental a partir da realidade em que estão inseridos, realizando o plantio de mudas nas margens do açude. No evento, também foi apresentada uma dramatização pelo grupo de jovens a respeito das questões ambientais, do aquecimento global, e foi realizado um abraço simbólico no açude. O estudante protagonista desta atividade assim a descreveu:

> Deram-se várias mãos para que isso acontecesse, não foi só a minha. Eu trouxe o projeto todo feitinho teoricamente, mas na execução eu tive que contar com muitas pessoas [...] na locomoção, na ajuda financeira. [...] Houve um envolvimento de toda comunidade no evento. [...] Era um projeto feito por uma pessoa sozinha, mas na hora parecia que foi feito por todo mundo, porque todo mundo deu as mãos, um cuidou da alimentação, outro cuidou de cavar os buracos para plantar as mudas, outro cuidou das falas na hora de abrir as falas pras pessoas. Houve um envolvimento da escola, da Prefeitura, [...] a EMATER enviou uma bióloga e um engenheiro florestal pro evento. [...] A prefeita que se prontificou e estava lá presente no evento, secretária de educação, diretores de escola, vereadores, professores, presidentes de sindicatos, agentes de saúde, pessoas de outras comunidades. [...] O mais importante é que a comunidade estava envolvida. [...] Acho que esse foi o trabalho mais importante até agora, em questão de envolvimento da comunidade.

A execução bem-sucedida e articulada desse projeto já desencadeou a organização de uma nova proposta, agora independente das atividades do curso, a qual consiste no resgate das culturais tradicionais locais de São Miguel de Itaipu, principalmente de Amarela I. Preocupados com a dispersão de muitas manifestações culturais que vêm ocorrendo ao longo das gerações, os jovens da comunidade se propuseram a assegurar a preservação e a vivificação da cultura local camponesa.

A memória e a resistência cultural é um dos aspectos que a Educação do Campo enfatiza, tendo em vista sua intencionalidade política e pedagógica (CALDART, 2004). Enraizar os sujeitos em sua cultura, conservando-a, é pressuposto para a formação humana, para a resistência a padrões culturais alheios e impostos e para a crítica das próprias tradições culturais.

O curso também tem repercutido no envolvimento político dos estudantes na vida do assentamento. As pessoas da comunidade passam a enxergá-los como referências, a procurá-los, a pedir-lhes opinião. Por estarem estudando na universidade e desenvolvendo atividades que envolvem e movimentam a comunidade, os estudantes passam a ter visibilidade em suas ações. São percebidas as potencialidades deles enquanto profissionais e lideranças no assentamento.

Há estudantes atuando em setores da juventude nos movimentos sociais e vários estudantes secretários, tesoureiros e presidentes de associação. Muitos deles iniciaram seu envolvimento com as instâncias de decisão e desenvolvimento dos assentamentos após o ingresso no curso. Nesses espaços têm contribuído com uma participação atuante na gestão social do assentamento, envolvendo-se nos processos de disputa e negociação, formação de alianças e consensos no tocante à consecução de projetos e políticas para o desenvolvimento do assentamento e para a consequente melhoria da qualidade de vida da população. Segundo Calvó (1999), essa cooperação entre os diferentes agentes locais pelo desenvolvimento aplicado ao território comum é um desafio necessário.

O Curso de Licenciatura em Pedagogia PRONERA/UFPB, ao promover a qualificação profissional e social dos estudantes no ensino superior, tem contribuído também para a inserção deles no mundo do trabalho. Muitos estudantes tiveram oportunidade de trabalhar a partir do ingresso no ensino superior, atuando em escolas públicas municipais, por meio de contratação, como professores, gestores, coordenadores, auxiliares administrativos. Também temos a experiência de alunas do Assentamento Dona Antônia, Conde/PB, que trabalham numa experiência de biblioteca itinerante.[8] É um trabalho realizado diretamente nas escolas dos assentamentos do município, atendendo de 20 a 30 estudantes por turma, em que desenvolvem leituras e reflexões dos textos com os estudantes em sala de aula e ainda se realizam empréstimos de livros.

Como uma resposta que privilegia a diversidade, as diferenças, a força das pequenas unidades, a atuação profissional desses estudantes vai constituindo, nas muitas situações, uma força produtiva diversificada, uma qualidade econômica, uma capacidade de inovação que valoriza os saberes da realidade local. Essa situação dá consistência às formas concretas de um projeto de Educação do Campo nas áreas de Reforma Agrária. A formação dos estudantes se torna consequência direta do fortalecimento dessas atividades, assim como a elevação da equidade social, posto que, baseada em acesso desconcentrado ao mercado de trabalho, seu fortalecimento é, de modo direto, distribuição de renda (BOURDIN, 2001).

A formação continuada em Educação do Campo para os educadores das escolas dos municípios de origem dos estudantes é mais uma atividade proposta pelo curso que traz importantes repercussões. A valorização e a formação dos educadores que atuam junto aos sujeitos do campo é um dos traços considerados fundamentais para a constituição de uma prática pedagógica ancorada na Educação do Campo (CALDART, 2004).

---

[8] Oficinas de leitura desenvolvidas pela Associação Educativa Livro em Roda do Instituto Camargo Corrêa.

Pensando em potencializar pedagogicamente a formação dos professores numa programação específica, os encontros de formação foram articulados pelos estudantes com as secretarias de educação dos municípios e ministrados pela equipe de coordenação, com uma proposta de atuação dos estudantes. O objetivo era discutir os princípios da Educação do Campo a partir da legislação que versa sobre a educação básica no campo, apontando perspectivas práticas para sua efetivação nos municípios.

Direcionada aos docentes, supervisores, coordenadores e gestores das escolas do campo, a formação consistiu em dois momentos distintos: 1) a discussão teórica sobre a Educação do Campo, sua origem e seus pressupostos metodológicos; e 2) o planejamento de atividades a partir de um tema gerador. Essa atividade de formação oferecida pelo curso teve a finalidade de divulgar e estimular experiências de práticas educativas referenciadas na Educação do Campo nas escolas públicas do campo.

Essas repercussões identificadas pela atuação dos estudantes durante a formação, através das atividades do Tempo Comunidade, do engajamento político na vida social do assentamento, da admissão no trabalho nas escolas se refletem na consolidação da identidade dos estudantes enquanto assentados e educadores do campo e no desenvolvimento de projetos nas comunidades a partir da iniciativa própria dos estudantes. Essa preocupação com o cultivo das identidades é uma das funções da Educação do Campo: trabalhar os vínculos dos sujeitos do campo com identidades coletivas e sociais de camponês, de trabalhador, de militante (CALDART, 2004).

A atividade de pesquisa e registro da história de luta que resultou na conquista dos assentamentos repercutiu de maneira peculiar na consolidação da identidade dos estudantes enquanto assentados, camponeses, integrantes de movimentos sociais, moradores de áreas de Reforma Agrária. Nos assentamentos regulamentados há muito tempo, a memória e a história de luta vem se perdendo no tempo, e as novas gerações não as conhecem e, em consequência, não constroem uma identidade a partir da valorização da história dos antepassados e da visão crítica sobre os fatos. Nesse sentido, realizando essa atividade, muitos estudantes do curso passaram por um processo de descoberta e de enraizamento na própria história, antes desconhecida ou desvalorizada. Como podemos ver no depoimento de um estudante:

> Eu pude conhecer mais a história, que eu não sabia de muita coisa que tinha acontecido. Pude conhecer o envolvimento das pessoas na luta, pude entender a partir desse momento a identificação dessas pessoas com a luta e o sentido que essa luta teve para cada um [...], nos depoimentos de como foi a luta, os riscos que correram. [...] Eu passei a entender [...] por que foi preciso ter essa

luta, que essa terra não foi [...] de graça como eu achava, [...] mas que existiu uma luta, um conflito, teve pessoas que foram baleadas, pessoas que arriscaram suas vidas pra que essa terra hoje pudesse ser do meu pai, pudesse ser de cada um aqui, de fato. [...] Eu considero que foi um grande aprendizado eu ter conhecido a história da minha comunidade [...] e ter conhecido o que eu chamo [...] de "os Heróis de Amarela" (Entrevista no Assentamento Amarela I, São Miguel de Taipu/PB).

A partir do conhecimento da trajetória dos acontecimentos que levaram à conquista da terra, da história de luta dos homens e mulheres que arriscaram suas vidas pela Reforma Agrária, são denunciados os dramas dos despejos, da violência policial, das mortes, da destruição das plantações, mas também são evidenciados os apoios, a união e a solidariedade entre os trabalhadores e a conquista da terra. Esses aprendizados sobre a luta em cada comunidade resultou em registros fidedignos que estão sendo trabalhados nas escolas, nas ocasiões de comemorações e solenidades que envolvem a comunidade, na construção de Planos de Recuperação dos Assentamentos (PRA). Como explicitam as falas dos estudantes:

> Eu fiz uma poesia aqui do nosso assentamento, contando a história direitinho, e esse registro [...] serviu e está servindo até hoje. [...] As pessoas me chamam pra gente contar [...] como foi que aconteceu o fato. [...] Teve o desfile dia 7 de setembro aqui então foi lida essa poesia. Levei pra reunião no final do mês em João Pessoa. [...] A gente passa no grupo de jovem também [...] pra discutir (Entrevista no Assentamento APASA, Pitimbu/PB).

> De todos os trabalhos que a gente fez dentro da comunidade, o de pesquisa da história do assentamento foi o mais legal [...] e já está servindo pra comunidade. Agora mesmo o pessoal da comunidade vai fazer o PRA [...] e eles precisavam ter dados pra poder fazer isso e onde acharam foi com a gente. A gente já tinha, quer dizer, já tem dados que eles não vão mais fazer, vão pegar o nosso. O pessoal do INCRA já está vindo atrás. Então é um dos trabalhos que eu já estou vendo efeito (Entrevista no Assentamento Dona Antônia, Conde/PB).

No tocante às propostas educativas realizadas a partir da iniciativa dos estudantes do curso, temos como exemplo um projeto de incentivo à leitura que vem sendo desenvolvido por uma aluna do Assentamento Dona Antônia, situado no município do Conde/PB. Após montar uma pequena biblioteca com livros doados, ela realiza encontros quinzenais com as crianças, nos quais desenvolve oficinas de leitura e organiza uma dinâmica de empréstimos de livros.

As crianças do Assentamento Antônio Chaves, de Jacaraú/PB, também estão sendo beneficiadas com um projeto organizado por um estudante do curso. Uma vez por mês, elas se reúnem na comunidade e realizam atividades lúdicas como brincadeiras de roda, corte e colagem, esporte, reciclagem. Segundo a fala de um dos estudantes, o mesmo descreve a experiência:

A gente começou um mutirão, uma passeata, uma caminhada e o que tinha de lixo a gente catava com as crianças. Sentou-se debaixo de uma árvore e fez toda a separação, coleta seletiva. Isso, fazendo as perguntas a eles: Qual a importância de fazer isso? O plástico a gente pode usar pra fazer o brinquedo, [...] o papelão. O que mais a gente pode aproveitar?

Essas repercussões visíveis durante o curso, apesar de construírem um movimento interno, localizado, representam pontos de partida para um dinamismo social e para a melhoria da educação nas comunidades, o que caracteriza o processo endógeno do desenvolvimento local (BUARQUE, 1999). Além disso, essas iniciativas se somam às expectativas e propostas de futuras atuações e contribuições dos jovens ao concluírem sua formação no ensino superior. Retribuindo à comunidade os conhecimentos adquiridos na formação, os estudantes colocam a ideia de atuar na área de educação nos assentamentos, inserindo os pressupostos da educação do campo na dinâmica das escolas, contribuindo para a melhoria da qualidade da educação ofertada. Como se vê nos depoimentos dos estudantes:

> Quero continuar no campo, quero ser educador do campo. Posso até fazer um mestrado, um doutorado, mas a minha identidade será de educador do campo. Mesmo que eu tenha que [...] continuar os estudos, mas eu tenho que voltar e desenvolver no campo. Eu não posso nunca [...] na minha vida, disso eu tenho consciência clara, deixar essa comunidade, deixar o povo do campo desamparado. [...] O meu dever não é nem mais questão de compromisso, mas meu dever é continuar no campo sendo educador do campo, no sentido de conscientização, no sentido de busca por essa Educação do Campo, que seja genuína do campo, na busca por uma escola do campo, na busca por melhorias no ensino para o campo, na busca por uma estrutura adequada no campo. [...] Essa é uma luta que eu quero manter, por [...] políticas públicas de educação para o campo [...], por uma estrutura física, administrativa e pedagógica do campo. [...] Pra lutar eu preciso estar no campo e permanecer no campo (Entrevista no Assentamento Amarela I, São Miguel de Itaipu/PB).

> Dar continuidade à minha profissão de professora, ajudar na organização da minha comunidade, ajudar a CPT. Eu quero tudo que a CPT me deu. Ajudar em outras comunidades, devolver [...]. Eu penso em levar de volta pra comunidade, pros jovens, pros agricultores (Entrevista no Assentamento Dona Antônia, Conde/PB).

Tendo estabelecido como metas a formação de professores e a contribuição para a melhoria das condições de vida dos assentados, de forma que os conhecimentos adquiridos repercutissem para o desenvolvimento socioeconômico e cultural dos assentamentos (UFPB, 2007), o Curso de Licenciatura em Pedagogia PRONERA/UFPB as tem atingido ao possibilitar processos de mudança em seus estudantes e, derivadamente, em suas comunidades. Sua prática alternante vem fomentando a formação integral dos estudantes e construindo o perfil do educador do campo, por meio de um processo de conscientização, de participação política, de fortalecimento do senso crítico, de autonomia no discurso, de autorrepresentação camponesa.

Superando as dificuldades do percurso, os estudantes do curso vêm construindo, no Tempo Escola, o entendimento das diferenças, reconhecendo-se como protagonistas de saberes e práticas complementares à ciência, dialogando com as pessoas e as culturas acadêmicas com base no respeito mútuo, produzindo um novo conhecimento alicerçado na realidade e nas necessidades do desenvolvimento do campo. No Tempo Comunidade, consolidam aprendizagens profissionais e experienciais, dinamizam a vida no assentamento, estreiam processos de mudança a partir da vivência de projetos inovadores, que influenciem na melhoria da qualidade de vida da população local.

Construindo a relação teoria e prática, a confluência dos conhecimentos científicos e dos conhecimentos da vida no campo e o relacionamento entre os diferentes sujeitos do campo e da universidade, a alternância no Curso de Licenciatura em Pedagogia PRONERA/UFPB configura a reinvenção do processo de produção do conhecimento na academia e, principalmente, redefine a sua finalidade, atrelando-o ao atendimento às demandas sociais emergentes no campo pelo desenvolvimento humano, cultural e econômico das áreas de Reforma Agrária.

Referências

ABRAMOVAY, R. Juventude rural: ampliando as oportunidades. 2005. Disponível em: <http://www.creditofundiario.org.br/materiais/revista/artigos/artigo05.htm>. Acesso em: 16 abr. 2008.

BEGNAMI, J. B. *Formação pedagógica de monitores das Escolas Famílias Agrícolas e Alternâncias: um estudo intensivo dos processos formativos de cinco monitores*. 2003. Dissertação (Mestrado) – Universidade Nova de Lisboa, Lisboa; Université François Rabelais de Tours, Tours, 2003.

BOFF, L. A. As principais contribuições da Pedagogia da Alternância para a construção da política pública de Educação do Campo no Estado de Mato Grosso. In: ENCONTRO NACIONAL DE PESQUISA EM EDUCAÇÃO DO CAMPO, 3., 2010, Brasília. *Anais...* Brasília: UnB, 2010. Disponível em: <http://www.encontroobservatorio.unb.br/arquivos/artigos/205>. Acesso em: 13 dez. 2010.

BOURDIN, A. *A questão local*. Rio de Janeiro: DP&A, 2001.

BRASIL. Ministério do Desenvolvimento Agrário. Instituto Nacional de Colonização e Reforma Agrária. *Programa Nacional de Educação na Reforma Agrária – PRONERA: manual de operações*. Brasília, 2004. Disponível em: <http://www.incra.gov.br/portal/arquivos/projetos_programas/0127102302.pdf>. Acesso em: 16 mar. 2009.

BUARQUE, S. *Metodologia de planejamento do desenvolvimento local e municipal sustentável*. Recife: Instituto Interamericano de Cooperação para Agricultura, 1999.

CALDART, R. S. Elementos para a construção de um projeto político e pedagógico da Educação do Campo. In: MOLINA, M. C.; JESUS, S. M. S. A. (Orgs.). *Contribuições para a construção de um projeto de Educação do Campo*. Brasília: Articulação Nacional Por uma Educação do Campo, 2004. (Por uma Educação do Campo, 5).

CALVÓ, P. P. Centros Familiares de Formação em Alternância. In: SEMINÁRIO INTERNACIONAL DA PEDAGOGIA DA ALTERNÂNCIA, 1., 1999, Salvador. *Anais...* Salvador: UFBA, 1999.

CALVÓ, P. P. Que orientação profissional é possível para o ensino fundamental. *Revista da Formação por Alternância*, Brasília, n. 1, set. 2005.

CAVALCANTE, L. O. H. Reflexões para o diálogo da Pedagogia da Alternância na formação em Pedagogia. In: ENCONTRO DE PESQUISA EDUCACIONAL DO NORTE E NORDESTE, 19., 2009, João Pessoa. *Anais...* João Pessoa: UFPB, 2009.

DIAS, R. A. Pedagogia da Alternância: participação da sociedade civil na construção de uma educação sustentável e cidadã. In: QUEIROZ, J. B. P.; SILVA, V. C.; PACHECO, Z. (Orgs.). *Pedagogia da Alternância: construindo a Educação do Campo*. Goiânia: Editora UCG; Brasília: Universa, 2006.

FERNANDES, B. M. Sobre a tipologia de territórios. 2009. Disponível em: <http://www.landaction.org/spip/IMG/pdf/BERNARDO_TIPOLOGIA_DE_TERR ITORIOS.pdf>. Acesso em: 13 jul. 2010.

FÔNSECA, A. M.; MEDEIROS, M. O. Currículo em Alternância: uma nova perspectiva para a Educação do Campo. In: QUEIROZ, J. B. P.; SILVA, V. C.; PACHECO, Z. *Pedagogia da Alternância: construindo a Educação do Campo*. Goiânia: Editora UCG; Brasília: Universa, 2006.

FREIRE, P. *Educação como prática de liberdade*. Rio de Janeiro: Paz e Terra, 1983.

GIMONET, J.-C. *Praticar e compreender a Pedagogia da Alternância dos CEFFAs*. Petrópolis: Vozes; Paris: AIMFR, 2007. (Coleção Alternativas Internacionais em Desenvolvimento, Educação, Família e Alternância).

HAESBAERT, R. Dos múltiplos territórios à multiterritorialidade. *GEOgraphia*, v. 9, n. 17, 2007. Disponível em: <http://www.uff.br/geographia/ojs/index.php/geographia/article/viewArticle/21>. Acesso em: 3 set. 2007.

JESUS, J. N. Escola Família Agrícola: uma proposta de educação em desenvolvimento no campo e do campo. In: QUEIROZ, J. B. P.; SILVA, V. C.; PACHECO, Z. (Orgs.). *Pedagogia da Alternância: construindo a Educação do Campo*. Goiânia: Editora UCG; Brasília: Universa, 2006.

JESUS, S. M. S. A. Questões paradigmáticas da construção de um projeto político de Educação do Campo. In: MOLINA, M. C.; JESUS, S. M. S. A. (Orgs.). *Contribuições para a construção de um projeto de Educação do Campo*. Brasília: Articulação Nacional Por uma Educação do Campo, 2004. (Por uma Educação do Campo, 5).

NASCIMENTO, S. I. Educação e movimentos sociais rurais no Brasil e especificamente na Paraíba. In: CALADO, A. J. F. (Org.). *Movimentos sociais, estado e educação no Nordeste: estudos de experiências no meio rural.* João Pessoa: Ideia, 1996.

PEREIRA, D. R. R. Educação e família: uma relação associativa na formação do jovem da escola da Pedagogia da Alternância. In: QUEIROZ, J. B. P.; SILVA, V. C.; PACHECO, Z. (Orgs.). *Pedagogia da Alternância: construindo a Educação do Campo.* Goiânia: Editora UCG; Brasília: Universa, 2006.

SANTOS, B. S. *A crítica da razão indolente: contra o desperdício da experiência.* São Paulo: Cortez, 2009. (Coleção Para um Novo Senso Comum, 1).

SANTOS, B. S. *A gramática do tempo: para uma nova cultura política.* São Paulo: Cortez, 2008. (Coleção Para um Novo Senso Comum, 4).

SANTOS, B. S. Para uma pedagogia do conflito. In: SILVA, L. H.; AZEVEDO, J. C.; SANTOS, E. S. (Orgs.). *Novos mapas culturais, novas perspectivas educacionais.* Porto Alegre: Sulina, 1996.

UNIVERSIDADE FEDERAL DA PARAÍBA. Conselho Superior de Ensino, Pesquisa e Extensão. Resolução n. 61. Aprova o Projeto Político-Pedagógico do Curso de Pedagogia – Licenciatura, do Centro de Educação, Campus I, desta Universidade, para educadores dos movimentos sociais do campo vinculados aos Assentamentos da Reforma Agrária do INCRA, no Brasil. João Pessoa, 2007.

Capítulo 10
Tempos e espaços formativos no curso de Licenciatura em Educação do Campo na UFMG

Maria Isabel Antunes-Rocha
Aracy Alves Martins
Maria Zélia Versiani Machado

Quando os povos dos campos
em sua rica diversidade
se mostram vivos, dinâmicos, até incômodos,
fecundam e dinamizam até a escola.
Nos obrigam a redefinir olhares e
superar as visões inferiorizantes, negativas
com que em nosso viciado e preconceituoso olhar
classificamos os povos do campo
e seus modos de produção,
a agricultura familiar e suas instituições,
a família, a escola.
Miguel González Arroyo, 2010

A epígrafe deste livro trouxe à Equipe do LeCampo na UFMG um sério desafio: *o que significa organizar as escolas do campo de modo a respeitar os tempos humanos?* (Arroyo, 2010, p. 12).

Este texto tem como objetivo apresentar uma descrição e reflexão sobre a organização dos tempos e espaços formativos no curso de Licenciatura em Educação do Campo (LeCampo) desenvolvido na Faculdade de Educação da Universidade Federal de Minas Gerais. Organizado como Tempo Escola e Tempo Comunidade, o curso oferece oportunidade ao educando de estudar e de se formar para poder atuar como professor da Educação Básica, nas comunidades do campo.

A história da Licenciatura em Educação do Campo (LeCampo) na UFMG contou com etapas experimentais e "piloto" que consolidaram o modelo de curso que se oferece hoje. Daí a necessidade de brevemente delinear o percurso histórico de constituição dessa licenciatura para depois tratar do seu modo de organização. Para uma melhor visão dos fundamentos do sistema de organização do curso, considera-se pertinente, no âmbito deste texto, apresentar a estrutura geral, princípios político-pedagógicos, alguns aspectos da estrutura curricular e de gestão do Curso de Licenciatura em Educação do Campo (LeCampo). Assim focalizaremos a experiência com as turmas que iniciaram o LeCampo: Turma 2005, Turma 2008, Turma 2009 e Turma 2010.

Breve histórico das turmas do LeCampo

O LeCampo teve início em 2005, como curso experimental conhecido como Pedagogia da Terra, que iniciou e fomentou uma produtiva discussão sobre a licenciatura do campo na FaE/UFMG. Em 2008 implantou-se outra turma, também em caráter experimental, que já incorporava alterações decorrentes de discussões sobre o modelo de licenciatura que se queria para o campo. Os dois cursos experimentais sedimentaram o caminho para a definitiva integração dos cursos que vieram posteriormente e que passaram a ter uma oferta regular anual na UFMG, o que acontece a partir de 2009. A trajetória do LeCampo, em suas diferentes etapas no período de dez anos, tem sido objeto de estudos em monografias, dissertações e teses, concretizando frutíferos diálogos entre ensino e pesquisa na avaliação permanente dos cursos. Neste trabalho exercitamos, em primeira mão, o desafio de apresentar e discutir o regime ou sistema de alternância dos tempos e espaços, adotado na organização do curso.

O curso foi aprovado pelo Conselho Universitário da Universidade Federal de Minas Gerais como um projeto especial de ensino. A Turma 2005 instalou-se por meio da parceria entre a Faculdade de Educação da Universidade Federal de Minas Gerais (FaE/UFMG), o Movimento dos Trabalhadores Rurais Sem Terra (MST) e o Instituto Nacional de Colonização e Reforma Agrária (INCRA) via Programa Nacional de Educação na Reforma Agrária (PRONERA). O projeto teve como proposta habilitar 60 educadores para a docência multidisciplinar nas séries iniciais do ensino fundamental e nas séries finais do ensino fundamental e no ensino médio por área do conhecimento: Ciências Sociais e Humanidades (CSH), organizada a partir da articulação entre os saberes da História, Sociologia, Filosofia, Geografia; Línguas, Arte e Literatura (LAL), organizada a partir da articulação entre os saberes da Língua Portuguesa, Literatura, Língua Estrangeira, Artes; Ciências da Vida e da Natureza (CVN), organizada entre os saberes da Biologia, Física e Química e Matemática. Os estudantes da Turma 2005 eram integrantes do MST, da Comissão Pastoral da Terra (CPT), do Movimento das

Mulheres Camponesas, da Cáritas Diocesana e do Centro de Agricultura Alternativa do Norte de Minas. Em fevereiro de 2010, os estudantes concluíram o processo formativo, com a apresentação de monografias. Em publicação recente (ANTUNES-ROCHA; MARTINS, 2009), o leitor poderá encontrar uma apresentação mais detalhada do currículo bem como as discussões feitas por educadores, educandos, gestores e movimento social sobre o seu desenvolvimento. Trata-se de uma publicação realizada na fase intermediária do curso. Ainda há muito para discutir, analisar, avaliar e propor.

Nessa publicação, já se encontram descrições e reflexões sobre a Alternância, tanto pelo ponto de vista dos professores organizadores do curso como pelo ponto de vista dos monitores e bolsistas. Assim se expressaram os organizadores sobre a Pedagogia da Alternância:

> Outra decisão referiu-se à organização dos tempos e espaços de funcionamento. A comissão considerou que escola e comunidade são tempos/espaços para cons¬trução e avaliação de saberes e que, portanto, seria necessário buscar superar a perspectiva de que a escola é lugar da teoria e a comunidade é lugar da aplicação/transformação. A escola como mediação para aprender a reelaborar formas de pensar/sentir/agir, e não para manter e/ou substituir formas anteriores. Nessa direção, a Comissão adotou a alternância como referência para organização dos tempos e espaços do curso. Assim se afirmaram os conceitos de Tempo Escola e Tempo Comunidade, como processos contínuos de aprendizagem.
>
> A organização do tempo/espaço em alternância possui base empírica, teórica e institucional. Em termos empíricos, ancora-se na experiência acumulada de quase um século da Rede dos Centros Familiares de Formação por Alternância (CEFFA) no Brasil e nos cursos desenvolvidos há quase uma década pelo Pronera. O CEFFA congrega as Escolas Famílias Agrícolas (EFA), Casas Familiares Rurais (CFR) e Es¬colas Comunitárias Rurais (ECOR), contando com mais de 217 escolas, espalhadas por mais de 20 estados do país, e vem se mostrando como uma alternativa bem-sucedida e perfeitamente consoante com as proposições apontadas nas Diretrizes Operacionais para as escolas do campo, sobretudo em áreas de agricultura familiar (BEGNAMI, 2004; QUEIROZ, 2004). O Pronera apoia cursos de Normal Médio, Pe¬dagogia, Direito, Agronomia, Geografia, Veterinária, entre outros, na perspectiva da organização dos tempos e espaços em tempo escola/tempo comunidade.
>
> A alternância já se constitui em tema consolidado de pesquisa nos programas de pós-graduação em educação do país e do exterior. Em 2006, a CEB/CNE, no Parecer nº. 1/2006, expõe motivos e aprova os dias de estudo na comunidade como letivos para a Pedagogia da Alternância. (ANTUNES-ROCHA *et al*, 2009, p. 45-46).

Monitores e bolsistas, por sua vez, apresentam detalhes importantes relativos a sua atuação e interação com os alunos nesses tempos e espaços, principalmente o Tempo Comunidade:

O curso é desenvolvido em modelo de Alternância. Alguns deixam filhos, maridos, esposa e familiares em suas comunidades e ficam cerca de 30 dias entre o intenso estudo nas salas de aula na Universidade e o trabalho e descanso no alojamento. O momento de escuta se faz necessário e, muitas vezes, me vejo desempenhando esse papel junto aos alunos. Apenas escutar. Escutar as diversas situações que se constroem nessa caminhada rumo à construção de uma nova escola do Campo, onde o aluno vai tecendo uma nova história. Diante de tantas dificuldades que apontam pelo caminho, às vezes, nem ele mesmo acredita em tudo o que vai conquistando em cada semestre.

O Tempo Comunidade é o período em que os alunos estão em suas comunidades. Nesse momento, procuro auxiliá-los por meio de telefonemas, cartas e mensagens eletrônicas. Entretanto, esse acompanhamento encontra dois grandes desafios. O primeiro são as "subáreas" que contêm a área CVN. Eu, formada em Química, esforço-me em acompanhar as atividades nas áreas de Biologia, Física e Geografia Física; contudo procuro orientações com amigos de outros cursos, formados especificamente nas áreas. O segundo desafio é a localização de algumas comunidades, o que impossibilita o contato do aluno com o monitor. Alguns apresentam dificuldade em fazer contato por telefone, outros não têm internet e algumas correspondências se perdem no caminho até a Universidade. Diante de algumas situações, procuramos ir às comunidades do aluno. Estive em um assentamento em Itamaraju – BA e fiquei hospedada na casa de uma aluna do curso. Ali, pude conhecer as dificuldades que essa aluna encontra na caminhada rumo ao diploma de professora Licenciada; por isso as impressões que guardo daquele lugar procuro passá-las para os docentes da Universidade, a fim de criar subsídios para que a construção do currículo seja voltada, ainda mais, para o povo do Campo.

Sabe-se que a iniciativa do Projeto de formação de professores para as Escolas do Campo é um desafio abraçado pela UFMG e vejo o meu trabalho dentro desse contexto como um desafio também. A minha formação específica em Química faz com que eu me esforce para compreender a nova dinâmica apresentada ao cenário de formação de educadores: formar professores para as escolas do Campo por área de conhecimento, tendo a interdisciplinaridade e a contextualização como alicerces. A partir das reflexões que surgem dessa experiência, a minha própria prática docente, nas escolas urbanas, está ganhando novos contornos e aperfeiçoamento (Pio, 2009, Venâncio et al. p. 181-182).

A Turma 2008 instituiu-se a partir do convite à Universidade Federal de Minas Gerais, formulado pelo Ministério da Educação e Cultura (MEC), por intermédio da Secretaria de Educação Superior (SESu) e da Secretaria de Educação Continuada, Alfabetização e Diversidade (SECAD), para o desenvolvimento de um projeto-piloto de Licenciatura em Educação do Campo. Foram também convidadas a Universidade Federal de Sergipe, a Universidade Federal da Bahia e a Universidade Nacional de Brasília. As instituições foram indicadas por se destacarem como referências em consequência do acúmulo acadêmico demonstrado com base nos critérios de experiência em formação de educadores do campo e/

ou experiências com implementação da licenciatura por área de conhecimento e/ou experiência em gestão compartilhada com os sujeitos do campo e suas representações. Vale ressaltar que uma das referências que muito contribuiu para elaborar o projeto-piloto foi a desenvolvida com a Turma 2005 da FaE/UFMG.

Na FaE/UFMG o projeto foi discutido e elaborado em parceria com 12 movimentos sociais, três secretarias municipais de educação e com a Empresa Mineira de Assistência Técnica e Extensão Rural (EMATER). Foram aprovados no processo seletivo estudantes integrantes da Associação Mineira das Escolas Família Agrícola, do Movimento dos Trabalhadores Rurais Sem Terra, do Centro de Agricultura Alternativa do Norte de Minas Gerais, da Federação dos Trabalhadores na Agricultura do Estado de Minas Gerais, do Centro de Agroecologia do Vale do Rio Doce, da Federação dos Trabalhadores na Agricultura Familiar, do Movimento dos Pequenos Agricultores, professores da Rede Municipal de Francisco Sá, da Rede Municipal de Miradouro, da Rede Municipal de São João das Missões, da Rede Municipal de Almenara e do grupo técnico da Empresa Mineira de Assistência Técnica e Extensão Rural. O curso contou, portanto, com a participação de 73 estudantes das associações, movimentos, entidades e redes de ensino mencionados. Com duração de quatro anos, habilita para a docência por área do conhecimento nas séries finais do ensino fundamental e no ensino médio

As Turmas 2009 e 2010 emergem como curso regular no âmbito do Programa de Apoio ao Plano de Reestruturação e Expansão das Universidades Federais, o REUNI. O curso destina-se à formação de professores para atuação nas escolas do campo situadas em contextos socioculturais diversificados e habilita para a docência por área do conhecimento, em tempos e espaços diferenciados, totalizando 3.000 horas de formação, com duração de quatro anos. A oferta das habilitações não ocorre simultaneamente, a cada ano é ofertada uma área entre Ciências Sociais e Humanidades (CSH), Ciências da Vida e da Natureza (CVN), Letras e Artes (LA) ou Matemática. Em 2009, a habilitação oferecida foi Ciências da Vida e da Natureza (CVN). Em 2010, temos em curso a habilitação em Letras e Artes (LA), em 2011, a habilitação em Ciências Sociais e Humanidades, e está previsto vestibular, em dezembro de 2011, oferta de Matemática, com início em 2012.

Alcance e objetivos do curso de Licenciatura em Educação do Campo – LeCampo

No total, temos atualmente 101 estudantes que concluíram o curso e 100 em processo de formação. Os estudantes são em sua maioria moradores das regiões onde predominam atividades agropecuárias. Vale ressaltar que um expressivo número de estudantes são assentados pelo Programa de Reforma Agrária e participam de Movimentos Sociais e Sindicais. A Figura 1 evidencia os diferentes municípios de origem dos estudantes que participam do curso.

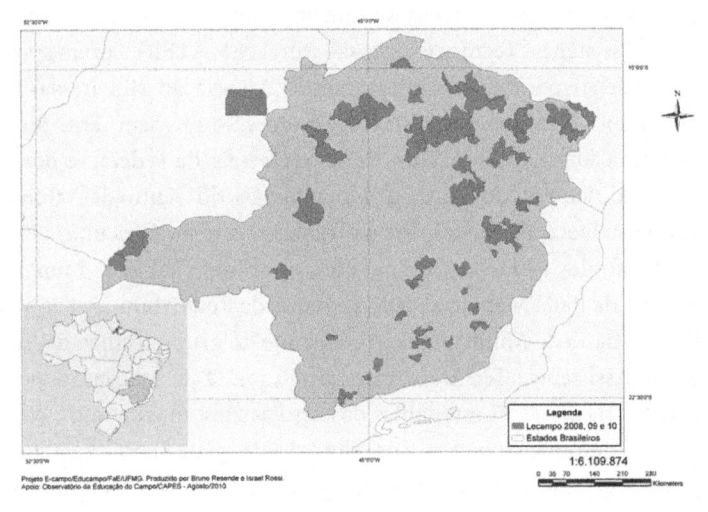

Figura 1: Figura 1 – Municípios Lecampo 2008, 2009 e 2010

São quatro experiências realizadas em parceria com sujeitos e instituições diferenciados. O acúmulo de informações que elas favorecem torna possível uma reflexão em torno dos limites e possibilidades que tais experiências podem significar para a construção de um projeto de Educação do Campo. O curso Licenciatura em Educação do Campo, proposto na UFMG, coloca-se numa lógica de habilitação, em nível superior, destinada a profissionais que atuam no terreno educativo e não possuem graduação nem possibilidades de frequentar uma faculdade regularmente. Essa proposta tem como objeto a formação de professores para as escolas do campo, daí a importância de se estabelecer permanentemente o diálogo com o trabalho pedagógico que se realiza para se projetar o que será realizado nas escolas situadas no meio rural e/ou no espaço urbano e que atendem alunos do meio rural que se deslocam para a cidade via transporte escolar.

O educador que se quer formar

Para a criação de um curso destinado à formação de professores para atuação específica no campo entendemos que é preciso, primeiramente, refletir sobre o perfil de educador que se quer formar. O grande desafio tem sido a construção de conteúdos e metodologias adequadas, num processo de valorização da práxis construída pela história de vida e trabalho dos educadores e educadoras do campo. Para isso, não se pode perder de vista perguntas como: em qual realidade escolar esse educador irá atuar? Como ela se organiza? Quais suas necessidades? Que competências esse educador deve ter para atender às necessidades dessa realidade? Qual é o projeto político-pedagógico para a educação a ser efetivado junto aos povos do campo? Que projeto social e educativo deve ser desenvolvido? Que proposta pedagógica corresponde aos ideais de uma escola do campo? Que processos de ensinar e aprender viabilizam a execução desses projetos? Que processos educativos os estudantes precisam vivenciar em seu processo de formação?

O fato de ser o curso planejado, executado e avaliado em parceria com movimentos sociais e sindicais, organizações não governamentais e governamentais permite uma intensa discussão sobre as questões levantadas. Observa-se em sua estrutura e dinâmica de gestão o protagonismo dos estudantes e também das organizações sociais nas quais estão inseridos. O estudante ingressa no curso como um sujeito coletivo, isto é, ele se vincula e mantém compromisso com um grupo social em sua comunidade. Esse processo é garantido por um conjunto de ações que se iniciam na entrada na universidade, continua ao longo do percurso e se concretiza ao final, quando os diferentes grupos que acompanharam a trajetória dos estudantes colocam as suas expectativas quanto ao retorno social do processo de formação. O ingresso e a permanência como sujeitos coletivos, representando suas organizações e mantendo, a partir delas, uma identidade coletiva, provoca inquietações de diferentes ordens na universidade, obriga o repensar de práticas isolacionistas e competitivas em desenvolvimento nas graduações e faz com que se cogitem diferentes possibilidades de atuação e práticas até então não usuais, tanto para os docentes quanto para os discentes.

Para sustentar o caráter coletivo de organização, a estrutura de gestão do curso é formada por Coordenação Geral: Colegiado, Coordenação de Área do Conhecimento, Grupos de Trabalho formados pelos estudantes e Comissão Interinstitucional – composta por representantes de movimentos sociais e sindicais, organizações governamentais e não governamentais, com função de atuar como consultora do projeto junto a universidade.

Teoria e prática entrelaçadas

O curso confere ao egresso o diploma de Licenciado em Licenciatura em Educação do Campo e está organizado, conforme Parecer CNE/CP 9/200, nos seguintes componentes: Conteúdos Científicos Acadêmicos e Culturais – Área de

Formação; Conteúdos Científicos Acadêmicos e Culturais – Área Pedagógica; Prática de Ensino; Atividades de Enriquecimento Acadêmico, Científicas, Culturais e Artísticas; Estágio Curricular, totalizando 2.705.

Os conteúdos do Eixo Temático – composto por Conteúdos Pedagógicos; Prática de Ensino; Estágio Supervisionado; Atividades Acadêmicas, Científicas e Culturais – são ofertados no decorrer do curso. Podem ocorrer no interior dos conteúdos das áreas ou como temática compondo uma disciplina específica. Os Conteúdos Pedagógicos (Psicologia, Currículo, Avaliação, História da Educação, Teorias Pedagógicas, Projetos pedagógicos, Antropologia da Educação, Educação, Desigualdade e Diversidade) centram-se nas possibilidades que cada campo disciplinar oferece para compreensão do ato educativo e da especificidade de atendimento às populações do campo.

A Prática de Ensino organiza-se através da disciplina Análise da Prática Pedagógica que favorece o acompanhamento da dinâmica das formações. O curso entende que a Prática de Ensino constitui um conjunto amplo de possibilidades de atividades de natureza teórico-práticas desenvolvidas pelos educandos-educadores, a fim de aprofundar, por meio da análise e da reflexão, seu trabalho pedagógico na sala de aula, como profissional docente. A proposta do curso é que a prática deve estar presente desde o início do curso e permear todo o processo formativo. Deve, portanto, se encontrar no interior das áreas ou das disciplinas que constituírem os componentes curriculares de formação, e não apenas em disciplinas de caráter exclusivamente pedagógico. Todas as áreas de conhecimento têm a sua dimensão prática nas diferentes etapas de formação: básica, específica e integradora.

A prática é desenvolvida com ênfase nos procedimentos de observação e reflexão, visando à atuação em situações contextualizadas, com o registro dessas observações realizadas e a resolução de situações-problema. A presença da prática profissional na formação do professor, que não prescinde da observação e ação direta, é enriquecida com tecnologias da informação, incluídos o computador e o vídeo, narrativas orais e escritas de professores, produções de alunos, situações simuladoras e estudo de casos. Em todas as atividades, os alunos contam com um "orientador de aprendizagem" que será responsável pela articulação do Tempos Escola e do Tempo Comunidade, oferecendo suporte para os processos de aprendizagem nos quais os alunos estão envolvidos. No contexto da prática, os estudantes produzem como resultados um memorial, o relatório de estágio e a monografia. Nessa perspectiva, a realização dos Estágios e Trabalho de Conclusão do Curso (monografia) pautam-se em processos contínuos, tendo em vista que o estudante já está inserido na realidade socioeducacional de suas comunidades desde o início do curso.

Os Estágios Supervisionados são realizados em escolas situadas no meio rural e/ou que, mesmo situadas no meio urbano, atendam a alunos que residem no meio rural e fazem uso do transporte escolar. O estágio se integra ao projeto formativo à medida que dialoga com a Prática de Ensino e com os Conteúdos Acadêmicos, Científicos e Culturais. O estágio tem como foco central a reflexão da prática pedagógica, incidindo sobre todos os aspectos da vida cotidiana da escola do campo. O exercício de reflexão sobre a prática do que é ser educador possibilita a construção de uma Pedagogia do Campo, com características próprias e adequadas à educação das comunidades rurais.

E, por fim, as atividades acadêmico-científico-culturais são organizadas a partir de projetos de estudo autônomo, participação em seminários, palestras, oficinas de produção de material didático, visitas orientadas em museus, parques ambientais e afins; participação orientada como telespectador em teatros, cinemas, concertos e afins.

Tempo Escola e Tempo Comunidade

O curso se organiza em tempos/espaços diferenciados. Tal organização busca valorizar a experiência socioprofissional dos educandos, com tempos de formação na universidade, Tempo Escola (TE), e tempos no próprio espaço de atuação e vivência dos estudantes, Tempo Comunidade (TC). O TE acontece em duas etapas por ano (fevereiro e julho) na UFMG; o TC acontece nas comunidades de origem dos estudantes, nos meses intermediários aos do TE (março a junho/agosto a novembro).

Durante o TC os alunos desenvolvem diversas atividades de estudo, pesquisa, leitura e escrita, coleta e preparação de material didático. Essas propostas de trabalho são orientadas de modo a favorecer a formação de um professor-pesquisador, possibilitando que esse projeto de formação, além de contribuir diretamente para a construção de uma escola que possa responder à demanda imediata de escolarização das populações do campo, possa também atender à necessidade de se construir, no Brasil, espaços de pesquisa e produção de experiências inovadoras relativas à escola do e no campo.

Tanto no TE como no TC o curso tem investido esforços para que se efetive a participação de um "orientador de aprendizagem" ou supervisor, a quem cabe o acompanhamento dos alunos nesses diferentes espaços, o que hoje tem se tornado possível principalmente por meio de programas de bolsas, como Programa de Educação Tutorial (PET) MEC/CAPES e Programa Institucional de Bolsas de Iniciação à Docência (PIBID) CNPq/PIBID Diversidade... Para esse acompanhamento os estudantes são organizados por grupos de trabalho. O "orientador de aprendizagem" tem a responsabilidade de acompanhar o processo de cada grupo, para promover um atendimento mais individualizado. A articulação entre os dois tempos é dada pela presença de mediações que garantem a vinculação de conteúdos e atividades. São utilizados materiais impressos, vídeos, CD-ROM, fóruns virtuais, dentre outros. Na atual fase do curso, com a maior articulação favorecida pelos programas de bolsas mencionados, serão organizadas oficinas regionais, de modo a atender presencialmente grupos de alunos em diferentes polos no TC. Os educandos levam para o TC um caderno de curso composto por um capítulo para cada disciplina. Em cada capítulo, o(a) autor(a) – professor(a) responsável pela disciplina – apresenta um programa da disciplina, um cronograma das atividades do TE, um texto-guia para os trabalhos da disciplina, orientações para o trabalho no TC e textos para leitura obrigatória. O texto-guia é um texto que apresenta a área do conhecimento abordada pela disciplina em diálogo com o seu programa e cronograma. Estabelece-se ainda um cronograma a ser cumprido no TC, com prazos para a realização de cada atividade proposta pelas disciplinas. A orientação dos trabalhos para o TC constitui, portanto, um guia de estudos para as horas de estudo previstas, de acordo com a disciplina (entre 8 e 22 horas, dependendo da carga horária da disciplina), para atividades na comunidade.

O processo de construção do LeCampo deixa ver, em cada uma de suas etapas aqui descritas, os alicerces que sustentam o projeto de formação de professores do campo para o qual não havia ainda um modelo bem-sucedido a ser "copiado". O caminho se fez na caminhada, conforme ensina o poeta, e ainda há muito por caminhar.

Referências

AMARAL, M. T. M. Políticas de habilitação de professores leigos: a dissimulação da inocuidade. *Educação em Revista*, Belo Horizonte, n. 13, p. 11-28, 1988.

ANTUNES-ROCHA, M. I. Desafios e perspectivas na formação de educadores: reflexões a partir do Curso de Licenciatura em Educação do Campo desenvolvido na Faculdade de Educação da Universidade Federal de Minas Gerais. In: DALBEN, A. et al. (Orgs.). *Convergências e tensões no campo da formação e do trabalho docente: Educação do Campo*. Belo Horizonte: Autêntica, 2010. p. 389-406.

ANTUNES-ROCHA, M. I.; MARTINS, A. A. (Orgs.). *Educação do campo: desafios para a formação de professores*. Belo Horizonte, Autêntica, 2009.

ARROYO, M. Escola: terra de direito. In: ANTUNES-ROCHA, M. I.; HAGE, S. M. *Escola de direito: reinventando a escola multisseriada*. Belo Horizonte: Autêntica, 2010.

BEGNAMI, J. B. Pedagogia da Alternância. *Revista Presença Pedagógica*, Belo Horizonte, n. 91, p. 31-38, 2010.

BEGNAMI, J. B. *Uma geografia da pedagogia da alternância no Brasil*. Brasília: UNEFAB, 2004. (Documentos Pedagógicos).

BOF, A. (Org.). *A educação no Brasil rural*. Brasília: INEP, 2006.

CALAZANS, M. J. C. Professor/produtor rural e seus múltiplos trabalhos. *Educação em Revista*, Belo Horizonte, n. 2, p. 12-18, 1985.

CALDART, R. S. Pedagogia da Terra: formação de identidade e identidade de formação. *Cadernos do ITERRA*, Veranópolis, RS, v. 2, n. 6, 2002.

FARIA A, A. R.; EITERER, C. Orientação de aprendizagem na formação de educadores/as no curso de Licenciatura em educação do Campo. In: ENCUENTRO INTERNACIONAL DE KIPUS: POLÍTICAS PÚBLICAS Y FORMACIÓN DOCENTE, 4., 2006, Isla Margarita, Venezuela. *Anais...* Isla Margarita: Red Kipus, 2006.

FUNDAÇÃO CENTRO NACIONAL DE APERFEIÇOAMENTO DE PESSOAL PARA A FORMAÇÃO PROFISSIONAL. *A questão do professor leigo*. São Paulo: CENAFOR, 1985.

FUNDAÇÃO DE DESENVOLVIMENTO DA PESQUISA. *Proposta de inovação curricular para as escolas rurais de 1º grau*. Belo Horizonte, 1983.

GONSAGA, E. A. *Pedagogia da terra: o curso de Licenciatura em Educação do Campo de Minas Gerais*. 2009. Dissertação (Mestrado) – Universidade Federal Fluminense, Niterói, 2009.

HORÁCIO, A. de S. *Trajetória de formação de educadores do campo: um estudo exploratório segundo o Curso de Licenciatura em Educação do Campo*. 2010. Monografia – Faculdade de Educação, Universidade Federal de Minas Gerais, Belo Horizonte, 2010.

INSTITUTO NACIONAL DE ESTUDOS E PESQUISAS EDUCACIONAIS ANÍSIO TEIXEIRA. *Diretrizes Operacionais da Educação do Campo*. 2003. Disponível em: <www.inep.gov.br>. Acesso em: 5 fev. 2010.

KOLLING. E. J. et al. (Orgs.). *Por uma educação básica do campo*. Brasília: Editora UnB, 1999.

LIMA, M. E. C. C. et al. Ciências da vida e da natureza no curso de Licenciatura em Educação do Campo. In: ANTUNES-ROCHA, M. I.; MARTINS, A. A. (Orgs). *Educação do campo: desafios para a formação de professores*. Belo Horizonte: Autêntica, 2009. p. 107-118.

MAIA, E. M. Educação rural no Brasil: o que mudou em 60 anos. *Em Aberto*, Brasília, v. 1, n. 9, p. 27-33, 1982.

MARTINS, J. S. *Capitalismo e tradicionalismo: estudo sobre as contradições da sociedade agrária no Brasil*. São Paulo: Pioneira, 1975.

MARTINS, M. F. A. Educação do Campo: formação de professor por área, desafios da área de Ciências Sociais e Humanidades. In: SIMPÓSIO SOBRE TRABALHO E EDUCAÇÃO, 5., 2009, Belo Horizonte. *Anais...* Belo Horizonte: FAE-UFMG, 2009. p. 1-13.

MINISTÉRIO DA EDUCAÇÃO. Câmara de Educação Básica do Conselho Nacional de Educação. *Diretrizes Operacionais para a Educação Básica nas Escolas do Campo*. Brasília, 2003.

PIO-VENANCIO, J. M. et al. Reflexões sobre o papel da monitoria no curso de Licenciatura em Educação do Campo – turma de 2005. In: ANTUNES-ROCHA, M. I.; MARTINS, A. A. (Orgs.). *Educação do campo: desafios para a formação de professores*. Belo Horizonte: Autêntica, 2009. p. 11-206.

RABELO, M. A. *Proposta de inovação curricular para escolas rurais de 1º grau*. Belo Horizonte: FUNDEP, 1963.

ROCHA, M. I. *Representações sociais de professores e alunos no contexto da luta pela terra*. 2004. Tese (Doutorado) – Faculdade de Educação, Universidade Federal de Minas Gerais, Belo Horizonte, 2004.

ROSENO, S. M. *O curso de licenciatura em educação do campo: Pedagogia da Terra e a especificidade da formação dos educadores do campo de Minas Gerais*. 2010. Dissertação (Mestrado) – Faculdade de Educação, Universidade Federal de Minas Gerais, Belo Horizonte, 2010.

SANTOS, A. de. *Educação como prática da liberdade: a apropriação de novos instrumentos para a cidadania ativa – letramento digital no Pedagogia da Terra*. 2009. Monografia – Faculdade de Filosofia e Ciências Humanas, Universidade Federal de Minas Gerais, Belo Horizonte, 2009.

UNIVERSIDADE FEDERAL DE MINAS GERAIS. Faculdade de Educação. *Curso de Licenciatura em Educação do Campo: Projeto Político-Pedagógico*. Belo Horizonte, 2008.

UNIVERSIDADE FEDERAL DE MINAS GERAIS. Faculdade de Educação. *Curso de Licenciatura em Educação do Campo: Projeto Político Pedagógico*. Belo Horizonte, 2009.

WERLE, F. O. C. *Educação rural em perspectiva internacional: instituições, práticas e formação do professor*. Ijuí: Unijuí, 2007.

CAPÍTULO 11
Ação da teoria e prática no Programa Residência Agrária/UFC: produzindo saber e poder de caráter emancipatório

Gema Galgani Silveira Leite Esmeraldo

Em 2004, o Programa Nacional de Educação do Campo: Formação de Estudantes e Qualificação de Profissionais para Assistência Técnica – Residência Agrária foi criado nacionalmente (e) no contexto governamental, a partir do questionamento ao modelo formativo desenvolvido nos cursos de graduação em ciências agrárias, cuja grade curricular e projeto pedagógico alicerçavam-se, predominantemente, em paradigmas positivistas e referenciais economicistas.

A crítica originava-se de setores organizados em associações profissionais e estudantis da área das ciências agrárias que, desde a década de 1980, preparavam e coordenavam, com estudantes de graduação, experiências de vivência em comunidades e assentamentos rurais de base produtiva familiar em parceria com movimentos sociais rurais, relacionando-se, especialmente, com o Movimento dos Trabalhadores Rurais Sem Terra (MST).

O Programa Residência Agrária[1] (PRA), na sua primeira versão e sob a coordenação do Ministério do Desenvolvimento Agrário (MDA), foi executado por 18 universidades públicas, durante o período de 2004 a 2008, através de duas etapas: primeiro com a oferta de Estágio de Vivência em áreas de Reforma Agrária e de comunidades rurais para estudantes do último semestre dos cursos de graduação em ciências agrárias e, segundo, com a realização de cinco cursos de especialização em Agricultura Familiar-Camponesa e Educação do Campo, que reuniu discentes recém-formados e técnicos de assistência técnica. Após essa experiência, algumas universidades deram continuidade à proposta formativa do PRA.

---

[1] Para informações detalhadas sobre essa experiência consultar MOLINA; ESMERALDO; NEUMANN; BERGAMASCO, 2009, 424p.

Este texto analisará o caso da Universidade Federal do Ceará (UFC), que mantém a oferta do Estágio de Vivência, para estudantes de graduação dos cursos de ciências agrárias. O programa está em processo formativo da quarta turma e tem garantido essa continuidade com a realização de novas parcerias institucionais,[2] condição necessária para dar regularidade às suas atividades. A experiência foi redimensionada a partir da terceira turma, através da avaliação permanente e coletiva de seu desenho pedagógico, quando foram consideradas sua concepção, objetivos, práticas e a participação dos sujeitos envolvidos no programa.

O paradigma da ciência moderna e a subordinação das ciências agrárias na fabricação da revolução verde

Nos últimos séculos o paradigma da sociedade moderna hegemonizou-se e estruturou-se através da organização do Estado moderno, da economia política, do capitalismo mercantil, industrial e financeiro e com a produção da ciência moderna. Teóricos construíram as bases do discurso científico, em torno de

> Noções clássicas de verdade (universal/transcendental), razão (universal), identidade (centrada, uma e estável) e objetividade, sobre as idéias de progresso e emancipação, e sobre as grandes narrativas fundadoras com seus sistemas totalizantes e explicações generalizáveis definitivas (COSTA, 2005, p. 210).

O uso científico da verdade e da razão orientou o projeto civilizatório da sociedade moderna que tinha como base o progresso da vida humana. A ciência ganhou estatuto e encargo para dizer a verdade, orientar a produção econômica, dar poder à estrutura política (FOUCAULT, 1993, p. 12-13) e produzir uma nova visão de mundo a questionar o conhecimento originado do senso comum, da cultura popular, do campo[3] religioso e das artes.

A ciência moderna deu origem às ciências exatas, que organizaram o pensamento para interpretar o movimento e funcionamento do planeta e da natureza; às ciências biológicas, que construíram explicações para a existência corporal e material humana, e às ciências humanas, que interpretaram a existência material, imaterial, cultural e social.

---

[2] O PRA recebe financiamentos da Secretaria de Desenvolvimento Agrário vinculada ao Governo do Estado do Ceará, do Banco do Nordeste do Brasil (BNB), do Ministério da Educação (MEC), do Conselho Nacional de Desenvolvimento Científico e Tecnológico (CNPq) e o apoio do Centro de Ciências Agrárias e das diversas pró-reitorias da UFC.

[3] O sentido de Campo (religioso, rural) é tratado neste texto a partir do conceito elaborado por BOURDIEU (1989, p. 31; 1996).

A base analítica (verdade, razão, identidade, objetividade) produziu um conhecimento científico de caráter global, universal e, ao mesmo tempo, provocou a desqualificação e o desaparecimento do conhecimento local. Construiu-se conhecimento exógeno, que passou a alicerçar o paradigma do desenvolvimento clássico, de caráter economicista.

Nessa esteira, as ciências agrárias e agrícolas organizaram, no último século, sua rede de ensino, de pesquisa e de difusão de conhecimentos atuando de forma interligada e subordinada ao projeto de desenvolvimento capitalista moderno e em coerência com as bases da ciência moderna. Com a supremacia dessa lógica, os sistemas produtivos locais e o modo de produção da agricultura familiar e tradicional, cultivados secularmente, perderam sua importância e dimensão cultural por se constituírem num modo de produção de conhecimento que partia da própria vivência local e numa perspectiva endógena. Em seu lugar introduziu-se o sistema exógeno, que produzia tecnologias em laboratórios para serem implantadas no campo rural.

O saber do agricultor, sobre as culturas agrícolas e sua relação com a natureza, foi substituído por uma nova racionalidade que advinha de grandes centros de pesquisa, de redes nacionais e mundiais de produção científica e técnica que acumulavam, além das funções de produção de conhecimento científico, o poder para veicular a tecnologia produzida (ALVES, 2008, p. 64).

Tal paradigma científico construiu no campo rural a Revolução Verde, que, ao fundar-se no modelo de exploração em grande escala (monocultura), a se realizar em grandes extensões de terra, de forte exigência e dependência de insumos externos, com um padrão de produção voltado para a indústria e o meio urbano, contribuiu, sobremaneira, para a ampliação da migração campo-cidade, o desemprego rural e urbano, o uso intensivo dos recursos energéticos e hídricos e o empobrecimento da população rural. Para Alves (2008, p. 63),

> A Revolução Verde confluía para uma proposta de articulação subordinada das atividades desenvolvidas no espaço rural pelas desenvolvidas nas economias urbanas. Nessa visão, o aspecto dinâmico da economia (com desenvolvimento de produtos, serviços e pesquisas) ocorreria no espaço urbano

O modelo exógeno de produção de conhecimento e de desenvolvimento para o campo rural instalou-se nos cursos de ciências agrárias de forma vertical e universal, conjugando ensino, pesquisa e extensão. Nesse cenário a formação de profissionais para trabalhar com a questão agrária e agrícola brasileira uniformizou-se numa lógica voltada para a formação do indivíduo com habilidades para ingressarem no mundo do trabalho produtivo e econômico e participarem do avanço tecnológico da agricultura a partir da intervenção sobre a natureza.

A educação superior dirigida para formar profissionais da área das ciências agrárias voltou-se, assim, para fortalecer a matriz de um processo civilizatório centrado no progresso e na evolução da humanidade no contexto da uma sociedade moderna e capitalista e como já informado, de base urbana e industrial.

A Revolução Verde, enquanto projeto de modernização da agricultura brasileira, objetivava territorializar e monopolizar o modelo de desenvolvimento do capital no campo rural a reunir a ciência, através da produção de pacotes tecnológicos; a indústria, através da produção de máquinas, insumos, equipamentos agrícolas, e o Estado, para realizar a pesquisa, o ensino e a difusão das novas tecnologias.

Com tal unidade de propósitos a missão da ciência e da educação no campo das ciências agrárias, incorporou, ainda, uma das regras centrais para construir padrões de sociabilidade cidadã e urbana para a convivência social das populações rurais. Esta

> Caracteriza-se pela continuação da tentativa da separação ontológica entre o mundo natural e o mundo social. Trata-se de uma separação em que há a predominância do segundo sobre o primeiro, mas cuja visão do natural é de um natural específico, identificado com o projeto ocidental de ciência, civilização e poder (ALVES, 2008, p. 65).

A agenda de desenvolvimento para o campo rural, determinada, basicamente, em torno da dimensão econômica, gerou sujeição à hegemonia das relações mercantis, e desafios contemporâneos surgiram relacionados à intensa e constante exclusão de grandes contingentes populacionais que não se adequavam ao modelo de civilização capitalista nem se limitavam a um modo de existência humana vinculado ao crescente consumo de bens materiais.

Noutra lógica, populações rurais preservam, reproduzem-se e produzem dimensões humanas na política, na cultura, no trabalho e na relação com o ambiente e recursos energéticos e hídricos que, ao se confrontarem com o paradigma da Revolução Verde, a dar origem à modernização conservadora da agricultura, provocam conflitos, tensionam o modelo e expõem a existência de uma crise que é expressão aguda da questão rural contemporânea.

O conflito em torno do modelo agrário e agrícola, externaliza reações e resistências em grupos organizados de agricultores familiares e camponeses que, da terra, retiram o seu sustento e gestam uma relação com o mundo natural em bases diferenciadas. A terra, sem ser mercadoria, e o trabalho, sem ser fonte de mais valia, engendram relações humanas em torno do trabalho e da produção da vida que constroem aprendizados, "uma espécie de 'ciência do concreto' que fundamenta a prática da lavoura" (WOOTMANN; WOORTMANN, 1997, p. 7); a produzir existências, modos de vida, outra cultura – a camponesa, a familiar.

A especificidade desse grupo social não se materializa apenas na localização espacial, mas se consolida em inúmeras variáveis que a tornam diferenciada da população urbana. É necessário considerar e estudar variáveis dessa população a partir de sua complexidade, seus aspectos intrínsecos e relacionados ao caráter familiar da produção, às relações de parentesco, ao modo de produção e à cultura imbricadas que estão na produção e reprodução dessa população.

São sociedades que, historicamente, constroem modos de vida específicos. Na contemporaneidade reivindicam e lutam por direitos não só relacionados à terra e ao trabalho mas também à educação, por justiça social, pela ampliação da democracia e por reconhecimento do direito do cidadão, colocando em questionamento o paradigma da sociedade moderna do modelo de desenvolvimento clássico – urbano e industrial, da ciência e da educação moderna.

A luta apresenta-se e origina-se numa territorialidade social e política, o campo rural, e volta-se para questionar o estado e o capital. Expõe contradições da agenda externa e governamental da globalização do capital, no âmbito da cidadania e da consolidação e universalização do direito público.

As tensões vivenciadas pelas populações rurais ganham força na década de 1980 com a ação política da sociedade civil organizada (grupos sociais urbanos e rurais) para influenciar na produção da Constituição Brasileira de 1988. São movimentos a reivindicar a ampliação e a universalização de direitos cidadãos. Através de intensas mobilizações, a ideia de utopia integradora e civilizatória da sociedade é incorporada ao texto constitucional. Contraditoriamente, essa ideia expõe a fratura e a segregação social, econômica e política da sociedade brasileira consolidada durante o projeto colonizador e pelas elites republicanas. A carta magna brasileira desvela e suscita na sociedade civil organizada a noção de sociedade desigual, em relação ao acesso à cidadania plena e à compreensão de autonomia, fazendo emergir nas organizações civis exercícios e práticas políticas que geram novos sentidos para a política (Ivo, 2010, p. 10).

Protagonizado por setores da sociedade política, intelectual, acadêmica e civil realiza-se o questionamento do paradigma da ciência moderna, das bases da educação moderna, do papel da técnica para a construção do progresso, da integração e do vínculo social na sociedade moderna e a busca de soluções alternativas e sustentáveis para as crises econômica, ambiental, alimentar e energética que afetam, de forma concomitante, as sociedades urbana e rural nas suas dimensões global e local.

A existência de projetos em disputa no campo rural e revelados pelos movimentos sociais rurais adentra o aparelho governamental, as universidades e os cursos de ciências agrárias através da denúncia da produção e difusão de conhecimentos de caráter homogêneo e voltados para fortalecer um modelo de desenvolvimento para o meio rural.

No contexto de tensões e conflitos a educação superior em ciências agrárias é desafiada a incorporar no tripé que a sustenta (ensino, pesquisa e extensão) novas questões que se apresentam para novas análises e posicionamentos, e o Programa Residência Agrária surge como uma questão social, técnica e política. Volta-se para preparar profissionais da área de ciências agrárias com base formativa nas dimensões social, política, cultural, técnica e ambiental e para atuar na produção de conhecimento científico inscrito em bases endógenas a fim de dialogar reflexivamente com os interesses de frações da classe social de trabalhadores rurais.[4]

Concepções e práticas que fundamentam a experiência formativa do PRA em bases agroecológicas

Pressupostos Epistemológicos

Ao constituir-se e aliar-se ao movimento de formação e de produção de conhecimento no interior da institucionalidade acadêmica, a experiência do PRA na Universidade Federal do Ceará tem desenvolvido uma matriz pedagógica e científica que se apoia nos seguintes pressupostos:

Primeiro, fundamenta-se na crítica ao paradigma de desenvolvimento rural de base produtivista, industrial e de origem urbana, determinado pelo projeto hegemônico de civilização capitalista. Em seu lugar propõe a identificação, a potencialização e o reconhecimento da "existência de racionalidades ecológicas nos modos de produção camponesas" (PETERSEN; DAL SOGLIO; CAPORAL, 2009, p. 86), numa compreensão de que elas introduzem novas perspectivas epistemológicas e metodológicas para o campo do conhecimento e da prática agroecológica.

Segundo, mobiliza-se para a crítica à razão universal que é geradora de uma civilização compreendida por sujeitos produzidos na experiência histórica com pretensões à universalidade e unidade (PETERS, 2000, p. 50) para viverem numa sociedade educada para a coesão, a coerência social e a estabilidade política. Na contramão desse paradigma, o PRA dirige-se para a compreensão e o reconhecimento da existência da diferença e da alteridade na humanidade e mais especifi-

---

[4] O reconhecimento da existência laboral de categorias de trabalhadores no campo rural é tratada juridicamente somente com a instituição do Estatuto do Trabalhador Rural através da Lei nº 4.214 de 2 de março de 1963. A lei reconhece a existência e atribui direitos trabalhistas a categorias de pequenos produtores, trabalhadores rurais, assalariados rurais, moradores, meeiros, rendeiros, etc.

camente nas populações rurais, que se manifestam no afloramento de conflitos com a defesa de projetos alternativos de produção material e imaterial da vida a se expressarem em lutas e práticas de caráter contra-hegemônico à "globalização neoliberal hegemônica" (SANTOS, 2002, p. 237). O programa organiza o aprendizado e o exercício de práticas pedagógicas que respeitem sociedades que geram outros saberes e poderes. É uma forma real de descoberta da existência de outros modos de pensar, de agir, de produzir que estão na margem, no campo das instabilidades, das rupturas, da provisoriedade, da resistência a modelos de desenvolvimento e de civilização ancorados na modernidade.

Terceiro, volta-se para o entendimento da não neutralidade da ciência numa compreensão de que a obra científica é uma produção humana, pela qual atravessam relações sociais e de poder, e de que o conhecimento científico somente será consistente se for potencializado pela força social, ou seja, se possuir uma força real e concreta que o alimente (BOURDIEU, 1983, p. 8).

Quarto, valoriza e dedica-se a construir de forma epistemológica (reflexão) e ontológica (ação) atitudes alicerçadas na interdisciplinaridade entendida como processo educativo que gera novas consciências e novas pedagogias (FAZENDA, 2002).

Desenho Pedagógico

O desenho da matriz pedagógica do PRA constrói sua força na participação dos movimentos sociais rurais, expressos pela fala participativa na decisão *do que fazer com os estudantes de graduação*. São parceiros da sociedade civil organizada o movimento sindical rural representado pela Federação de Trabalhadores e Trabalhadoras Rurais do Estado do Ceará (FETRAECE) e o MST, que possuem assento no colegiado do programa. Também apoiam o programa algumas organizações não governamentais (ONGs) que atuam no campo rural e em projetos voltados para o desenvolvimento ambientalmente sustentável.

A área de atuação do PRA foi definida com o colegiado, que selecionou 14 assentamentos rurais (11 federais e três estaduais) situados em três territórios da cidadania e um território estadual (consultar Quadro 1 a seguir), para atuação por dez anos.

Quadro 1 – Áreas de abrangência do Programa Residência Agrária/UFC (Período 2009-2019)

Território	Município	Assentamento	Curso/nº de estudantes	Nº famílias
Território da Cidadania Vale do Curu – Aracatiaçu	Itapipoca	Escalvado	Agronomia (2)	180
		Maceió – Comunidade Apiques	Engenharia de Pesca (1)	110
	Umirim	Nova Canudos	Agronomia (1)	30
	Tururu	Mulungu	Economia Doméstica (1)	58
Território da Cidadania Vale do Curu – Aracatiaçu	Quixeramobim	Nova Canaã	Engenharia de Pesca (1)	80
		Nova Ladeira	Economia Doméstica (2)	27
		São Bento/Nova Amizade	Economia Doméstica (1)	11
		Santa Eliza	Zootecnia (1)	120
		Alegre	Agronomia (1)	37
		Recreio	Agronomia (1)	60
Território da Cidadania dos Sertões de Canindé	Canindé	São Paulo	Agronomia (1)	100
		Nova Vida	Agronomia (1)	13
	Madalena	25 de maio – Comunidade Quieto II	Agronomia (1)	33
Território Rural do Maciço de Baturité	Ocara	Denir	Agronomia (1)	30

Fonte: Dados do PRA janeiro/2011.

A partir da terceira turma do PRA, as equipes de estudantes[5] são ampliadas com a entrada de dois jovens assentados (por assentamento) para realizarem as atividades pedagógicas do programa.

---

[5] Em assentamentos com mais de 50 famílias, a equipe é composta por mais de um estudante de graduação.

A formação pedagógica é realizada com a execução do Estágio de Vivência, que reúne dois momentos pedagógicos: o Tempo Universidade, quando são realizados grupos de estudos, oficinas, cursos para oportunizar o acesso a conteúdos teóricos e a reflexão e confronto com o real vivido. Este é executado no Tempo Comunidade, com início numa vivência de três dias em acampamentos rurais para conhecimento e apuração das contradições da política governamental de Reforma Agrária e em seguida na convivência prolongada em assentamentos rurais. Em cada assentamento, estudantes[6] experienciam a convivência social no contexto da realidade dos assentamentos, no interior das relações familiares, nos espaços de suas sociabilidades e cultura, inserindo-se nos processos de reprodução e de produção das famílias assentadas. Durante cada ano organizam-se para permanecer na área por no mínimo 60 dias em períodos alternados.

A formação para a ação prática é orientada para a realização de uma pesquisa aplicada em cada assentamento e se dá com o uso da Metodologia Análise Diagnóstico de Sistemas Agrários (MADSA). A pesquisa integra ações de ensino e extensão e desenvolve-se em etapas[7] que se consolidam intercalando-se a formação teórica (realizada em cursos de 40h) e vivência nos assentamentos rurais.

Com a preocupação na produção do conhecimento de caráter endógeno, cada etapa é apreendida pelos jovens assentados e estudantes de graduação e mestrado[8] para dar-lhes suporte instrumental à compreensão dos modos de constituição, de vida e sobrevivência, do trabalho e de como as famílias assentadas percebem a própria vida. Cada etapa da pesquisa aplicada é acompanhada e discutida com a comunidade, trazendo implicações importantes na reconstituição da história de formação do assentamento, do reconhecimento de suas potencialidades e limites nos campos produtivos, econômicos, políticos, sociais e culturais. A pesquisa culmina com a produção de um diagnóstico do assentamento a indicar as ações voltadas para o trabalho de apoio aos agricultores à transição da base produtiva tradicional para modos de produção e de manejo agroecológico.

---

[6] A primeira e a segunda turma selecionava estudantes de graduação do último semestre; a terceira turma selecionou discentes a partir do último ano, e a quarta turma a partir do quarto semestre letivo. Essa mudança deu-se diante da avaliação realizada pelo colegiado da necessidade de oportunizar a formação crítica ao ensino convencional ainda no início da formação acadêmica dos estudantes.

[7] As etapas da MADSA são: leitura da paisagem, mapa do assentamento, entrevistas históricas, quadro histórico, zoneamento agroecológico, tipologia dos agricultores, tipologia e caracterização dos sistemas de produção, itinerários técnicos, análise agronômica, análise econômica, calendário de trabalho.

[8] No início do ano de 2011, quatro concludentes de graduação ingressaram em programas de pós-graduação da UFC, mantendo o vínculo com o PRA através de seus projetos de pesquisa que se realizarão nas mesmas áreas de assentamento vivenciadas durante a graduação.

Cuida-se para que a formação na pesquisa aplicada envolva e garanta a apropriação e a troca de saberes entre professores, estudantes e jovens assentados e a participação de toda a comunidade assentada para debater e legitimar as informações de cada etapa do diagnóstico. Também o produto do trabalho é voltado para influenciar no território ampliado (município, região e Estado) com o envolvimento de entidades que atuam em ações públicas e em políticas públicas e na formação de uma nova base de conhecimento científico que se contraponha ao conhecimento exógeno e convencional produzido no paradigma da Revolução Verde e disseminado pela academia.

O desenho do PRA é também construído com base na interdisciplinaridade, esta, componente estratégico na formação humana, política e social dos grupos envolvidos (professores, mestrandos, graduandos, jovens assentados, famílias assentadas). Reunir as diversas áreas de conhecimento das ciências agrárias (Agronomia, Economia Doméstica, Engenharia de Pesca, Engenharia de Alimentos, Zootecnia) através de seus professores e estudantes e a eles agregar jovens assentados, em todo o processo formativo, traz para esses momentos a possibilidade do exercício da tolerância, do respeito, da solidariedade, auxiliando sobremaneira na formação ampliada que extrapola a dimensão técnica e age sobre aspectos políticos, organizativos, sociais, culturais, econômicos, educativos e afetivos. A formação não se limita ao alcance de uma só dimensão humana, mas volta-se para atuar com os sujeitos sociais na sua integralidade e de forma a educar pessoas comprometidas com a emancipação humana.

Na institucionalidade acadêmica, o PRA convive com grades curriculares, projetos pedagógicos, disciplinas individualizadas, pesquisas de laboratório ancorados no paradigma da ciência moderna, que exigem dos estudantes dedicação e estudo e concorrem com os tempos voltados para o programa. Tem, no entanto, conquistado espaços de diálogo com professores que começam a inserir em seus programas disciplinares conteúdos relacionados aos temas da agricultura familiar camponesa, da agroecologia e educação do campo e ainda com coordenadores de cursos que passaram a reconhecer o relatório final do estágio como instrumento de conclusão nos cursos de graduação. Os programas de Assistência Técnica e Extensão Rural (ATER) e de Assistência Técnica, Social e Ambiental (ATES) têm absorvido estudantes egressos do PRA, e os programas de pós-graduação os têm selecionado com elogios e excelente classificação, indicando que a formação integral está a reunir a formação para a academia e a ação extensionista.

Aprendizados

Sinais de práticas pedagógicas que se forjam no compromisso com a troca de saberes, com a solidariedade, o respeito à diferença, à autonomia com liberdade se anunciam e se expressam nas ações organizadas e protagonizadas pelos estudantes e jovens assentados.

O cuidado dos jovens assentados com os estudantes quando adentram os assentamentos rurais e dos estudantes com os jovens quando chegam à cidade de Fortaleza expressam relações de respeito com o lugar de origem do outro, ampliam laços de amizade que se mostram significativos nos processos de troca de conhecimentos quando da elaboração dos mapas dos assentamentos e dos zoneamentos, por exemplo.

Os estudantes ficam expostos ao domínio do conhecimento sobre a territorialidade geográfica, dos recursos hídricos, da fauna e da flora adquirido pelos jovens assentados na vivência cotidiana em seus lugares de origem. Em contrapartida os estudantes dominam a linguagem oral e escrita, a oratória, o uso do microfone, do computador, da filmadora e de outras ferramentas modernas que parecem inibir a comunicação entre si. Esses pontos de tensão têm sido apontados nas avaliações que se faz a cada evento formativo e são debatidos no grupo para dar lugar à negociação e ao entendimento da existência de conhecimentos diversos no grupo. Sem a avaliação hierárquica de quem sabe mais, e sem valorar habilidades e conteúdos, o grupo vai se conduzindo no aprendizado de posturas respeitosas no trato e na troca de saberes e na construção de novos códigos em bases éticas nas relações sociais.

A ruptura da dicotomia entre razão e emoção se expressa no depoimento de uma estudante, ao afirmar que,

> No PRA tenho oportunidade de adquirir novos conhecimentos em relação a todos os momentos de minha trajetória de vida, como o conhecimento sobre uma metodologia complexa e apaixonante, sobre as relações humanas, sobre o comportamento das pessoas, sobre a compreensão de vida, de atitudes e ações executadas pelas pessoas que compartilham desse projeto, além de obter conhecimentos sobre nós mesmos, como, capacidades, medos, vontades, frustrações, prazer de aprender, de contribuir, de crescer profissional, emocional, ideológico, entre outros, e dos jovens assentados.

A educação para a vida pulsa nas práticas pedagógicas do PRA que se desafia cotidianamente a lidar com a compreensão e expressão educativa e integrada das diferentes dimensões humanas, com a possibilidade da transformação humana na práxis, com a vivência e a participação na construção da dinâmica do movimento de emancipação humana.

Os estudantes (e em algumas situações os jovens assentados) têm protagonizado a realização de ciclos de debates, de sessões de cinema (CinePRA), de visitas a acampamentos urbanos, de viagens, de campanhas, de recepção a estudantes estrangeiros, de místicas, de organização de espaços, de criação de materiais de divulgação a expressar um novo campo de aprendizados para a vida, o estudo e o trabalho, pouco valorizados na formação acadêmica tradicional.

Para um jovem assentado, o PRA significa a possibilidade de estudar de forma diferente, de descobrir que ele possui conhecimentos importantes que podem ser transmitidos para estudantes da cidade, de saber que o aprendizado é maior que a escola e que está se enxergando como alguém que pode assumir um papel importante e encontrar no assentamento a possibilidade de contribuir para o seu desenvolvimento. Alguns relatam que, na sua trajetória no programa, "encontro com pessoas diferentes que me fizeram observar a importância do jovem assentado", que estão "se superando, ganhando desenvoltura e conhecimentos, amizade, união, crescimento coletivo e quebrando barreiras" e que "eu aprendo com eles e eles comigo, pois eu tenho a prática por morar no campo, e eles têm a teoria, logo esta função forma um todo, teoria e prática, um aprendendo com o outro".

Desafios

A valorização e o exercício simultâneo da pesquisa, da extensão e do ensino produzem uma ação reflexiva permanente no campo e na universidade e têm se mostrado instigadores na criação de novas práticas pedagógicas. O Estágio de Vivência, aliado à pesquisa aplicada (MADSA) e à invenção de processos alternativos ao ensino (cursos, oficinas, seminários), tem desafiado professores, estudantes e jovens assentados a superarem modelos estabelecidos em temporalidades e espacialidades na institucionalidade acadêmica. Buscando quebrar a dicotomia entre teoria e prática, como projetos em parceria, que se forjam na descoberta de seu próprio movimento, plantam relações entre ciência e existência, reduzem distâncias e apontam para o diálogo permanente com a interdisciplinaridade.

Exercitada entre estudantes de diferentes áreas de conhecimento, envolvendo saberes práticos de jovens assentados, trabalhadores, mulheres, idosos e crianças, a interdisciplinaridade alarga conhecimentos e práticas, cria relações de cumplicidade e de solidariedade, de reciprocidade e de humildade na medida em que indica a limitação do próprio saber (FAZENDA, 2002, p. 13).

Na contemporaneidade, o PRA/UFC sente-se instigado a exercitar (em reflexões e escritas futuras) a compreensão ontológica e epistemológica do trabalho educativo no campo da interdisciplinaridade. É um programa que se alimenta e se fortalece produzindo conceitos, problematizando realidades, compartilhando experiências e sonhos, desvelando saberes, afirmando existências, revelando e alegrando a vida nas suas variadas expressões (humana, animal, vegetal, mineral).

Referências

ALVES, A. F. Conhecimentos convencionais e sustentáveis: uma visão de redes interconectadas. In: ALVES, A. F.; CARRIJO, B. R.; CANDIOTTO, L. Z. P. (Orgs.). *Desenvolvimento territorial e agroecologia*. São Paulo: Expressão Popular, 2008. p. 63-93.

BOURDIEU, P. *O poder simbólico*. Lisboa: Difel; Rio de Janeiro: Bertrand, 1989.

BOURDIEU, P. *Questões de sociologia*. Rio de Janeiro: Marco Zero, 1983.

BOURDIEU, P. *Razões práticas*. Campinas: Papirus, 1996.

COSTA, M. V. Velhos temas, novos problemas – a arte de perguntar em tempos pós-modernos. In: COSTA, M.; BUJES, M. *Caminhos Investigativos III*. Rio de Janeiro: DP&A, 2005. p. 199-214.

FAZENDA, I. C. A. *Interdisciplinaridade: um projeto em parceria*. São Paulo: Loyola, 2002. (Coleção Educar, 13).

FOUCAULT, M. *Microfísica do poder*. 11. ed. Rio de Janeiro: Graal, 1993.

IVO, A. B. L. A periferia em debate: questões teóricas e de pesquisa. In: IVO, A. B. L. (Org.). *Caderno CRH*, n. 58, v. 23, p. 9-15, jan./abr. 2010.

MOLINA, M. C. et al. (Orgs.). *Educação do Campo e formação profissional: a experiência do Programa Residência Agrária*. Brasília: MDA/NEAD, 2009. 424 p.

PETERS, M. *Pós-estruturalismo e filosofia da diferença: uma introdução*. Belo Horizonte: Autêntica, 2000.

PETERSEN, P.; DAL SOGLIO, F. K.; CAPORAL, F. R. A construção de uma ciência a serviço do campesinato. In: PETERSEN, P. (Org.). *Agricultura familiar camponesa na construção do futuro*. Rio de Janeiro: AS-PTA, 2009. p. 85-103.

SANTOS, B. S. Para uma sociologia das ausências e uma sociologia das emergências. In: *Revista Crítica de Ciências Sociais*, Lisboa, n. 63, p. 237-280, out. 2002.

WOORTMANN, E. F.; WOORTMANN, K. *O trabalho da terra: a lógica e a simbólica da lavoura camponesa*. Brasília: Editora UnB, 1997.

CAPÍTULO 12
A Alternância de Tempos e Espaços Educativos na Turma de Agronomia em Parceria MST, PRONERA e UFPA – Campus de Marabá

Fernando Michelotti
Giselda Coelho Pereira

No período de 2004 a 2008, o *Campus* de Marabá da Universidade Federal do Pará ofertou uma turma de agronomia em parceria com o MST e o Programa Nacional de Educação na Reforma Agrária (PRONERA) do INCRA. Essa experiência com uma turma de assentados dos estados do Pará, Maranhão e Tocantins fortaleceu uma perspectiva já presente nesse curso de Agronomia, de considerar o campesinato, em suas diferentes expressões, como o sujeito de um projeto de desenvolvimento agrário na Amazônia que democratiza o acesso à terra e à riqueza e que avança em direção a sustentabilidade ambiental.

Para além dessa turma, essa experiência trouxe acúmulos do ponto de vista pedagógico ao curso de Agronomia como um todo. Numa área do conhecimento pouco acostumada às reflexões pedagógicas e epistemológicas, esse contato entre docentes de agronomia e militantes da Educação do Campo representou um grande aprendizado.

Um dos exemplos dessa construção conjunta foi a adaptação do currículo do curso de Agronomia para a incorporação de uma alternância de tempos e espaços educativos nessa turma da educação do campo. Esse texto pretende registrar elementos dessa formação em alternância na turma de Agronomia em parceria com o MST, PRONERA INCRA e a Universidade Federal do Pará (UFPA) – Campus de Marabá e, ao mesmo tempo, trazer reflexões desse processo que possam contribuir com um debate mais amplo sobre a superação de um viés tecnicista/reducionista nos cursos de ciências agrárias.

A Elaboração do projeto do curso

A demanda inicial de uma turma de Agronomia para assentados dos estados do Pará, Maranhão e Tocantins foi apresentada ao Programa de Ciências Agrárias da UFPA[1] pelo Movimento dos Trabalhadores Rurais Sem Terra (MST) no ano 2002. Começou, assim, um processo de diálogo para a construção do projeto, através de reuniões e troca de materiais escritos. O projeto político-pedagógico do curso de Agronomia da UFPA e as formulações do setor de educação do MST foram a base do diálogo nesse momento.

Essa discussão levou à percepção de possíveis benefícios tanto para o movimento como para o próprio o Programa de Ciências Agrárias da UFPA. Para o MST seria uma oportunidade de formação de seus quadros no quesito da produção rural, ampliando sua capacidade de diagnosticar problemas e buscar soluções sobre o desenvolvimento dos assentamentos em parceria com a universidade. Para a UFPA apresentava-se uma possibilidade de reforçar o contato do conjunto dos estudantes de Agronomia com a realidade do campo, através de atividades conjuntas e trocas de experiência com a turma de assentados. Além disso, o contato com essa turma da educação do campo permitiria aos professores testar a efetividade da proposta pedagógica e do conteúdo programático do curso de Agronomia com os agricultores, permitindo uma avaliação e qualificação do projeto do curso como um todo.

Os aspectos positivos observados fizeram com que um grupo de docentes assumisse o desafio de implantar o projeto. Em julho de 2003, foi apresentada e aprovada a proposta de projeto, que já incorporava o acúmulo das discussões realizadas até então. Dois pontos importantes foram assumidos nesse momento: o projeto desse curso seria exatamente igual ao do curso regular, no que se refere ao conteúdo programático e à carga horária das disciplinas e demais atividades; a metodologia, no entanto, seria diferente uma vez que incorporaria a formação em alternância a partir de três tempos distintos de formação: o Tempo Escola (cerca de 65% da carga horária), o Tempo Comunidade (cerca de 20% da carga horária) e o Tempo Escola-retorno (cerca de 15% da carga horária).

A opção pelo mesmo projeto pedagógico do curso de Agronomia regularmente ofertado, no que se refere ao conteúdo programático e à carga horária das disciplinas, poderia gerar uma contradição por se tratar, nesse caso, de uma turma com perfil bastante particular. No entanto, existem especificidades do projeto pedagógico do curso de Agronomia da UFPA que o aproximam do perfil de uma turma como essa.

---

[1] Na época, o Programa de Ciências Agrárias da UFPA era de responsabilidade conjunta do Núcleo de Estudos sobre a Agricultura Familiar (NEAF), que tinha bases de pesquisadores-docentes nos Campi de Belém, Altamira e Marabá, e dos Colegiados de Curso de Agronomia dos Campi de Altamira e Marabá. A proposta apresentada pelo MST era para a realização do curso no *Campus* de Marabá, região paraense de forte presença do movimento. Após o novo estatuto da UFPA, que entrou em vigor em 12 de julho de 2006, houve reformulações nesse desenho institucional.

O Curso de Agronomia do *Campus* de Marabá pode ter sua origem compreendida a partir de dois processos ocorridos entre meados dos anos 1980 e meados dos anos 1990. Um deles foi a chamada interiorização da UFPA, iniciada na segunda metade dos anos de 1980, quando a instituição sediada em Belém iniciou a constituição de campi em outros municípios do Estado, como Marabá, no ano de 1987. O outro foi o Programa Centro Agroambiental do Tocantins (CAT), criado em 1988 com sede em Marabá. Esse programa de pesquisa-formação-desenvolvimento promovido pela UFPA em parceria com sindicatos de trabalhadores rurais do sudeste paraense nasceu com a preocupação com o desenvolvimento de uma agricultura camponesa nas áreas conquistadas no processo de luta pela terra (HÉBETTE; NAVEGANTES, 2000). O Programa CAT deu origem, posteriormente, ao Núcleo de Estudos Integrados sobre Agricultura Familiar (NEAF), articulando ações em Belém, Altamira e Marabá.

Com o avanço da interiorização, inclusive com a contratação de docentes efetivos com lotação nos *campi* do interior, houve condições do estabelecimento de cursos de graduação permanentes nesses locais. Com isso, o NEAF investiu na criação de cursos de Licenciatura Plena em Ciências Agrárias no *Campus* de Altamira, em 1997, no *Campus* de Marabá, em 1999, e de Agronomia, em 2000, nesses dois *campi*. O projeto pedagógico desses cursos partiu do seguinte questionamento: se houve, na década de 1990, o reconhecimento da agricultura familiar como um dos motores do desenvolvimento rural e como ator social e político, fez-se necessário um novo profissional de ciências agrárias que rompesse com o paradigma tecnicista-produtivista predominante nas ciências agrárias e soubesse reconhecer e lidar com as suas especificidades (SIMÕES; OLIVEIRA, 2003, p. 160).

Nessa perspectiva, o projeto pedagógico do Curso de Agronomia da UFPA em Marabá teve como objetivo formar profissionais atentos à complexidade da realidade amazônica e preparados para atuar nas diversas expressões do campesinato regional, como expresso no trecho a seguir:

> O curso de Agronomia tem como objetivo formar Engenheiros Agrônomos com uma sólida base técnico-científica, com capacidade de analisar e agir de maneira crítica sobre a realidade na qual trabalha, e comprometido com o desenvolvimento sustentável da região amazônica nas suas dimensões sociais, econômicas, ambientais e culturais (UFPA, 2003, p. 8)

Para alcançar esse objetivo, o projeto pedagógico do curso incorporou vários elementos já experimentados nas ações de pesquisa-formação-desenvolvimento desde o Programa CAT, citados por Simões e Oliveira (2003, p. 162 e 163), como: abordagem sistêmica baseada na metodologia de pesquisa-desenvolvimento de sistemas de produção, organização curricular voltada à interdisciplinaridade e a integração entre diferentes áreas de conhecimento, em especial ciência agrárias e ciências sociais, formação dinâmica que discuta os aspectos da realidade na qual está inserida, exercício da relação teoria e prática em diferentes escalas, do estabelecimento agrícola à localidade rural.

Para dar materialidade a esses elementos, o curso de Agronomia manteve-se baseado em disciplinas, mas organizou-as de forma articulada a partir de três eixos norteadores: (i) meio natural amazônico e o homem; (ii) sistema de produção com enfoque agroecológico; (iii) meio socioeconômico e desenvolvimento rural, sendo que cada eixo também representa um momento específico do percurso formativo. Em cada um desses eixos, são feitos estágios de vivência em que os estudantes realizam diagnósticos do funcionamento dos sistemas de produção familiares e da localidade rural.

No debate entre docentes do Programa de Ciências Agrárias da UFPA e os representantes do MST não houve divergências entre esses elementos gerais do projeto do curso, pois estes convergiam com as preocupações do movimento com a formação dos seus quadros. A maior contribuição do movimento deu-se com a inclusão da alternância de tempos e espaços formativos, o que exigiu uma adaptação curricular.

No final do ano de 2003, o projeto foi aprovado tanto na UFPA como no INCRA, e, com a liberação da primeira parcela do financiamento do PRONERA, teve início uma etapa preparatória, seguida pelo processo seletivo e o início efetivo das aulas, já em maio de 2004, formando a turma que se autodenominou Turma Cabanos de Agronomia. Nesse período, estabeleceu-se uma coordenação político-pedagógica do curso, formada por representantes do MST e da UFPA. Essa coordenação reunia-se semestralmente para avaliar o andamento do projeto como um todo, bem como a etapa em andamento, além de planejar a etapa seguinte.

Nessas reuniões tiveram ampla participação, pela UFPA os seguintes professores: Prof. Gutemberg Armando Diniz Guerra, Profa. Maria de Nazaré Angelo Menezes, Profa. Luiza de Nazaré Mastop Lima e Prof. Fernando Michelotti. Pelo MST, Maria Raimunda César, do setor de educação, e Giselda Coelho Pereira, Francisco Elias de Araujo, Gilvan dos Santos e Edilton de Sousa Neto, educandos da turma. Boa parte das reflexões desse texto são decorrentes dessas reuniões e da participação efetiva dessas pessoas na coordenação do projeto.

Reflexões sobre a alternância de tempos e espaços educativos na turma de Agronomia

A adoção da alternância de tempos e espaços educativos no projeto de uma turma de Agronomia inserida na construção de uma educação do campo ensejou diversas reflexões sobre seu significado no curso. Um projeto como este previa duas dimensões: a formação técnica/científica e o engajamento político. Ambas apontam para a necessidade de conhecimentos e ferramentas para a apreensão da realidade e a intervenção nela, com vistas à transformação dessa realidade apreendida. Portanto, a coordenação político-pedagógica procurou debater sobre qual a contribuição da formação em alternância para estas duas dimensões do curso.

O Tempo Comunidade (TC), que não existe nas turmas regularmente ofertadas, mostrou poder contribuir na concretização de ambas as dimensões. Em relação à formação técnica/científica, o TC poderia fortalecer a relação teoria-prática e a formação interdisciplinar, que foram princípios norteadores desse projeto (UFPA, 2003, p. 10).[2] Em relação à dimensão política do projeto, com o TC pretendia-se fortalecer a inserção do educando na realidade concreta dos assentamentos de Reforma Agrária, na busca por sua consolidação e na relação com a construção mais geral de um projeto camponês de desenvolvimento do campo.

Cada um desses elementos merece uma reflexão pormenorizada, mas de antemão mostram que o TC não é um "arranjo" que inferioriza a qualidade do curso, e sim um instrumento pedagógico que o potencializa. Refuta-se assim a ideia expressa em certas interpretações de que o TC seja um paliativo para reduzir o tempo de permanência dos educandos na universidade. Ao contrário, o TC busca qualificar a proposta educativa frente a sua especificidade: ser um projeto de educação do campo.[3]

Uma inspiração metodológica do projeto é que a construção do conhecimento científico tem a realidade concreta como ponto de partida. Porém, esse ponto de partida deve levar a uma análise teórica, o que muitas vezes implica tratar de forma isolada certas questões específicas. Por isso, esse caminho inicial deve ser necessariamente complementado por um movimento de síntese dessas questões isoladas na tentativa de reconstrução da realidade em sua totalidade.

---

[2] O projeto do curso aponta os seguintes princípios norteadores: (i) forte contato com a realidade, através de estágios de campo em estabelecimentos agrícolas familiares ; (ii) prática e teoria em permanente confronto, uma vez que o conteúdo programático das disciplinas tem como base o referencial regional construído e trabalhado a partir das atividades desenvolvidas pelas equipes de pesquisa-desenvolvimento ; (iii) abordagem sistêmica como ferramenta de apreensão e reflexão da realidade e como hierarquizadora das restrições nos diferentes níveis estudados (conjunto família-estabelecimento agrícola, localidade, região, etc.) ; (iv) interdisciplinaridade, indispensável para entender a complexidade organizada da agricultura familiar; (v) diálogo permanente com os agricultores, através da parceria com suas organizações (UFPA, 2003, p. 10).

[3] Segundo o texto-base por uma educação básica do campo (KOLLING et al., 1999, p. 23-24), "A educação do campo precisa ser uma educação específica e diferenciada, isto é, alternativa. [...] Nisso está em jogo o tipo de escola, a proposta educativa que ali se desenvolve e o vínculo necessário dessa educação com uma estratégia específica de desenvolvimento para o campo".

Esse desenho pedagógico exige do professor um planejamento específico da disciplina para articular esses três tempos. As atividades do TC não podem ser vistas apenas como uma sequência de exercícios para o educando fazer sozinho (a distância). O roteiro de estudo a ser desenvolvido no TC exige uma conexão planejada que faça a conexão entre os tempos-espaços escola – comunidade – retorno, no sentido proposto de uma conexão realidade vivida – realidade refletida. Diferencia-se, assim, de uma perspectiva de ensino presencial ou ensino a distância, pois não se refere apenas ao fato de o educando estar ou não na sala de aula. O TC não significa que o educando não está presente na sala de aula, mas sim que ele está efetivamente "na sua comunidade", na sua realidade concreta, confrontando-a com a teoria estudada e elaborando uma reflexão síntese dessa realidade.

No entanto, essa perspectiva de construção do conhecimento encontra sérios limites se proposta por cada disciplina isoladamente, em função da fragmentação do conhecimento. Por melhor que seja a intenção do professor ao preparar o roteiro do TC da sua disciplina, este encontrará limites para a análise da realidade concreta do educando, posto que esta realidade não é fragmentada, e sim uma totalidade.

Um desafio, portanto, para os professores que trabalharam nas diversas disciplinas do TE, foi construírem um roteiro de ação no TC que permitisse aos educandos integrarem os diferentes conhecimentos específicos estudados nas disciplinas, confrontando-os com a realidade. Neste curso, o TC foi um elemento fundamental para garantir a interdisciplinaridade do processo de formação, tendo o estudo e a vivência nos assentamentos como realidade totalizadora.

A fragmentação do conhecimento pode ser importante ao permitir um aprofundamento de certas questões específicas, porém só deixará de ser uma abstração se esses conhecimentos fragmentados puderem ser reconectados num processo de síntese, de retorno à realidade totalizadora. O trabalho desenvolvido pelos educandos nas suas comunidades foi planejado para permitir essa integração dos diferentes conhecimentos disciplinares para uma reconstrução da realidade refletida.

Para tanto, considerou-se fundamental neste projeto a preparação, em cada TC, de um roteiro comum a todas as disciplinas. Dada a dificuldade de reunir os professores de todas as disciplinas de uma etapa, normalmente sete disciplinas, definia-se as disciplinas-chave da etapa, ou seja, aquelas que melhor possibilitassem uma síntese do conjunto de conteúdos trabalhados e, a partir delas, organizava-se um roteiro integrador de todas as disciplinas.

Outro aspecto importante dessa perspectiva de um curso em alternância foi o fortalecimento do diálogo de saberes entre academia e assentamentos de Reforma Agrária. O TC fortalece essa perspectiva a partir de dois elementos: por ser momento de síntese da realidade dos assentamentos que posteriormente é trazida para dentro da universidade e pode ser colocada como elemento problematizador do conhecimento a ser construído por todos os professores e estudantes do campus; por permitir, através da mediação dos educandos do curso, que um conjunto de assentados e o movimento social se expresse na universidade. Nessa perspectiva, o Tempo Comunidade não é um exercício individual de cada educando, mas uma possibilidade de aproximar o conjunto dos assentados e suas organizações com a universidade.

Portanto, nesse projeto, a alternância de tempos e espaços pedagógicos, sobretudo na relação TE – TC – TR, deveria aproximar as demandas e conhecimentos da academia e dos assentados e suas organizações. Os educandos, portanto, deveriam diagnosticar problemas dos assentamentos e, através do diálogo com os próprios assentados e com os docentes da universidade, buscarem pistas que indicassem soluções para esses problemas.

Nessa perspectiva, o TC não deveria se construir apenas na relação específica do educando com seu assentamento, mas permitir uma articulação entre o conjunto de assentamentos, num processo de intercâmbio de aprendizados, reforçando a construção de um projeto mais geral de desenvolvimento camponês.

Planejamento dos estudos nos tempos-espaços comunidade

Orientados por essas reflexões, a cada etapa a coordenação do projeto buscava articular a construção do roteiro de estudo no Tempo Espaço comunidade (TC) com o conjunto dos professores que participavam daquela etapa. Uma primeira definição a ser tomada na organização dos trabalhos do TC é se seriam realizados individualmente ou em grupos. Considerando a importância de articulação de diferentes assentamentos de uma mesma região e referenciados pelo trabalho de assistência técnica em equipes regionais, optou-se pelo trabalho em Grupos de Estudos. Nessa perspectiva, esse grupo de educandos não deveria apenas realizar os trabalhos do TC, mas também manter-se em contato permanente entre si para realização tanto de estudos mais gerais como de atividades de organização do movimento social.

Para a organização desses grupos de estudo levou-se em consideração a proximidade geográfica dos educandos, tendo como referência o local de moradia e também de trabalho. O trabalho podia ser tanto no Programa de Assessoria Técnica Social e Ambiental (ATES) como na organização interna do projeto de assentamento, na escola do assentamento, no Setor de Produção, Cooperação e Meio Ambiente do MST ou no Setor de Formação do MST. O Gráf. 1 mostra as diferentes inserções dos educandos da turma, distribuídos por grupo de estudo, nas atividades durante o TC.

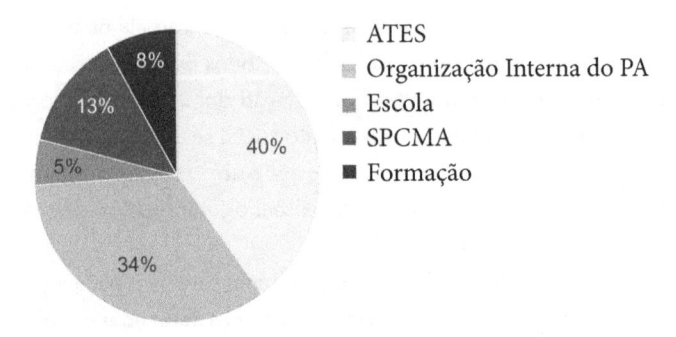

- ATES
- Organização Interna do PA
- Escola
- SPCMA
- Formação

Gráfico 1: Atuação dos educandos da Turma de Agronomia Cabanos

Fonte: Arquivo do curso de Agronomia - Turma Cabanos, 2004.

Considerando essa diversidade de inserções dos educandos nos trabalhos de desenvolvimento dos assentamentos, fortalecia-se a possibilidade de que os trabalhos acadêmicos realizados pelos grupos de estudo do Tempo Comunidade seriam parte efetiva do conjunto das atividades desenvolvidas por esses educandos na sua atuação profissional, organizativa, social e política. Assim, além dos trabalhos indicados pela universidade, o grupo de estudo deveria envolver-se em dimensões mais organizativas dos assentamentos, como: acompanhamento às reuniões da coordenação dos assentamentos, participação na escola como educador, inserção em atividades de formação de assentados e acompanhamento das ações do Setor de Produção, Cooperação e Meio Ambiente (SPCMA) do MST, no conjunto de assentamentos de uma determinada região.

Inicialmente foram formados quatro grupos de estudo no Pará e quatro no Maranhão/Tocantins, mas no decorrer do curso houve uma nova distribuição da turma e foi constituído mais um grupo de estudo no Pará. Em cada grupo desses havia educandos que faziam parte de assentamentos diferentes e até mesmo de municípios distintos, porém tinham em comum a área a ser estudada e pesquisada a partir da orientação para os trabalhos de Tempo Comunidade.

No Estado do Pará, três grupos desenvolveram suas atividades em assentamentos localizados no Sudeste Paraense, municípios de Marabá, São João do Araguaia, Eldorado do Carajás e Tucuruí e dois grupos no Nordeste Paraense, municípios de Castanhal e Belém. No Maranhão/Tocantins, permaneceram quatro grupos até o final do curso, sendo que três deles desenvolveram suas atividades em assentamentos localizados nos municípios maranhenses de Imperatriz, Açailândia, Igarapé do Meio e Nina Rodrigues, e o quarto grupo, formado por educandos do Maranhão e Tocantins, desenvolveu suas atividades no município de Palmeiras, no Estado do Tocantins.

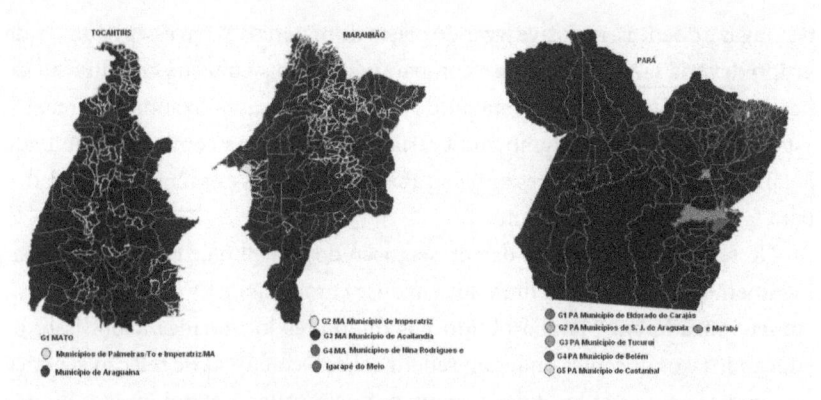

Figura 1: Municípios de atuação dos grupos de estudo do curso de agronomia.
Fonte: Arquivo do curso de Agronomia - Turma Cabanos, 2004.

Todos os grupos de estudo realizavam seus trabalhos orientados por um roteiro comum, o que permitia posteriormente a comparação entre as diferenças mesorregionais. A título de exemplo, a seguir serão apresentados dois roteiros de estudos de tempos-comunidade do curso. Estes foram escolhidos por expressarem tanto a busca da interdisciplinaridade quanto a relação da pesquisa com as atividades de desenvolvimento das unidades de produção nos assentamentos.

Tempo Comunidade da 3ª etapa – experimentação interdisciplinar

Durante a 3ª etapa do curso, as disciplinas trabalhadas que foram consideradas referências para o TC foram: Bioestatística, Fitopatologia Agrícola, Entomologia Agrícola e Genética. A partir delas propôs-se um trabalho de Tempo Comunidade que levasse os educandos da turma, organizados nos grupos de estudo, a observarem aspectos dessas temáticas através de uma experimentação agrícola com caráter interdisciplinar.

Para tanto, cada grupo de estudo, deveria fazer um plantio de feijão-caupi (*Vigna unguiculata*) utilizando sementes de dois cultivares distintos, um comercializado em Marabá, fornecido pela universidade, e outro utilizado pelos moradores do assentamento onde o trabalho foi realizado, resgatado no próprio assentamento. Cada grupo deveria plantar uma área de 10 linhas com 2,4 m de comprimento cada, utilizando um espaçamento de 50 cm entre linhas e 30 cm entre covas, intercalando os dois cultivares e desconsiderando as bordaduras.

Durante a realização do experimento, os educandos deveriam observar e registrar as seguintes informações: meio ambiente (solos, relevo, climatologia), desenvolvimento vegetal e produção dos dois cultivares de feijão semeados, ataque de pragas e doenças, inclusive fazendo coleta de materiais. Com esses dados, cada grupo deveria fazer uma análise comparando os dois cultivares em função do desenvolvimento, produção e ataque de pragas e doenças utilizando ferramentas estatísticas. Essa análise também deveria incluir a forma como a comunidade local seleciona seus cultivares de feijão a serem plantadas e os métodos utilizados para fazer o seu melhoramento.

No tempo-retorno, além da apresentação do trabalho de cada grupo separadamente, foi organizada uma nova análise comparando os dados do cultivar comercializado em Marabá obtido nas diferentes localidades. Com isso, os educandos e os docentes puderam refletir sobre os métodos de seleção genética de sementes em cada localidade, comparar os resultados agronômicos do uso de uma dessas sementes locais com uma semente testemunha, não apenas em função da produção mas também dos ataques de pragas e doenças, e comparar esses mesmos resultados utilizando um mesmo cultivar em diferentes situações ambientais. Conseguiu-se, dessa forma, num único trabalho acadêmico, integrar os conteúdos das varias disciplinas da etapa.

Tempos-comunidade das 4ª, 5ª, 6ª e 7ª etapas – estudo do funcionamento de estabelecimentos agrícolas

Durante os tempos-comunidades das Etapas 4, 5, 6 e 7 do curso os educandos realizaram o estudo do funcionamento de um estabelecimento agrícola, aqui compreendido como a análise-diagnóstico referenciada pelo conceito de sistemas de produção e sistemas agrários, das interações entre a gestão e as práticas dos agricultores em interação com o meio biofísico e o meio socioeconômico.[4]

O mesmo estabelecimento foi estudado durante essas quaro etapas, de maneira que os roteiros de trabalho propostos pelos conjuntos de disciplinas fossem complementando-se e agregando conhecimentos e informações para o estudo. Com esse estudo pretendia-se que os educandos pudessem analisar em detalhes como se organiza um estabelecimento familiar de produção e, a partir desse estudo, refletir sobre propostas para sua melhoria.

O Tempo Comunidade da 4ª Etapa foi construído a partir das seguintes disciplinas: Topografia, Mecanização Agrícola, Agropedologia II, Fitotecnia I e Zootecnia I. Como essa era a primeira atividade do estudo, as informações estudadas deveriam fornecer um conhecimento mais geral do estabelecimento. O roteiro orientou os educandos a buscarem as seguintes informações:

---

[4] Uma referência a esta perspectiva de análise pode ser encontrada em LIMA *et al.* (2005).

Informações gerais sobre o lote: com o uso de um GPS, delimitar o perímetro do lote e fazer um mapa dele, bem como um memorial descritivo com informações sobre área total, relevo e hidrografia. Buscar informações sobre a rocha-mãe onde o estabelecimento está localizado, usando mapas de solos da região. Descrever as máquinas e ferramentas disponíveis no estabelecimento.

Informações sobre as parcelas de cultivo: mapear as diferentes parcelas do estabelecimento, como reserva de mata e áreas de preservação permanente, área dos diferentes cultivos agrícolas e das pastagens e área de moradia e quintal. Em cada uma dessas, descrever as culturas plantas e as espécies e raças animais exploradas. Descrever o manejo da produção vegetal e animal. Selecionar algumas parcelas mais significativas e retirar amostras de solo para análise laboratorial.

Na 5ª etapa do curso, as disciplinas-chave foram: Forragicultura; Olericultura; Melhoramento de Plantas; Fitotecnia II e Zootecnia II. O objetivo desse estudo foi complementar a descrição das atividades produtivas do estabelecimento, completando as informações sobre as parcelas de cultivo e os manejos da produção animal e vegetal, incluindo as pastagens, foco da disciplina Forragicultura, as hortas e plantas medicinais, foco da disciplina Olericultura, e os plantios perenes, foco da disciplina Fitotecnia II.

Sobre o manejo da produção vegetal, acrescentou-se uma pesquisa sobre as origens dos materiais genéticos utilizados e os métodos de melhoramento utilizados pelos próprios agricultores, objeto de estudo da disciplina Melhoramento de Plantas. E sobre o manejo da produção animal, priorizou-se a análise dos métodos de manejo alimentar, sanitário e reprodutivo das criações de pequeno, médio e grande porte, foco da disciplina Zootecnia II.

A 6ª etapa do curso é aquela que incorpora disciplinas que conferem a especificidade do Programa de Ciências Agrárias da UFPA, a partir da Pesquisa-Desenvolvimento de Sistemas de Produção. As disciplinas dessa etapa são: Antropologia Rural; Teoria de Sistemas; Sistema de Cultivo; Sistema de Criação; Sistema Extrativista e Economia e Administração Rural. O estudo do Tempo Comunidade dessa etapa, que continuava centrado no mesmo estabelecimento que já vinha sendo estudado nas etapas anteriores, tinha como objetivo que os educandos inter-relacionassem todas as informações já levantadas, acrescidas de novas informações, integrando-as numa análise do funcionamento do sistema família-estabelecimento.

Esse conjunto de informações deveria ser sistematizadas num relatório completo do funcionamento do sistema família-estabelecimento, organizado em um roteiro composto de quatro partes: o sistema família – estabelecimento; o meio biofísico e a evolução do uso da terra; o funcionamento dos subsistemas de produção e o funcionamento global do sistemas família – estabelecimento.

O item 1, relacionado ao sistema família – estabelecimento, continha as informações sobre a história da família, sua composição atual, a divisão do trabalho na família e a relação com as atividades produtivas. O item 2 relacionaria as informações do lote, como tamanho, localização e formas de acesso do meio biofísico, como relevo, solo e clima e do uso da terra, como as áreas destinadas para mata, roças, pasto e quintais. Todas essas informações deveriam ser pesquisadas numa perspectiva dinâmica, ou seja, de trajetória e evolução desde o início da ocupação do lote. O item 3 deveria trazer a descrição de cada subsistema, de cultivo, de criação, extrativista e de atividades anexas, enfocando os objetivos específicos da família com aquele subsistema, sua evolução no histórico de ocupação do lote, a descrição das parcelas atuais e a análise agronômica e econômica das mesmas.

O item 4, funcionamento global do sistemas família – estabelecimento deveria não apenas ser a síntese dos itens anteriores como também garantir o momento da análise propriamente dita do funcionamento do sistema, fechando o diagnóstico. Esse item pautou-se em três questões: o processo de decisão familiar, os projetos e as estratégias da família e a gestão dos fluxos de trabalho, de produtos e financeiro pela família. Essa análise foi concluída com a reflexão sobre a viabilidade do funcionamento do sistema, considerando os aspectos econômicos, sociais e agronômicos, bem como a identificação de pistas para o desenvolvimento do sistema.

Na 7ª etapa, o trabalho de Tempo Comunidade foi justamente retomar esse diagnóstico do funcionamento, bem como as pistas para o desenvolvimento do sistema família-estabelecimento. Essa retomada previa a apresentação desse estudo para as famílias envolvidas – a restituição da pesquisa – e, a partir dela a manutenção de um diálogo entre educandos e família para a construção de propostas de intervenção técnica, visando à melhoria do funcionamento desses estabelecimentos estudados, respeitada a racionalidade e os projetos das famílias.

Esse processo foi referenciado nas disciplinas da 7ª etapa, todas elas ligadas à essa perspectiva da intervenção técnica. As disciplinas de referência foram: Comunicação e Extensão Rural; Construções Rurais; Manejo e Conservação de Solos; Hidráulica, Irrigação e Drenagem; Tecnologia de Produtos e Experimentação Agrícola. Além dessas, outras disciplinas de etapas anteriores deveriam ser mobilizadas, a depender das necessidades de cada estabelecimento estudado.

Considerações finais

Ao longo deste texto, buscou-se apresentar elementos da experiência de formação em alternância num curso de Agronomia de uma turma ofertada em parceria da UFPA, do PRONERA e do MST. Três questões foram abordadas nessa apresentação: as perspectivas político-pedagógicas do programa de ciências agrárias da UFPA, que referenciam o curso de Agronomia regularmente ofertado no *Campus* de Marabá, ponto de partida deste projeto de turma; as reflexões metodológicas entre docentes da UFPA e militantes da educação do campo na construção das linhas gerais do processo de alternância no projeto da turma de agronomia; a implementação dessas perspectivas com a construção dos roteiros de estudo em diferentes tempos-comunidade ao longo do curso.

Esses vários elementos analisados permitem identificar uma tentativa na construção dessa experiência, de ruptura com um viés tecnicista e reducionista muito frequente no ensino de ciências agrárias. Essa busca apoiou-se em dois aspectos: um de caráter político, ao afirmar a importância do campesinato e da Reforma Agrária como base do desenvolvimento agrário na Amazônia; outro, de caráter pedagógico e epistemológico, ao buscar a relação teoria-prática, a interdisciplinaridade e o diálogo de saberes entre academia e agricultores.

Dois exemplos de roteiros de estudos realizados em diferentes tempos-comunidade foram apresentados. O primeiro exemplo mostrou as orientações para a montagem de um experimento agrícola de comparação de aspectos agronômicos de dois cultivares de feijão, mas com a preocupação de garantir uma análise interdisciplinar que permitisse uma reflexão ampla sobre diferentes dimensões da produção agrícola, desde os aspectos específicos das pragas e doenças de uma cultura agrícola na sua interação com o meio biofísico até a discussão política do controle sobre a produção e melhoramento de sementes.

O segundo exemplo foi um plano de estudo relativamente longo, desenvolvido em quatro tempos-comunidade, que teve como objetivo a realização por parte dos educandos da turma de uma análise-diagnóstico de sistemas família-estabelecimento agrícola com vistas à elaboração de um projeto de intervenção técnica em conjunto entre estudantes e agricultores. Mais uma vez, nesse exercício buscou-se evitar os vieses reducionistas, propondo um método de estudo que observasse a unidade de produção em sua totalidade, a partir de suas dimensões biofísicas e ecológicas, socioculturais, políticas e econômicas. Além disso, procurou-se que esse estudo fosse compreendido não como um fim em si mesmo, mas como ponto de partida para um diálogo entre os estudantes e as famílias na identificação de ações possíveis e pertinentes de melhoria da unidade produtiva.

Apesar da evidência dada aos roteiros de estudo dos tempos-comunidade, a questão central está na articulação que esses estudos têm com o conjunto do curso. A articulação entre o tempo-espaço escola e o tempo-espaço comunidade foi fundamental para a construção dos roteiros integrando os conteúdos das diferentes disciplinas. Da mesma forma, a articulação entre tempo-espaço comunidade e tempo-espaço escola retorno foi importante para a socialização dos estudos entre toda a turma e os docentes, para a problematização das principais questões observadas e para a incorporação dessas questões tanto nos estudos seguintes realizados pela turma durante o curso como também na agenda de pesquisa e extensão mais ampla da universidade.

Referências

HÉBETTE, J.; NAVEGANTES, R. (Org.). *CAT – Ano décimo: etnografia de uma utopia*. Belém: EDUFPA, 2000.

KOLLING, E. J.; Nery, I.; MOLINA, M. C. *Por uma Educação Básica do Campo*. Brasília: Fundação Universidade de Brasília, 1999. 98 p.

LIMA, A. P. et al. *Administração da Unidade de Produção Familiar: modalidades de trabalho com agricultores*. Ijuí: Unijuí, 2005. 224 p.

SIMÕES, A.; OLIVEIRA, M. C. C. O enfoque sistêmico na formação superior voltada para o desenvolvimento da agricultura familiar. In: SIMÕES, A. (Org.). *Coleta Amazônica: iniciativas em pesquisa, formação e apoio ao desenvolvimento rural sustentável na Amazônia*. Belém: Alves, 2003.

UNIVERSIDADE FEDERAL DO PARÁ. *Curso de Agronomia: Formação de Recursos Humanos em Ciências Agrárias*. 2003. 135 p. Mimeografado.

Posfácio
Educação do Campo: novas práticas construindo Novos Territórios

Mônica Castagna Molina

Este artigo objetiva apresentar reflexões suscitadas a partir da leitura dos textos deste livro, em que se apresentam relatos de processos formativos vivenciados sob tal paradigma educacional, na Educação Básica e na Educação Superior. Os textos desta coletânea refletem a qualidade dos resultados alcançados nessas experiências, bem como se colocam como precioso subsídio para se pensar nos impactos mais gerais do conjunto das práticas que têm se desenvolvido a partir dos paradigmas da Educação do Campo.

Já há um número relativo de publicações que debatem as diferentes concepções que têm se abrigado sob o conceito de Educação do Campo (algumas com intenções bastante distintas das quais esta se concebeu e se estruturou). Não vamos retomar neste artigo essas diferenças, pois tal demarcação já se encontra sistematizada em outras publicações.[1] Consideramos apenas necessário explicitar que este livro abriga experiências que se desenvolveram a partir de interpretações variadas desse conceito, algumas mantendo-se fiéis ao que temos chamado de sua materialidade de origem e outras afastando-se dela.

Embora o conjunto das experiências relatadas esteja organizado a partir da diferenciação dos níveis de ensino nos quais se trabalharam as práticas formativas apresentadas (Educação Básica e Superior), é possível perceber que algumas marcas da Educação do Campo fazem-se presentes em ambas, merecendo, pois, o seu registro, já que é a partir destas marcas que novos desafios se fazem presentes. O sentido destas reflexões é o de organizar o que consideramos importantes avanços nas práticas educacionais promovidos por esses processos de

---

[1] Conferir especialmente artigo de CALDART (2010), no qual encontram-se detalhadas estas diferenciações.

escolarização formal no âmbito da Educação do Campo, destacando os novos territórios epistemológicos e metodológicos conquistados por estas práticas.

Novos territórios conquistados na Educação Básica e na Educação Superior: a realidade no centro dos processos de ensino aprendizagem

Em grande medida, estamos de acordo com os argumentos apresentados no artigo que abre esta publicação, de Antunes-Rocha e Almeida Martins. Ao perguntarem-se sobre os motivos que fariam com que a Educação do Campo, em reduzida escala temporal de existência, tivesse obtido tamanha vitalidade, ao ponto de, em cerca uma década, ter-se materializado nas diferentes instâncias da sociedade civil e conquistado seu espaço na sociedade política, as autoras respondem que tal vitalidade deve-se essencialmente ao protagonismo dos movimentos sociais camponeses que a constroem e também à centralidade que tem se dado neste percurso para a produção de reflexões sobre ela, a partir da concretude das práticas articuladas por tal concepção.

Reafirmando a importância desses dois fatores, quais sejam o protagonismo dos sujeitos coletivos em sua edificação e a centralidade das práticas educativas como base da reflexão teórica que a vem sustentando, acrescentaria ainda fator que considero relevante para o dinamismo alcançando em sua construção: o acirramento das contradições e da luta de classes no campo, em função da intensificação da lógica de acumulação de capital no meio rural ocorrido nesse mesmo período histórico, em decorrência da consolidação do agronegócio, que representa uma aliança entre os grandes proprietários de terra, o capital estrangeiro e o capital financeiro. A dinâmica alcançada na Educação do Campo, a nosso ver, não pode ser compreendida em separado desse processo, pois é em reação e oposição às fortes consequências da expropriação de suas terras e de seus territórios que a classe trabalhadora do campo intensifica também suas lutas pela manutenção e conquista de seus direitos, entre eles o direito ao conhecimento e à escolarização, como parte destas estratégias de resistência na terra e de garantia de sua reprodução social a partir do trabalho no campo. É nesse sentido que uma das principais marcas presentes nos processos de escolarização relatados, sejam eles da Educação Básica ou da Educação Superior, refere-se ao modo de inserção da realidade nesses processos de escolarização formal, como matéria-prima central destas práticas educativas, provocando mudanças relevantes nos processos de produção e socialização dos conhecimentos científicos.

Nos textos apresentados, tanto na primeira quanto na segunda parte do livro, encontram-se importantes descrições metodológicas de procedimentos realizados para iniciar os processos educativos que ocorrerão ao longo das etapas dos cursos, através da realização de diagnósticos promovidos pelos próprios educandos em suas comunidades de origem, abrangendo nesses diagnósticos levantamentos de informações sobre as questões sociais, econômicas, culturais, ambientais, políticas e institucionais presentes nas suas localidades. Nos processos de ensino aprendizagem desenvolvidos em parte dos cursos de Educação do Campo aqui relatados, a realidade material dos sujeitos entra não apenas como exemplificação ilustrativa, tal qual ocorre em muitos casos na escolarização regular no sistema público de ensino, mas como matéria-prima central dos processos formativos.

Há preciosa descrição da elaboração desses diagnósticos e de seu uso subsequente, tanto no relato das experiências formativas desenvolvidas no âmbito das Ciências Agrárias (nos trabalhos realizados com os educandos do curso de Agronomia, conduzido pela Universidade Federal do Pará, no Campus de Marabá, e no trabalho desenvolvido pela Universidade Federal do Ceará, no Programa Residência Agrária) quanto nas experiências de formação de educadores (quer seja na experiência da Universidade do Estado de Minas Gerais ou na das Federais da Paraíba e do Espírito Santo descritas neste livro).

Há uma amálgama entre esses relatos dos quais se extrai a intencionalidade maior de partir-se, nesses diferentes processos educativos, da realidade em direção ao conhecimento científico. Ou seja, trata-se de colocar a realidade como centro em torno do qual as ciências e outras formas de conhecimento se articulam, para que a realidade possa ser não apenas compreendida e analisada, mas também transformada. O trabalho pedagógico centra-se no princípio da *praxis*, como modo de conhecimento que articula em um mesmo movimento teoria e prática; conhecimento e realidade. Assim, o trabalho pedagógico desenvolvido nessas experiências citadas mostrou-se intencionalizado na perspectiva de que os educandos desenvolvam a capacidade de articular a leitura de suas realidades, valendo-se do conhecimento científico, aprofundando este a partir de releituras e análises que vão se complexificando à medida que estes educandos vão avançando em seus processos de escolarização, no decorrer da alternância dos tempos e espaços educativos, qualificando assim as intervenções em suas comunidades.

A riqueza e a importância desse método de trabalho pode ser observado nos diferentes fragmentos das experiências citadas a seguir. No relato da Agronomia de Marabá, por exemplo, observa-se que

> Durante os Tempos Comunidade das etapas 4, 5, 6 e 7 do curso os educandos realizaram o estudo do funcionamento de um estabelecimento agrícola, aqui compreendido como a análise-diagnóstico referenciada pelo conceito de sistemas de produção e sistemas agrários, das interações entre a gestão e as práticas dos agricultores em interação com o meio biofísico e o meio socioeconômico.

O mesmo estabelecimento foi estudado durante essas quatro etapas, de maneira que os roteiros de trabalho propostos pelos conjuntos de disciplinas fossem complementando-se e agregando conhecimentos e informações para o estudo. Com esse estudo pretendia-se que os educandos pudessem analisar em detalhes como se organiza um estabelecimento familiar de produção e, a partir desse estudo, refletir sobre propostas para sua melhoria (MICHELOTTI; PEREIRA, 2012, p. 234).

Nesse relato da experiência formativa desenvolvida em Marabá, demonstra-se a compreensão da complexidade do real e de suas múltiplas determinações, com muitas causas e relações simultâneas, que o pensamento organiza através de conceitos e categorias. A importância da metodologia utilizada, para os princípios da Educação do Campo, refere-se à estratégia de, ao reconhecer tal fato, selecionar algumas dessas relações, nunca partes isoladas, e usar os conhecimentos científicos para compreendê-las, cada vez mais profunda e articuladamente. Entre outros pontos, a qualidade das experiências descritas está na sabedoria com a qual trabalhou a articulação entre o necessário conhecimento disciplinar para o aprofundamento da compreensão de determinados pontos, com a sua rearticulação e religação dentro da totalidade maior que os contém: o conjunto das próprias determinações da realidade. Conforme demonstra o artigo de Michelloti e Pereira, no processo de construção do curso de Agronomia, essa compreensão foi materializada a partir da estratégia metodológica utilizada, sobre a qual afirmam que

> A fragmentação do conhecimento pode ser importante ao permitir um aprofundamento de certas questões específicas, porém só deixará de ser uma abstração se esses conhecimentos fragmentados puderem ser reconectados num processo de síntese, de retorno à realidade totalizadora. O trabalho desenvolvido pelos educandos nas suas comunidades foi planejado para permitir essa integração dos diferentes conhecimentos disciplinares para uma reconstrução da realidade refletida (MICHELOTTI; PEREIRA, 2012, p. 230).

Também na metodologia da construção do currículo do processo de escolarização do segundo segmento do Ensino Fundamental, a experiência da UEMG preocupou-se em encontrar esse equilíbrio, no sentido de superar a fragmentação e articular os conhecimentos científicos às necessidades e realidade dos educandos. Conforme relato da Universidade,

> Os trabalhos e/ou atividades relacionadas ao processo de ensino e aprendizagem tiveram como ponto de partida as necessidades daqueles(as) que participaram do Projeto. Nesse sentido, buscamos balizar coletivamente quais os conhecimentos socialmente produzidos eram fundamentais para integrarem o currículo do curso e de que modo deveriam ser abordados. Trabalhou-se com as interconexões dos saberes, isso sem negar as especificidades e a importância de cada área, pois foi a organização curricular a base para a proposta (MUSIAL; COSTA; ROSA, 2012, p. 92-93).

O que se depreende do conjunto dessas experiências, cujos pressupostos têm-se articulado com outras práticas críticas de Educação do Campo, é que estas têm buscado cultivar permanentemente, em seus processos formativos, mudanças na forma tradicional de se socializar e produzir conhecimento científico. A excessiva fragmentação, compartimentalização e disciplinarização da forma de acesso aos conhecimentos científicos são também impedimentos à sua melhor compreensão das reais conexões existentes entre os processos sociais, econômicos, ambientais, políticos e culturais vivenciados pelo homem e, consequentemente, resultam também em maiores dificuldades na concepção e elaboração de estratégias que contribuam com a superação das contradições encontradas na realidade.

Conforme afirmamos em trabalho sobre a experiência na formação de educadores do campo, trata-se de cultivar indagações epistemológicas sobre a própria concepção de conhecimento, de ciência e de pesquisa. Indaga-se de que forma o trabalho pedagógico pode garantir o movimento entre apropriação e produção do conhecimento e a articulação entre conhecimento e processo formativo como um todo. Busca-se cultivar nessas práticas um vínculo permanente entre o conhecimento que a ciência ajuda a produzir e as questões atuais da vida. Os fenômenos da realidade atual precisam ser estudados em toda a sua complexidade, tal como existem na realidade, por meio de uma abordagem que dê conta de compreender totalidades, nas suas contradições, no seu movimento histórico (MOLINA; SÁ, 2010).

A permanência dessa característica nas práticas que têm se desenvolvido sob os paradigmas da Educação do Campo encontra-se intrinsecamente associada ao protagonismo dos sujeitos camponeses nestes processos. Pois é sua presença e as reivindicações que eles trazem para os processos formativos, que em grande medida têm provocado mudanças nas práticas educativas fragmentadoras do real, as quais tradicionalmente se desenvolvem nas instituições universitárias. Os sujeitos coletivos, que lutam pela terra e pela educação, demandam das instituições formadoras uma transformação nas estratégias de socialização e produção de conhecimento. Exigem tornarem-se partícipes desses processos, trazendo seus saberes e fazeres para dialogar com os conhecimentos científicos, na perspectiva de produzir, a partir desse encontro, um novo conhecimento, que os auxilie na interpretação crítica da realidade e, principalmente, na sua intervenção sobre ela.

Neste sentido constitui-se também a experiência descrita no artigo que apresenta a lógica que orientou a construção do currículo do Curso de Pedagogia da Terra, realizado pela Universidade Federal da Paraíba, no qual as autoras informam que

> [...] a dinâmica do curso é baseada no movimento constante de retomada do campo, de reflexão de seu contexto, de análise de suas problemáticas e de experiências

lá vivenciadas. Essa relação do curso com a realidade do campo oportuniza o diálogo entre os saberes científicos e os saberes populares, possibilitando a edificação de um novo saber, emancipatório, impregnado da realidade (CORREIA; BATISTA, 2012, p. 183).

Também com a mesma intencionalidade metodológica, de partir da realidade, de valorizar e incorporar os saberes dos sujeitos camponeses nos processos de produção do conhecimento científico, de articular o conjunto dos saberes disciplinares numa perspectiva mais ampla e totalizadora, a partir da própria complexidade do real, é que a experiência do Programa Residência Agrária (PRA), descrita neste livro, trabalhou. Ao apresentar as estratégias adotadas na execução da alternância no curso, Esmeraldo (2011) observa que com a

> preocupação na produção do conhecimento de caráter endógeno, cada etapa é apreendida pelos jovens assentados e estudantes de graduação e mestrado para dar-lhes suporte instrumental à compreensão dos modos de constituição, de vida e sobrevivência, do trabalho e de como as famílias assentadas percebem a própria vida. Cada etapa da pesquisa aplicada é acompanhada e discutida com a comunidade trazendo implicações importantes na reconstituição da história de formação do assentamento, do reconhecimento de suas potencialidades e limites nos campos produtivos, econômicos, políticos, sociais e culturais. [...]
>
> O desenho do PRA é também construído com base na interdisciplinaridade, esta, componente estratégico na formação humana, política e social dos grupos envolvidos (professores, mestrandos, graduandos, jovens assentados, famílias assentadas). Reunir as diversas áreas de conhecimento das ciências agrárias (agronomia, economia doméstica, engenharia de pesca, engenharia de alimentos, zootecnia) através de seus professores e estudantes e a eles agregar jovens assentados, em todo o processo formativo, traz para esses momentos a possibilidade do exercício da tolerância, do respeito, da solidariedade, auxiliando sobremaneira na formação ampliada que extrapola a dimensão técnica e age sobre aspectos.

Considera-se que aí estão contidos acúmulos pedagógicos que são essenciais ao conjunto das práticas da Educação do Campo exatamente porque esta, com sua intencionalidade maior de produzir ações educativas no âmbito da contra-hegemonia, precisa cultivar formações que superem a visão tradicional da pretensa neutralidade científica, buscando firmar uma matriz formativa multidimensional, explicitando continuamente, em suas práticas os objetivos pedagógicos e os objetivos formativos mais amplos. O que essas práticas reafirmam é que, a partir da perspectiva desenvolvida no âmbito da Educação da Campo, é requisito *sine qua non* dos processos formativos desenvolvidos sob essa denominação a explicitação de um projeto educativo integral, que trabalhe simultaneamente a socialização dos conhecimentos científicos, a formação de valores, atitudes e posturas que se deseja cultivar, a estas agregando também consciência organizativa, capacidade de ação, conforme já expusemos em trabalho sobre a formação de educadores do campo (MOLINA; SÁ, 2010).

Neste sentido, outro importante território conquistado pela Educação do Campo refere-se à sedimentação de determinado perfil de educador que se tem desenhado nos cursos de formação que se desenvolvem a partir deste paradigma. Uma das recorrências que se observa nos textos que compõem esta coletânea que tratam dos processos de formação de educadores em nível superior, quer sejam os cursos de Pedagogia da Terra da UFPB ou do ITERRA, ou os cursos de formação continuada e de especialização desenvolvidos pela UFES, fizeram-se presentes, com muita intensidade, os debates sobre o perfil de educador que esses cursos almejam formar e sobre as especificidades requeridas desse perfil profissional.

E, nestas experiências descritas, expõe-se a importância dada à edificação de um perfil de educador capaz de abarcar, na condução de processos formativos sob sua responsabilidade, não só o conjunto dos diferentes espaços nos quais se formam os camponeses, para muito além da escola, como também as variadas dimensões que deve conter uma perspectiva de formação humana integral.

O perfil de educador do campo proposto e materializado nas práticas formativas descritas abrangeu dimensões essenciais dos princípios da Educação do Campo: embora parte dela se dê pela garantia do direito à educação escolar e pela própria transformação das funções sociais e do *modus operandi* tradicional da instituição escola, neste movimento, a formação de um educador deve ser capaz de prepará-lo para intervenções e para a condução de processos pedagógicos que ocorram para muito além do espaço escolar, integrando-se às dimensões do trabalho e da luta social e política dos camponeses para como tal continuarem existindo.

Pois, conforme se destaca nas reflexões conduzidas sobre o curso de Pedagogia da Terra da Via Campensina, descrito neste livro,

> A centralidade da reflexão pedagógica da Educação do Campo está na dimensão educativa da práxis social, retomando a reflexão sobre a força formadora do trabalho, da cultura, da luta social, como matrizes educativas do ser humano e que não podem deixar de ser intencionalizadas como práticas pedagógicas em um projeto educacional que se pretenda emancipatório, e por isso mesmo, *omnilateral*.
>
> Mas a materialidade potencialmente formadora dessas práticas sociais não tem como ser reproduzida/vivenciada integralmente na escola. A escola precisa integrar-se a uma totalidade formadora mais ampla, vinculando seus processos de socialização, de apropriação/produção de conhecimento, de formação ética a outras práticas educativas (CALDART, 2012, p. 124).

Nessa dimensão, nas experiências aqui descritas, que, em nossa compreensão, se coadunam com territórios epistemológicos conquistados nesses 12 anos da Educação do Campo, materializaram-se intencionalidades formativas cuja perspectiva integral de ser humano orientou as práticas e didáticas que serviram de base para formar educadores. Tais como os processos descritos anteriormente, nos cursos de ciências agrárias apresentados nesta publicação, os cursos de formação de educadores aqui descritos também ressignificaram em suas práticas dicotomias clássicas que em muito dificultam a qualidade da formação docente em nosso país: a cisão teoria-prática; a subsunção da necessidade da formação de valores e de princípios éticos, para a tomada de posição diante dos conflitos e contradições da realidade social, em nome da "neutralidade científica"; a separação ensino-pesquisa, com a quase ausência de formação em relação à prática de pesquisa na formação dos futuros educadores.

Essa tem sido também uma das mais importantes territorializações produzidas pela Educação do Campo nos últimos anos: a apropriação e a incorporação da dimensão da pesquisa nos processos formativos que se fazem sob sua orientação, porém com importantes rupturas, sejam elas relacionadas à tradicional separação sujeito/objeto da pesquisa, à distância das temáticas dos problemas reais e cotidianos das comunidades ou ainda aos cânones das práticas individuais de sua produção. Nos relatos dos cursos de formação de educadores de nível superior descritos, incorporou-se a dimensão da prática da pesquisa como elemento essencial de seu fazer educativo, sendo reincidente nos relatos a descrição de variadas estratégias para a construção de coletivos que as executam. A pesquisa foi, aliás, uma das importantes dimensões da rica experiência de formação continuada e de pós-graduação executada pela UFES. Além da constituição de Grupo de Pesquisa no CNPq, intitulado Parceria e Educação do Campo, que articula sujeitos de diferentes instituições nos processos de produção de conhecimento sobre a temática no Estado, observa-se precioso desdobramento concreto da utilização desta produção nas escolas do campo da região, pois, conforme descrito, os trabalhos coletivos dos docentes que têm participado dessas formações de educadores conduzidas pela Universidade Federal do Espírito Santo, "se constituíram grupos de estudos para encontros programados na Universidade e nos contextos locais, o que vem favorecendo reflexões com vistas à construção do projeto pedagógico de cada escola".

Novas Práticas, construindo Novos Territórios: a Alternância e a garantia do direito à educação escolar

Convém destacar algumas recorrências, no relato tanto das práticas de educação superior quanto das de Educação Básica. Observa-se que, do conjunto das 12 experiências relatadas no livro, oito delas são realizadas a partir das parcerias desenvolvidas pelo Programa Nacional de Educação na Reforma Agrária (PRONERA), o que reafirma sua importância para consolidação das práticas de Educação do Campo e para ampliação das áreas de conhecimento nas quais se pode ofertar educação superior para os sujeitos do campo, na modalidade de alternância, tais como as experiências, descritas nesta obra, dos cursos de Pedagogia da Terra, Direito e Agronomia.

Conforme afirmamos em trabalho sobre a avaliação do desenvolvimento das ações de Educação na Reforma Agrária,

> [...] uma das grandes contribuições dadas pelo PRONERA a este processo de expansão da educação superior aos sujeitos do campo refere-se à consolidação da oferta da educação superior a partir da alternância. Embora a alternância fosse comum na oferta da Educação Básica, em função da antiga experiência das Escolas Famílias Agrícolas, no Brasil, não havia acúmulo anterior relevante desta modalidade de oferta na Educação Superior. Ao fazê-lo, em diferentes áreas do conhecimento, com seus cursos de Pedagogia da Terra, História, Ciências Agrárias, Geografia, Artes, Direito, Agronomia e Enfermagem, o PRONERA foi consolidando a possibilidade e exeqüibilidade desta modalidade de oferta. A tal ponto que, entre as universidades atualmente ofertantes da Licenciatura em Educação do Campo, existem hoje aquelas que já têm a oferta deste curso de educação superior de forma permanente, com ingresso anual, na modalidade de Alternância, tal como a UFMG, a UnB, a UFSC e UFPA, entre outras (MOLINA; JESUS, 2011).

A institucionalização e consolidação da Alternância como modalidade de oferta da Educação Superior, na perspectiva da garantia do direito à educação para os sujeitos do campo, considerando as especificidades de seu modo de produzir a vida e adequando a oferta da Educação Superior a essas determinações, constitui-se, a nosso ver, um importante território conquistado pela Educação do Campo. No Decreto no 7352, de 2010, que institui a Política Nacional de Educação do Campo, está contido o reconhecimento jurídico da obrigação de o Estado brasileiro garantir não só a universalidade do direito à educação, mas também sua obrigatoriedade de promover intervenções que atentem às especificidades necessárias para o cumprimento e a garantia dessa universalidade. Neste sentido, o referido decreto determina que, sempre que o direito à educação escolar assim o exigir, os sistemas de ensino garantirão a oferta de Educação Básica e Superior em Alternância.

A garantia da Educação Superior em Alternância, ainda que com diferentes concepções e temporalidades variadas na execução do Tempo Escola e Tempo Comunidade, tem funcionado como estratégia relevante para a disputa de diferentes áreas do conhecimento nas quais há necessidade de formação dos trabalhadores, disputando com estas conquistas usos contra-hegemônicos dos conhecimentos adquiridos nesses cursos superiores. No relato feito neste livro, dos desafios políticos, institucionais e jurídicos enfrentados para viabilizar a oferta de um curso de Direito para os trabalhadores rurais, apresentados no artigo de Alves Siqueira, se explicita o debate sobre universalidade e especificidade, enfrentado pelo conjunto das ações de garantia de acesso à educação superior pelos sujeitos do campo.

> Trata-se de medida a ser realizada no âmbito das denominadas ações afirmativas, tão em voga entre as demandas sociais históricas na sociedade brasileira e na possibilidade de sua efetivação pelo Poder Público. [...] Como premissa, desde a sua proposta e, evidentemente, na sua fase de concretização, esse desafio de oferecer uma Turma Especial de graduação para as categorias específicas do campo realiza o princípio da igualdade. [...] A igualdade está aberta na oportunidade, igualmente aberta, de poder exercitar o direito à educação em todos os níveis, inclusive, a superior e nos mais variados cursos existentes nas universidades brasileiras, sem exceção.
>
> Portanto, o direito à igualdade e o direito à educação devem passar a ser concretude na vida das pessoas historicamente marginalizadas dessas promessas constitucionais, para saírem da categoria de meras expectadoras do direito (SIQUEIRA, 2012, p. 150-151).

Além dos importantes avanços materializados nas práticas descritas neste livro no âmbito da Educação Superior, também se registram nele conquistas acumuladas na execução de experiências de Educação Básica. Entre os diferentes aspectos que se poderiam destacar das práticas apresentadas, no âmbito da educação básica sobressai-se a capacidade que os processos de formação desenvolvidos acumularam, no sentido de garantir a continuidade da formação escolar para os sujeitos jovens e adultos que por elas se alfabetizam.

Encontram-se neste livro relatos de experiências exitosas nesta direção. O trabalho desenvolvido pela valorosa equipe da UNEB assim como o belo trabalho realizado pela UEMG, a partir do qual foi possível garantir aos sujeitos que se alfabetizaram a continuidade da escolarização no 1º e no 2º segmentos do ensino fundamental, têm sido capazes de romper, com suas práticas formativas continuadas, com um perverso círculo vicioso existente na história da Educação de Jovens e Adultos em nosso país, na qual, em função da inadequação das estratégias de oferta e da descontinuidade das políticas, ocorria, muitas vezes, a interrupção e a perda dos processos de alfabetização iniciados.

Nessas experiências de Educação de Jovens e Adultos apresentadas neste livro, destaca-se que os educandos que foram sujeitos dos processos de escolarização no ensino fundamental antes descritos atuavam simultaneamente, durante o seu processo de formação, como educadores em suas comunidades rurais de origem, nos Projetos de Alfabetização de Jovens e Adultos, também vinculados ao PRONERA.

O êxito da articulação entre esses dois projetos de Educação de Jovens e Adultos merece registro, pois ele tem sido observado em dezenas de outras experiências do PRONERA que assim trabalharam, articulando alfabetização com escolarização dos monitores, sucessos semelhantes, figurando-se também, a nosso ver, outro território metodológico conquistado pela Educação do Campo. A utilização da Alternância e a articulação dos processos de alfabetização com os de escolarização dos educadores assentados que neles atuam têm se mostrado estratégias bastante eficazes, no sentido de propiciar a um elevado número de trabalhadores rurais que se alfabetizam a continuidade de seus processos de educação formal, tal como comprovam os números alcançados pelo PRONERA, que logrou atingir, nos últimos 12 anos, em função da articulação dessas estratégias, a marca de mais de 300 mil trabalhadores rurais alfabetizados e escolarizados, conforme dados da Comissão Pedagógica Nacional do Programa.

Poder-se-ia extrair ainda um amplo conjunto de princípios da Educação do Campo que se materializaram em experiências descritas nesta obra. Porém o que consideramos mais relevante destacar é que a leitura de seu conjunto explicita a importância que a conjugação destes princípios, com a execução dos processos formativos em alternância, tem possibilitado realmente a configuração de um novo fazer educativo, mais enraizado na vida real dos educandos, colocando não só as contradições sociais enfrentadas pelos camponeses no centro destes processos, como também as possibilidades e potencialidades para acelerar suas superações que podem advir de práticas educativas críticas. Embora saibamos que são enormes os desafios a serem enfrentados na perspectiva de superação do modelo imposto pelo agronegócio e pela hegemonia do capital, não podemos deixar de reconhecer os avanços conquistados pela construção dos paradigmas e das práticas de Educação do Campo, que, mesmo com enormes dificuldades, tanto em relação à repressão e à criminalização dos movimentos sociais camponeses que a protagonizam quanto em relação à descontinuidade das políticas conquistadas, tem conseguido semear novos territórios, "territórios de esperança".

Referências

BRASIL. Presidência da República. Decreto n. 7.352, de 4 de novembro de 2010. Dispõe sobre a Política Nacional de Educação do Campo e sobre o Programa Nacional de Educação na Reforma Agrária. *Diário Oficial da União*, Brasília, 2010.

CALDART, R. S. Educação do campo. Notas para uma análise de percurso. In: MOLINA, M. C. (Org). *Educação do Campo e pesquisa II: questões para reflexão*. Brasília: NEAD, 2010.

CALDART, R. S. Intencionalidades na formação de Educadores do Campo: reflexões desde a experiência do curso "Pedagogia da Terra da Via Campesina". In: ANTUNES-ROCHA, M. I.; MARTINS, M. F. A.; MARTINS, A. A. (Orgs.). *Territórios educativos na Educação do Campo: escola, comunidade e movimentos sociais*. Belo Horizonte: Autêntica, 2012.

CORREIA, D. M. N.; BATISTA, M. S. X. Alternância no Ensino Superior: o Campo e a Universidade como território de formação de Educadores do Campo. In: ANTUNES-ROCHA, M. I.; MARTINS, M. F. A.; MARTINS, A. A. (Orgs.). *Territórios educativos na Educação do Campo: escola, comunidade e movimentos sociais*. Belo Horizonte: Autêntica, 2012.

MICHELOTTI, F.; PEREIRA, G. C. A Alternância de Tempos e Espaços Educativos na Turma de Agronomia em Parceria MST, PRONERA e UFPA – Campus de Marabá. In: ANTUNES-ROCHA, M. I.; MARTINS, M. F. A.; MARTINS, A. A. (Orgs.). *Territórios educativos na Educação do Campo: escola, comunidade e movimentos sociais.* Belo Horizonte: Autêntica, 2012.

MOLINA, M. C.; SÁ, L. M. Desafios e perspectivas na formação de educadores: reflexões a partir da Licenciatura em Educação do Campo da Universidade de Brasília. In: SOARES, L. et al. (Orgs.). *Convergências e tensões no campo da formação e do trabalho docente.* Belo Horizonte: Autêntica, 2010. p. 369-388.

MOLINA, M. C.; JESUS, S. M. S. A. Contribuições do PRONERA à Educação do Campo no Brasil. In: SANTOS, C. A.; MOLINA, M. C.; JESUS, S. M. S. A. In: *PRONERA: Memória e História.* Brasília: NEAD, 2011.

MUSIAL, G. B. S.; ROSA, W. M.; COSTA, V. A. Avanços e desafios na construção da Educação do Campo: a experiência do Projeto Educação, Campo e Consciência Cidadã no 1º e 2º segmentos do Ensino Fundamental. In: ANTUNES-ROCHA, M. I.; MARTINS, M. F. A.; MARTINS, A. A. (Orgs.). *Territórios educativos na Educação do Campo: escola, comunidade e movimentos sociais.* Belo Horizonte: Autêntica, 2012.

SIQUEIRA, J. C. A. Direito ao Direito: Uma experiência de luta pela efetividade da promessa constitucional do direito de acesso universal à Educação. In: ANTUNES-ROCHA, M. I.; MARTINS, M. F. A.; MARTINS, A. A. (Orgs.). *Territórios educativos na Educação do Campo: escola, comunidade e movimentos sociais.* Belo Horizonte: Autêntica, 2012.

As autoras e os autores

Adelaide Pereira da Silva
Professora aposentada pela UFCG, graduou-se em Pedagogia pela Universidade Federal da Paraíba. É especialista em Metodologia da Educação para Áreas Rurais pela Universidade Federal da Paraíba e mestra em Sociologia – área de concentração em Sociologia Rural e linha de pesquisa em Movimentos Sociais do Campo. Atualmente vem atuando em Educação do Campo e em Educação para a Convivência com o Semiárido Brasileiro. É colaboradora da Comissão Pastoral da Terra do Alto Sertão da Paraíba, membro do Conselho da Rede de Educação do Semiárido Brasileiro (RESAB) e da Comissão Nacional de Educação do Campo (CONEC). Áreas de interesse: Educação do Campo, Educação Contextualizada para a Convivência com o Semiárido, Políticas Públicas e Reforma Agrária.
E-mail: ade_cpt@yahoo.com.br

Ana Célia Silva Menezes
Mestranda em Educação na Universidade Federal da Paraíba, membro do Conselho da Rede de Educação do Semiárido Brasileiro (RESAB) e do Fórum Nacional de Educação do Campo (FONEC).
E-mail: acsmenez@yahoo.com.br

Aracy Alves Martins
Doutora em Educação pela Universidade Federal de Minas Gerais, com Pós-Doutorado realizado na Universidade do Minho, e na UNICAMP/Universidade de Coimbra. Professora Associada da Faculdade de Educação da

Universidade Federal de Minas Gerais. Pesquisadora do GPELL - Grupo de Pesquisa do Letramento Literário -, grupo do CEALE - Centro de Alfabetização, Leitura e Escrita - da FaE/UFMG. Pesquisadora do NERA - Núcleo de Estudos e Pesquisas sobre Relações Raciais e Ações Afirmativas – FAE/UFMG. Integra a equipe docente da Habilitação em Línguas, Artes e Literatura do Curso de Licenciatura em Educação do Campo.
E-mail: aracymartins60@gmail.com

Bernardo Mançano Fernandes

Bolsista de Produtividade em Pesquisa 1C, possui graduação (licenciatura e bacharelado) em Geografia (1988), mestrado em Geografia Humana (1994) e doutorado em Geografia Humana (1999) pela Universidade de São Paulo. Pós-doutorado pelo Institute for the Study of Latin American and Caribbean - University of South Florida (2008). Professor dos cursos de graduação e pós-graduação em Geografia da Universidade Estadual Paulista (Unesp), campus de Presidente Prudente. Coordenador da Cátedra UNESCO de Educação do Campo e Desenvolvimento Territorial, onde preside a coleção Vozes do Campo. É parecerista das seguintes agências: Conselho Nacional de Desenvolvimento Científico e Tecnológico (CNPq), Fundação de Amparo à Pesquisa do Estado de São Paulo (Fapesp), Coordenação de Aperfeiçoamento de Pessoal de Nível Superior (Capes), SciELO - Scientific Electronic Library Online e dos seguintes periódicos: Human Geography (EUA), Jornal of Peasants Studies (Canadá), Revista Terra Livre (Brasil), Cómo Pensar la Geografía (México). Assessor da Via Campesina (Brasil). Coordenador do Núcleo de Estudos, Pesquisas e Projetos de Reforma agrária (Nera). Membro da Associação de Geógrafos Brasileiros (AGB) e da Associação Brasileira de Reforma Agrária (Abra). Membro do Conselho Pedagógico Nacional do Programa Nacional de Educação na Reforma Agrária (Pronera) no Instituto Nacional de Colonização e Reforma Agrária (Incra). Autor de A formação do MST no Brasil e em coautoria com João Pedro Stedile do livro Brava Gente Também publicou diversos verbetes na Enciclopédia Contemporânea da América Latina e do Caribe. Tem experiência na área de Geografia, com ênfase em Geografia Agrária, pesquisando os seguintes temas: teorias dos territórios, paradigmas da questão agrária e do capitalismo agrário, reforma agrária, desenvolvimento territorial, Movimento dos Trabalhadores Rurais Sem Terra (MST) e Via Campesina.
E-mail: bernardo@pq.cnpq.br

Deyse Morgana das Neves Correia
Graduada em Pedagogia pela Universidade Federal da Paraíba (2008) e mestrado em Educação pela Universidade Federal da Paraíba (2011). Atualmente é consultora técnica da Secretaria de Educação do Governo do Estado da Paraíba, tutora no Curso de Pedagogia a Distância da Universidade Federal da Paraíba e pesquisadora do Observatório da Educação do Campo da Universidade Federal da Paraíba. Tem experiência na área de Educação, com ênfase nos seguintes temas: educação do campo, movimentos sociais, PRONERA e ensino superior.
E-mail: dmncorreia@gmail.com

Edmerson dos Santos Reis
Professor do Departamento de Ciências Humanas – Campus III da Universidade do Estado da Bahia, pedagogo, mestre em Educação, especialista em Desenvolvimento Local, doutor em Educação pela Universidade Federal da Bahia, membro da Coordenação Executiva da Rede de Educação do Semiárido Brasileiro (RESAB) e do Fórum Nacional de Educação do Campo (FONEC).
E-mail: edmerson@oi.com.br

Erineu Foerste
Professor Associado da Universidade Federal do Espírito Santo - UFES. Membro do Colegiado do Programa de Pós-Graduação em Educação – PPGE/UFES. Coordenadores do Programa de Educação do Campo/UFES.
E-mail: erineufoerste@yahoo.com.br

Fernando Michelotti
Mestre em Planejamento do Desenvolvimento (NAEA/UFPA), Prof. Adjunto I da Faculdade de Ciências Agrárias de Marabá da Universidade Federal do Pará - UFPA atuando na docência e pesquisa sobre luta pela terra, assentamentos e desenvolvimento rural na Amazônia. Coordenou a turma de agronomia – parceria UFPA, PRONERA/INCRA e MST e atualmente, integra a coordenação do curso de especialização em "Educação do Campo, Agroecologia e Questão Agrária na Amazônia Residência Agrária". É membro da Comissão Pedagógica Nacional do PRONERA.
E-mail: fmichelotti@ufpa.br

Gema Galgani Silveira Leite Esmeraldo
Doutora em Sociologia pela Universidade Federal do Ceará com doutorado-sanduíche na École des Hautes Études en Sciences Sociais/Paris. É professora

adjunta do Departamento de Economia Doméstica, do Programa de Pós-Graduação em Avaliação de Políticas Públicas e do Programa de Pós-Graduação em Desenvolvimento e Meio Ambiente. Coordenadora Estadual do Programa Residência Agrária. Desenvolve pesquisas sobre áreas de reforma agrária, assentamentos rurais, movimentos sociais rurais e mulheres rurais.
E-mail: gema@ufc.br

Gerda Margit Schütz-Foerste
Professora Associada da Universidade Federal do Espírito Santo - UFES. Membros do Colegiado do Programa de Pós-Graduação em Educação – PPGE/UFES. Coordenadora do *Programa de Educação do Campo/UFES*.
E-mail: gerda_foerste@yahoo.com.br

Gilvanice B. S. Musial
Professora vinculada ao Núcleo de Estudos e Pesquisas de Educação de Jovens Adultos da Faculdade de Educação da Universidade do Estado de Minas Gerais – NEPEJA/FAE/UEMG
E-mail: gilvanicemusial@yahoo.com.br

Giselda Coelho Pereira
Engenheira Agrônoma, egressa da turma de agronomia – parceria UFPA, PRONERA/INCRA e MST, onde participou da Coordenação Político-Pedagógica. Mestranda em Agroecologia pela Universidade Agrária de Havana - Cuba. Atua no Setor de Produção, Cooperação e Meio Ambiente do MST no estado do Pará. Atualmente, integra a coordenação do curso de especialização em "Educação do Campo, Agroecologia e Questão Agrária na Amazônia - Residência Agrária".
E-mail: gcpterra@gmail.com

Idelzuith Sousa Borges
Licenciada em Geografia e pós-graduação, lato sensu, em Psicopedagoga, Monitora na área de ciências humanas da EFA Dom Fragoso.
E-mail: zu.borges@hotmail.com

João Batista Begnami
Bacharel licenciado em Filosofia pela PUC Minas, mestre em educação pela Universidade Nova de Lisboa (Portugal e François Rabelais de Tours (França), coordenador pedagógico nacional da Rede dos Centros Familiares

de Formação em Alternância – CEFFAs, coordenador pedagógico pelo movimento CEFFA do Cursos de Especialização em Pedagogia da Alternância e Educação do Campo e consultor pelo PNUD no Ministério do Desenvolvimento Agrário
E-mail: jbegnami2007@yahoo.com.br

José do Carmo Alves Siqueira
Professor do Curso de Direito do Campus Cidade de Goiás – UFG. Coordenador da Turma Especial de Graduação em Direito para Beneficiários da Reforma Agrária e Agricultores Familiares Tradicionais. Advogado.
E-mail: josedocarmoas@gmail.com

José Joaquim Machado Neto
José Joaquim Machado Neto, técnico em agropecuária, coordenador da propriedade e monitor da área de ciências agrárias da EFA Dom Fragoso.
E-mail: zenetofloresta@gmail.com

Luzeni Ferraz de Oliveira Carvalho
Professora Auxiliar da Universidade do Estado da Bahia, possui Mestrado em Educação pela Faculdade de Educação-FaE/UFMG (2008). Coordenou projetos do PRONERA na UNEB/Departamento de Educação-Campus X, entre eles o Projeto Pé na Estrada (Escolarização de 1ª a 4ª séries) e Complementação de Escolaridade (5ª a 8ª séries do Ensino Fundamental), atuou como professora de Pesquisa e Prática Pedagógica no Curso de Pedagogia da Terra. Atualmente exerce a função de Coordenadora do Curso de Pedagogia e integra a coordenação coletiva da Especialização lato sensu em Educação de Jovens e Adultos do DEDC-X/UNEB.
E-mail: luzenicarvalho@yahoo.com.br

Maria Ângela Lopes Drumont Macêdo
Mestra em Educação pela Universidade Federal de Minas Gerais (2003). Professora de educação superior da Universidade Estadual de Montes Claros/Unimontes. Com experiência na área de Educação, com ênfase em Avaliação de Sistemas, Instituições, Planos e Programas Educacionais, e ainda Avaliação do Desempenho Docente. Atualmente Coordena a Universidade Aberta do Brasil/Unimontes e os projetos do Centro de Educação a Distância/CEAD-Unimontes que incluem: Programa Nacional de Educação na Reforma Agrária/Pronera, Pró-licenciatura, Licenciaturas UAB (Letras/Português/

Espanhol/Inglês, Geografia, Ciências Sociais, Ciências Biológicas, História, Pedagogia, Artes/Visuais), Planos de Ações articuladas/PAR (Educação Física, Ciências da Religião e Pedagogia), Programa Nacional de Formação de Administradores Públicos/PNAP (Graduação em Administração Pública, Especialização Lato Sensu em Gestão Pública, Gestão em Saúde e Gestão Pública Municipal).
E-mail: mariaangelamacedo@yahoo.com.br

Maria Aparecida Pereira Queiroz
Mestranda em Educação pela Universidade Federal da Paraíba, Membro da Rede de Educação do Semi-árido Brasileiro e do Fórum Nacional de Educação do Campo.
E-mail: cida.queiroz@yahoo.com.br

Maria de Fátima Almeida Martins
Doutora em Geografia (Geografia Humana) pela Universidade de São Paulo, licenciada em Geografia pela Universidade federal do Ceará. É professora adjunta do Departamento de Métodos e Técnicas de Ensino DMTE e do programa de Pós-Graduação da Faculdade de Educação – UFMG. Coordenadora do Curso de Licenciatura em Educação do Campo – LECAMPO. Pesquisadora vinculada o Núcleo de Trabalho e Educação – NETE, desenvolvendo atualmente pesquisa sobre saberes e praticas dos professores do Campo.
E-mail: falmartins@ufmg.br

Maria do Socorro Xavier Batista
Graduada em Pedagogia pela Universidade Federal da Paraíba (1978), mestrado em Sociologia pela Universidade Federal da Paraíba (1983) e doutorado em Sociologia pela Universidade Federal de Pernambuco (2000). Atualmente é Professor Associado da Universidade Federal da Paraíba. Tem experiência na área de Educação, com ênfase em Sociologia da Educação, Educação Popular, atuando principalmente nos seguintes temas: educação popular; movimentos sociais e educação do campo; política educacional; formação de professores e gestão educacional.
E-mail: socorroxbatista@gmail.com

Maria Isabel Antunes-Rocha
Doutora em Educação pela Universidade Federal de Minas Gerais. Possui graduação em Psicologia e Mestrado em Psicologia Social pela Universidade

Federal de Minas Gerais. Docente da Faculdade de Educação - Universidade Federal de Minas Gerais. Coordena o Núcleo de Estudos e Pesquisas em Educação do Campo - EduCampo - FaE/UFMG. Membro do Conselho Nacional de Educação na Reforma Agrária (PRONERA). Pesquisadora vinculada ao Observatório da Educação do Campo -Parceria CAPES - UFC/UFMG/UFPA/UFPB/UNB/UFS/UFRN/UFPE, desenvolvendo pesquisas sobre formação de professores, representações sociais, processos grupais, identidade e subjetividade em contextos de desigualdade e diversidade. Coordenadora da Coleção Caminhos da Educação do Campo.
E-mail: isabelantunes@fae.ufmg.br

Maria Nalva Rodrigues de Araújo
Professora adjunta da Universidade do Estado da Bahia possui doutorado em Educação pela Universidade Federal da Bahia-UFBA (2007). Coordenou diversos projetos do PRONERA na UNEB/Departamento de Educação-Campus X, entre eles o Curso de Pedagogia da Terra. Atualmente integra a Comissão Pedagógica do PRONERA, exerce a função de coordenadora do Núcleo de Pesquisa e Extensão – NUPEX e compõe a coordenação coletiva da Especialização lato sensu em Educação de Jovens e Adultos do DEDC-X/UNEB.
E-mail: E-mail: nalvaraujo@yahoo.com.br

Maria Rosinira Bezerra Cavalcante
Maria Rosinira Bezerra Cavalcante, Licenciada em Biologia, cursando pós-graduação, lato sensu, em Pedagogia da Alternância e Educação do Campo na UFMG, Monitora da EFA Dom Fragoso
E-mail: nilapoeta@hotmail.com

Maria Zélia Versiani Machado
Possui graduação em Letras pela Universidade Federal de Minas Gerais (1986), mestrado em Estudos Literários pela Universidade Federal de Minas Gerais (1997) e doutorado em Educação pela Universidade Federal de Minas Gerais (2003). É professora do Departamento de Métodos e Técnicas de Ensino - DMTE - e do Programa de Pós-Graduação da Faculdade de Educação da UFMG. Coordenou a área das linguagens no curso de Licenciatura do Campo - Pedagogia da Terra. Integra o Grupo de Pesquisas do Letramento Literário - GPELL - do Ceale - Centro de Alfabetização, Leitura e Escrita - da FaE/UFMG, no qual coordena subprojeto sobre gêneros da Literatura infantil e juvenil, parte de uma pesquisa intitulada Produção literária para crianças e

jovens no Brasil: perfil e desdobramentos textuais e para-textuais. Tem experiência no Ensino de Língua Portuguesa, atuando principalmente nos seguintes eixos: leitura e produção de textos; formação de leitores; ensino de literatura. Realizou pesquisa de pós-doutorado sobre a leitura literária em contextos do campo, com o apoio do CNPq. Editora Adjunta da Educação em Revista.

Mônica Castagna Molina
Graduada em Ciências Jurídicas e Sociais pela Pontifícia Universidade Católica de Campinas (1989), Especialização em Políticas Públicas pela Universidade Federal do Rio de Janeiro (1997), Mestrado em Sociologia pela Universidade Estadual de Campinas (1998) e Doutorado em Desenvolvimento Sustentável pela Universidade de Brasília (2003). Atualmente é professora adjunta da Universidade de Brasília, Professora do Programa de Pós-Graduação em Educação da Faculdade de Educação da Universidade de Brasília, Coordenadora da Licenciatura em Educação do Campo, Diretora do Centro Transdisciplinar de Educação do Campo e Desenvolvimento Rural, Coordenadora do Grupo de Trabalho de Apoio à Reforma Agrária, Membro do Conselho Consultivo do Instituto Nacional de Estudos e Pesquisas Educacionais Anísio Teixeira - INEP, Membro do Conselho da Embrapa Informação Tecnológica. Coordenou o Programa Nacional de Educação na Reforma Agrária e o Programa Residência Agrária. Tem experiência na área de Educação, com ênfase em Sociologia da Educação, atuando principalmente nos seguintes temas: Educação do Campo, Formação de Educadores, Transdisciplinaridade, Políticas Públicas, Reforma Agrária, Desenvolvimento Sustentável.
E-mail: mcastagnamolina@gmail.com

Pe. Manoel Bezerra Machado
Teólogo, pároco em Independência, CE, Diocese de Crateús, coordenador da Comissão Pastoral da Terra (CPT), colaborador na Área de Ciências Humanas na EFA Dom Fragoso.
E-mail: efadonfragoso@yahoo.com.br

Renata Cristina Pereira Queiroz
Graduada em Pedagogia pela Universidade Estadual de Montes Claros (1994). É Especialista em Administração, Supervisão Escolar, Pré-Escola, Alfabetização e Aperfeiçoamento de Práticas Educativas. Foi Professora do Nível II - Secretaria Municipal de Educação Montes Claros MG, Supervisora Itinerante da Fundação de Apoio ao Desenvolvimento de Ensino Superior

do Norte de Minas, Tutora do Projeto Veredas. Atualmente é Professora da Universidade Estadual de Montes Claros, Pedagoga Multidisciplinar do Pronera/Unimontes e Tutora à Distância do Curso de Especialização Lato Sensu em Educação do Campo. Tem experiência na área de Educação, com ênfase em Educação.
E-mail: queiroz.renata@yahoo.com.br

Roseli Salete Caldart
Doutora em Educação pela UFRGS. (Professora) Da Unidade de Educação Superior do Iterra, atualmente integrando a coordenação pedagógica da Licenciatura em Educação do Campo, parceria UnB-Iterra.
E-mail: roselicaldart@gmail.com

Taciana Araújo Cavalcante
Licenciada em Biologia, cursando pós-graduação, lato sensu, em Pedagogia da Alternância e Educação do Campo na UFMG, Coordenadora Pedagógica da EFA Dom Fragoso.
E-mail: taciana33@yahoo.com.br

Vania A. Costa
Professora vinculada ao Núcleo de Estudos e Pesquisas de Educação de Jovens Adultos da Faculdade de Educação da Universidade do Estado de Minas Gerais – NEPEJA/FAE/UEMG
E-mail: vacost@hotmail.com

Walquiria M. Rosa
Professora vinculada ao Núcleo de Estudos e Pesquisas de Educação de Jovens Adultos da Faculdade de Educação da Universidade do Estado de Minas Gerais – NEPEJA/FAE/UEMG
E-mail: wmrosa2032@yahoo.com.br

Coleção Educação do Campo: colecaoeducampo@gmail.com

Este livro foi composto com tipografia Minion Pro e impresso em papel Off set 75 g na Prol Editora Gráfica.